社内外に眠るデータをどう生かすか

データに意味を見出す着眼点

蛭川速
Hayato Hirukawa

宣伝会議

はじめに

インターネットの普及やセンサー技術の進展などビッグデータの生成環境が整ったことによって、ビジネス実務でのデータ活用が注目されて5年程経過しています。ここ最近で顕著なのは、一部のＩＴシステム担当者やデータサイエンティストだけでなく営業職やマーケティング職など一般のビジネスパーソンまでデータ活用の必要性が出てきていることです。

誰でもキーボードを叩けば、ほとんどのことを知ることができる時代ですから、データを収集すること自体は難しくありません。しかし、中には的外れな、事実とは異なることを記載している情報もあります。誰もが簡単に情報にアクセスすることができるようになった今こそ、データの「読み取り方」を習得し、ビジネスで活かしていく力を身につけることが必要になってきていると考えています。

数字は正直です。ここで言う数字とは、Factデータやアンケートデータを指します。しっかりと整備されたデータから、学び取ることはたくさんあります。そのために必要なこと――。それは、「重要な価値あるデータを見つけること」、「そこから意味を見出すこと」、そして「アクションに繋がる仮説を立てること」の3点です。

マーケティングや新事業開発においても同様です。これまで世の中にない画期的な商品であっても、社会環境の変化や特徴的なライフスタイルをベースとしています。人々のハートを掴むには、変化からもたらされる潜在的なニーズに着目することが有効なのです。そして、そのニーズを見つけ、売れる商品を作っていくためには、感覚ではなく、データからしっかりと根拠を導いていくことが重要だと考えています。

本書はストーリー仕立てで環境変化要因の抽出方法、潜在ニーズの探索方法、そして企画立案までの一連の流れについて解説しています。主人公である仁科遼平が、新任のマーケティング課長として菓子製造業「みなとや」の危機を脱すべく、新事業・新商品企画を立案するというストーリーで展開していきます。

1章から7章までは、マーケティング課長・仁科遼平の奮闘記、バリバリの営業パーソンであった遼平が、恩師である緑川の教えを請いながら成長していく様を描いています。遼平の目を通して、市場環境の分析からターゲット設定、ポジショニングから商品コンセプト企画、ビジネスモデルまで新事業・新商品企画の一連の流れを解説しています。8章は、総まとめとして仮説設定からデータ分析、結果の読み取りまでを整理していますので、理論やフレームワークの再確認として使ってください。

難しい、苦手意識があると敬遠されがちなデータ分析ですが、もうデータから逃げられないという方も多いのではないでしょうか。本書では、そのような方々のお役に立てるよう、数学や統計理論を駆使した分析ではなく、着眼点の置き方、そして、データから情報を読み解く方法論やプロセスについて易しく解説しています。データ素人の遼平に共感しながら、一緒に学んでいただき、皆さまのお役に立てれば幸いです。

蛭川速

目次

社内外に眠るデータをどう生かすか

データに意味を見出す着眼点

第2章

市場環境にはビジネスチャンスが隠されている

第3章 ポジショニング設定

第4章 ベンチマークからヒントを見出だす

第5章 企画を立てる

第6章 仮説検証のためのアンケート調査

第7章 新事業企画の提案

第8章 まとめ

第1章

仮説思考でマーケティングを考えよ

01 栄転に隠された任務

▼営業からはじめてのマーケティングへ

老舗の洋菓子メーカー「みなとや」のスーパー営業パーソンとして鳴らした仁科遼平は、緊張の面持ちで通勤中の電車内でつり革を掴んでいた。

なぜ自分がマーケティング課へ異動なのだろうか。しかも、課長として異動。これまでの営業実績が評価されての栄転に嬉しい気持ちは確かにあるが、学生時代アメフトで鍛えたガッツは営業だからこそ大いに役に立った部分もある。アメフトは知的なイメージのスポーツという印象があるが、それと大学の先輩からのしごきは別問題である。

先輩やOBからの強烈なしごきは否応なく精神力を鍛えた。ゆとり世代真っ只中の年代のため、人から理不尽な要求を受けると、閉じこもってしまう人間の方が多い。手を繋いでゴールテープを切る運動会が象徴するように、「競争」よりも、人を思いやり、皆で物事をやり遂げることが大事という考え方が浸透している時代である。他者との軋轢やトラブルに対する耐性が脆弱になっている中、アメフトは遼平の根性を根本から鍛えなおしてくれた。営業職は得意先からの無理難題と理不尽なまでの営業ノルマをこなすキツイ仕事であったが、持ち前の精神力で日々得意先を訪問し、関係を構築した。その甲斐あってノルマも達成。そうした仕事に対する姿勢と実績が評価されたのは嬉しいことだが、内示を受けたマーケティング課長のポジションにはやはり驚きを隠せなかった。

これまでの社会人人生を振り返っても、経験と勘に基づいた行動しかとっていない。マーケティングは論理的に物事を整理して合理的に意思決定するというイメージで、自分のこれまでのビジネススタイルとは正反対に属する仕事の進め方になる。しかもマーケティングのマの字も知らないズブの素人だ。疑問の残る配置転換に対する不安はあるものの、チャレンジ精神の旺盛な遼平は意気揚々としていた。「何だか分からないものに立ち向かう時の高揚感というか、アドベンチャー的な取り組みはワクワクする」。遼平のそんな意識を見越しての異動だったのかもしれないとひとり考えているところで、電車は、みなとや本社のある茅場町駅に到着した。

みなとやは戦後、物資が不足している中で、黒糖を使ったキャラメル菓子に着目し一世を風靡した洋菓子店を発祥とする。創業者である南戸介司《かいし》が一代で創り上げた中堅企業だ。介司のトップダウンの経営スタイルが組織と人に浸透している。伝統を重んじる社風を維持しつつ2016年度には売上高200億円、従業員が1000名を超える今も、経営者の勘と経験に基づいた典型的なオーナー企業経営だ。介司の孫娘である陽子が社長になっても組織風土は簡単には変わらないだろうというのが社員の評価である。陽子は遼平よりも一回り年上の48歳。大学卒業後、大手電機メーカーを経て経営コンサルティング会社へ転身。パートナーの職まで上り詰めたそんな時、みなとや経営者である父正人からの三顧の礼をもって昨年から取締役として勤務していた。この4月から3代目社長に就任している。陽子は社内の硬直化した組織を打破しようと様々な改革を計画している。その一環として、仁科遼平の柔軟な発想力を活かしたこれまでにない新事業の展開を期待していた。

遼平は社長室のドアをノックした。広い社長室でどっしりと構える陽子は、遼平を手招きし、辞令を渡した。

「知っての通り、社内には昔ながらのＫＫＤ（経験と勘と度胸）がはびこっています。経済が右肩上がりの状態ではそれで良かったかもしれませんが、少子化・高齢化、女性就業率の向上など変化の激しい経営環境の中では、とても通用しないと考えています」

「はい」

遼平は、現場の感覚ではさほど危機意識を感じていないが、ひとまず同意した。体育会系で育った遼平にとって上意下達は当たり前のことで、違和感を抱いたこともなかった。

「仁科さん、あなたには組織開発の一環としてこれまで当社がやってこなかった改革に取り組んでもらいます。データをもとにした事業を推進してもらいたいと思っています」

いきなりの指令に出鼻をくじかれた遼平は思わず、

「データをもとにした事業推進ですか？」

と口走る。

「そう、データは嘘をつきません。客観的な事実に基づいた意思決定のプロセスを構築していきたいと考えています。いままでのＫＫＤから脱却するための成功事例を作ってもらいたいのです。とは言っても、いきなりデータ至上主義は当社には劇薬となります。全社に展開するにあたって誰もが認める成功事例を作り、事例をもとにして説得力を高めていきたいということです」

「成功事例ですか？　どのような分野でしょうか？　まさかマーケティングでしょうか？」

「その通り」

陽子は指を鳴らした。

「知っての通り、我が社にはマーケティング部門はありません。客観的なデータによる新事業開発を企画する部門としてマーケティング課を新設します。納期は6カ月。9月末日の役員会で皆が納得できる新事業企画を提案すること。あなたならできるわ。よろしくね」

遼平は自分にできるかどうか、とても疑問に感じたが、陽子の期待にチャレンジ精神を掻き立てられ、承諾した。

「仁科遼平。あなたをマーケティング課長に任命します」

「はい！　会社の存亡にかかわる重要な使命と認識し、精進したいと思います」

▼社内承認のあり方

遼平の力強い承諾に気を良くした陽子は、みなとやの企画の実情について話しはじめた。

「我が社の全ての企画は先代社長である南戸正人の最終チェックがないと事業化、商品化できない仕組みとなっているの。それ自体は悪いことではないのだけれど、相談役はあの通り強面でしょ。自分の意見を思うように言えず、皆がご機嫌伺いになっているのが現状よ」

遼平は強面のくだりには触れず、

「営業現場ではうかがい知ることはなかったです」

と答えた。

「たしかに相談役や創業者のKKDによって今の我が社があるのは事実だけど、このご時世、ひとりの意思決定に頼っている場合じゃないと思うのよ。商品企画にしても相談役の一声で決まってしまう。相談役も年だし感性も鈍ってきている。私は菓子屋の娘の割に味音痴だから後任は担えない」

遼平は驚きと不安を隠しきれなかった。

「だから俗人的な意思決定をやめて、データを活用した合理的で説得力のある意思決定を行っていきたいと考えているのだけれど、社員の自主性や創発意欲がないのが不安材料なのよ。仁科課長に突破口を開くような企画を期待しています。よろしくね」

▼恩師との再会

「遼平！」

社長室を後にした遼平を呼び止める声に振り返ると、白髪の男性がエレベータホールで待ち構えていた。

「あっ、これは緑川さん、大変ご無沙汰しています！」

「まさかお前が初代マーケティング課長になるとはな…」

緑川幹夫は、遼平が新人時代に配属された営業1課の課長であり、ビジネスのイロハを教えてくれた正に恩師である。緑川は長年先代社長である正人の懐刀として仕えていた。昨年定年に伴い、取締役経営企画部長を退任し、現在は人事部人材教育課の嘱託職員である。嘱託と言っても長年のビジネススキルと探求心を買われて研修講師の役割を務めている。

「たしか昨年退職されたとお聞きしていましたが…」

「いちゃ悪いか」

緑川は現役時代と変わらない、いたずらっぽい笑顔を見せた。

「退職日に新社長に懇願されて、社内の教育係を頼まれてしまってな。というわけでお前さんのサポート役ってわけだ」

陽子社長からの過度な期待にプレッシャーを感じていた遼平は、驚きと嬉しさのあまり緑川に深々と敬礼をする。

「マジっすか。嬉しいな〜。よろしくお願いします」

新人時代に戻ってしまったような遼平に対して、緑川は、

「ビシビシいくからな！　心しておけよ」

と檄を飛ばした。

02 マーケティング課長の心構え

▼課長の使命

緑川は遼平に質問を投げ掛けた。

「仁科課長、課長として、してはいけないことは何だと思う」

遼平は課長という響きに若干照れながら言った。

「やめてくださいよ～緑川さん。課長だなんて」

「課長は課長だろう。辞令をもらったんだから。課長という職を自覚する上でも、役職で言うべきだ」

「はぁ…そんなもんですか？」

「で、課長としてしてはいけないこと。それは何だ！」

「パワハラ、セクハラ、マタハラ…ハラスメント系ですね」

「ん～30点！　それは当たり前。課長でなくても社会人としてしてはいけない」

「ハラスメント系でないとすると…ん～、降参」

「早いね、もう少し考えてみろよ」

「…頭を使うのが苦手でして」

「これは課長失格かもね。とにかく課長は頭を使うこと。してはいけないのは体を使うこと」

「それはどういうことですか？」

「体を使っていいのは係長まで、ということだ。課長になると時間軸、範囲軸、管理人数軸でそれまでとは比較にならないほど管理対象が広がるのだ」

「確かに、営業時代は自分ひとりのことだけを考えていれば良かったですね。実績が不足していたらとにかく得意先を回る。足で稼いでいたなぁ」

「課長にはどっしりと構えて、全体を俯瞰することが必要だ。体を動かしている暇はない。とにかく考えて考えて部下を動かす、そして外部の協力会社を動かすことが使命となる」

「体力には自信があるんですが…頭を使うんですね」

「人を使うことに抵抗感を抱いてはいけない。悪いとか、偉そうだとか考えるな。課長とはタスクを預かる責任ある立場だ。だから部下を動かして着実に成果を上げなくてはならない。そのためには、自分が動いていたのでは全体をみることもできなければ、課員の力を最大限引き出して、より大きな成果を上げることもできない。このことを肝に銘じておくように」

「わっかりました〜」

敬礼のポーズをとっておどける遼平に対して、緑川は呆れ顔で言った。

「マーケティング課長は特に指揮官としての力量が問われるのだ」

「指揮官、かっこいいですね」

「営業課長は得意先の役職者とのパイプ作りという使命があるからまだ動きがある。宴席にしても得意先の課題抽出にしても足で稼げることが多い。面談することの重要性もある。一方で、マーケティング課長は宴席で何とかなるものではない。誰を接待するんだ、という話だ。広告会社や調査会社に接待されることはあっても、こちらから接待することはない」

「そうですよね。夜の活動ってないですよね〜」

「だから余計に頭を使うんだ。分かったか？」

「はい、緑川教授」

4月から大学の講師も務めるようになった緑川を半ばからかいながら遼平は答えた。

▼マーケティング課長に必要な「説得力」

「仁科課長、それではマーケティング課長としての心構えについて確認しておこう」

「いよいよマーケティングですね」

「マーケティングは一言でいうと［売れるための仕組み作り］だが、当たるも八卦当たらぬも八卦という側面もある」

「山師《やまし》ですね」

遼平は冗談半分に言ったのだが、緑川は真面目な面持ちで言った。

「その通り、将来のことは誰にも分からない。その中で将来の顧客のニーズを引き出し、自社商品・サービスが選ばれるように活動をしていく。山師と言えば山師に違いない」

遼平があっけにとられて聴いていると緑川は立て続けにマーケティング論について語り出した。

「たしかに山師なんだが、マーケティング課長は説得力がなければならない。山師は予想が外れたとしても自分の財産が無くなるだけだが、マーケティング課長はそうはいかない。莫大な投資をするだけのしっかりとした根拠を示して組織を動かさなければならない。例えばマーケティング課が主導して新商品を企画開発したとする。膨大な開発費や宣伝広告費、営業活動に関わる販促経費をかけて売上アップの努力をする。そうして結局売れなかった場合、誰の責任になるか？」

遼平は緊張の面持ちで自分を指さした。

「ご名答。マーケティング課長の責任となる。もちろん企画通りの商品が開発できなかったことや、顧客の琴線に触れるキャッチコピーができなかったなど他部署の責任になることもある。だが、それらの個別の業務を統制し、最善の方向に導くように管理するのがマーケティング課長なのだから、責任者はやはり君ということになる。開発部や営業部、広告宣伝部が動かなかったということは、それだけマーケティング課長からのメッセージが弱かったという側面もあるはずだ」

「責任重大ですね。そうならないためにはどうしたら良いでしょうか？」

「数字だ」

緑川はハッキリと言った。

「マーケティングに関わる事柄の全てを数字で語ることだ！」

キョトンとした顔つきで遼平は答えた。

「数字ですか？」

「新商品Aがマーケティング課長として力を入れている商品だったとした場合、ただ声高にこれは絶対売れます！　と叫んだところで根拠がなければただの独りよがりになってしまうし、誰もついてはきてくれない。最大の根拠は顧客が欲しいと言っているということだ。『ターゲット顧客の80％が購入したいと言っています』というような数字で表現することが重要だ」

「なるほど。でも私、自慢じゃないですが、数学は学生時代から大の苦手でして」

頭を掻きながら遼平は申し訳なさそうに言った。

「それでいいんだ。私は数字と言ったのであって、数学とは言っていない。我が社は長年、社長のご意向でほとんどの意思決定がされてきた。しかし今、数字、データをもとにした事実度合の高い意思決定が求められている。特に他者に対して根拠を示すときには小難しい分析結果ではなく、誰もが分かる、直感的に判断できる数字でなければならないということだ。だから数学が苦手な君がやる意義がある。シンプルで明確な根拠を必死で見つけるんだ。部下にデータを集めさせ、そこから自分が納得できる仮説ができるまで企画書を書かせてはいけない。数字は嘘をつかない。自分にも嘘をつけない。例えば、自分が良いと思った方向性でも数字の裏付けが取れなければ先へ進めてはいけないということだ。自分の考えが正しいかどうかは数字に聞いてみるのが一番」

畳みかけるように緑川は続けた。

「データと聞くと苦手意識を持つ人が多いが、実際には難しいことはなく、逆にシンプルな数字を集めてくること、そこから何が言えるのか考えること。それが大事なんだ」

遼平は確信を得たように大きく頷く。

「同じ数字でも人によって考えることは異なる。例えば巷で流行っているスムージーの購入率が80%だとする。それを多いと考える人もいれば、前年の数字を調べ、前年85%と比較して低下していると捉える人もいる」

「私にはそうした発想がないんですが、できますか?」

「データの見方にはいくつかのポイントがある。それを押さえておけば大丈夫だ。実践に即して学んでいけば心配することはない」

と緑川は遼平の肩に手を添えた。

03 仮説思考はマーケターの必須ツール

▼仮説思考とは

緑川はデータの重要性に続いて、仮説思考について説明をはじめた。

「マーケティングは将来の顧客ニーズの変化や新たな課題を見出して、それを解決する方法として自社商品やサービスを提供していく活動である。だから常に将来を見ていなければならない。ただ、将来のことは誰にも分からないし、様々な要素や要因が複雑に絡まって予想がつきにくいものだ。そんな中でも仮の考えを持たなければアクションすることができない。将来こうなるだろう、だから今からこういう準備をしておこう、といったように」

「なるほど」

「現在の課題に対処するための取り組みをはじめても成果が出るのはずっと後だ。現状を分析して施策を立てるが、それはあくまでも将来のことなんだ。メーカーが新商品を世に出そうと考えても、今から考えて1カ月後に発売できることはない。最低でも3カ月、電気製品であれば2〜3年、自動車であれば5年はゆうにかかる。つまり、将来の予測をしっかりとしなければならない」

「そうですね」

と遼平は頷く。

「そこで重要なのが仮説だ。現在起きている事象を繋ぎ合わせて、将来はこうなるだろう、こうなる確率が高い、といった仮説を立てる。仮説をもとにして準備を進めるという考え方を『仮説思考』としておこう」

緑川は話しながら誰もいない会議室へと、遼平を誘導した。そしてホワイトボードに図を書きはじめた。

「左が何も考えない仕事の進め方だ。手あたり次第に情報を集め、そこから何が言えるか必死に考えるが、なかなかまとまらずに時間だけが過ぎていくという残念なパターンだ。本人は一生懸命に仕事をした気になっているが成果は小さい。褒められた仕事の仕方ではないよな。特に大量の情報を集めることができるインターネット社会では余計混乱してしまう」

図表1 仮説がない場合とある場合の結論までの道のり

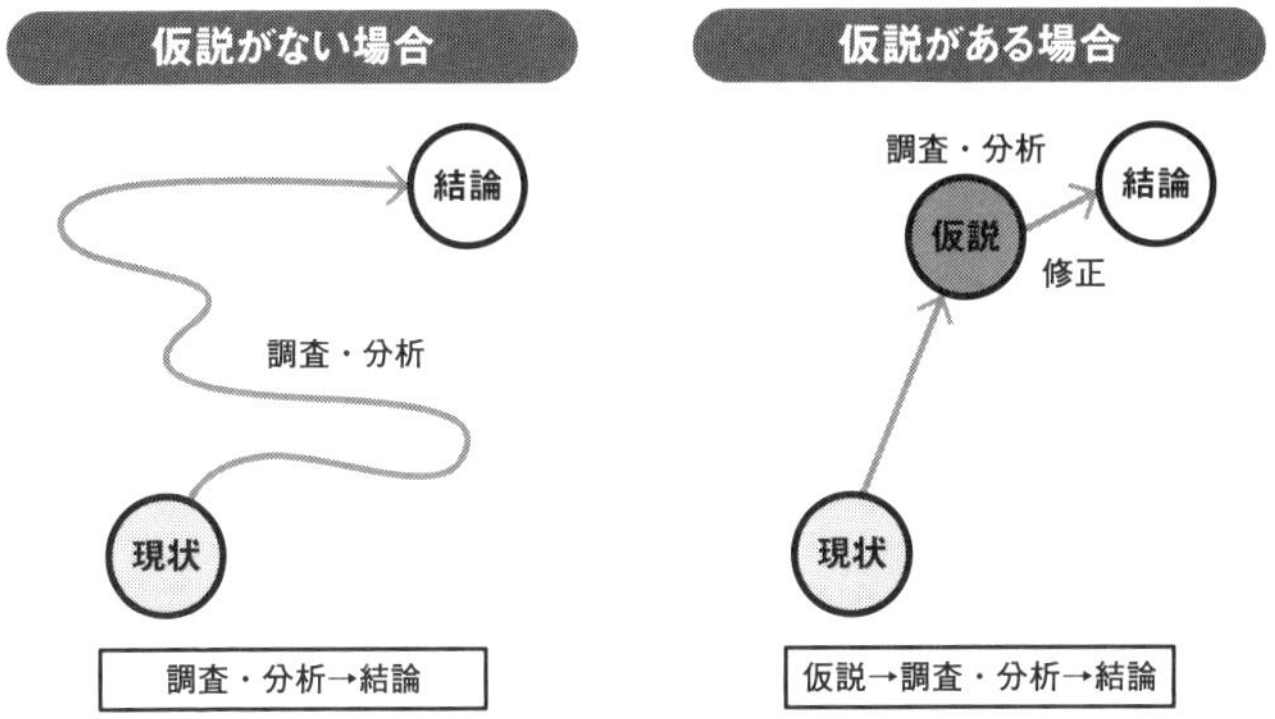

・仮説があれば最短距離で結論を導ける
・調査や分析を仮説の精度を上げるために活用する
・都度思いついたことをやみくもに調査するのは時間の無駄

遼平は感覚的に効率的でないなと思いながら、緑川の説明に耳を傾けた。

「右は非常に合理的な考え方だ。まず調査分析に取り掛かる前に仮説を立てる。仮説を検証できる情報を収集し調査・分析する。そこから結論を導くというやり方だ」

「なるほど、最短距離で結論にたどりつけるイメージですね。ただこれだとしっかりとした仮説が必要だし、仮説作りに時間がかかりそうだ」

「たしかに仮説は正しいに越したことはない。ただ、間違った仮説も有効に使える。むしろ検証する過程こそ大事とも言える。だから仮説作りに時間を費やすよりも、その仮説を適切に検証するプロセスを重視するんだ」

緑川はホワイトボードに要点をまとめた。

- 仮説があれば最短距離で結論を導くことができる
- 調査や分析を仮説の精度を上げるために活用する
- 都度思いついたことをやみくもに調査するのは時間の無駄

▼結論を導くための仮説設定と検証

緑川は次いで、仮説設定のポイントについて板書をはじめた。

「ポイントはたったの3つだ。仮説とは不確かで当たるかどうか分からないものだ。だからと言ってあまりにも適当ではいけない。突飛な仮説は説得力がなく、他者の賛同を得ることはできないからだ。そこで仮説の大元、出発点は『事実』をもとに考える。世の中にある様々な情報の中で事実（Fact）と言えるものに着目し、そこから何が言えるのかを考えるのだ」

図表2-1 仮説設定のポイント

1.Fact をもとにしている	● 仮説は、現時点における結論に最も近い仮の考え ● 仮の考えだからと言って、デタラメでは説得力がない ● 論理展開できる「事実」に着目することが精度を高めることにつながる
2.仮説検証を繰り返す	● 精度を高めるには、仮説➡検証を繰り返し行う ● 検証できない考えは、独りよがりのもの ● 仮説は検証作業を繰り返し行うことで、斬新だが説得力の高い仮説を導くことが可能となる
3.深みがある	● 誰もが認識している事象は価値が高い仮説とはいえない ● 何故そうなるのか？　掘り下げて考察することで、効果の高い施策へ繋げることができる ● Fact を捉えて、なぜ？なぜ？　を繰り返すことで深く洞察

「次に、仮説検証を繰り返すことを忘れてはならない。仮説は積み上げてはじめて、説得力が高く誰もが納得する考えとなる。いきなり素晴らしい仮説を作ろうとしても上手くいかないものだ。仮説を立てたら検証する、検証することで新しいFactを発見する。そうしたらそこから何が言えるのかまた考える。そしてさらに仮説を設定する。その繰り返しをしていくというイメージを持ってほしい。そうするうちに図表2−3のように確からしさが高く、思考の深い仮説を見出すことができるのだ」

「なるほど。勉強になります。でも緑川

図表2-2 Factをもとにしている

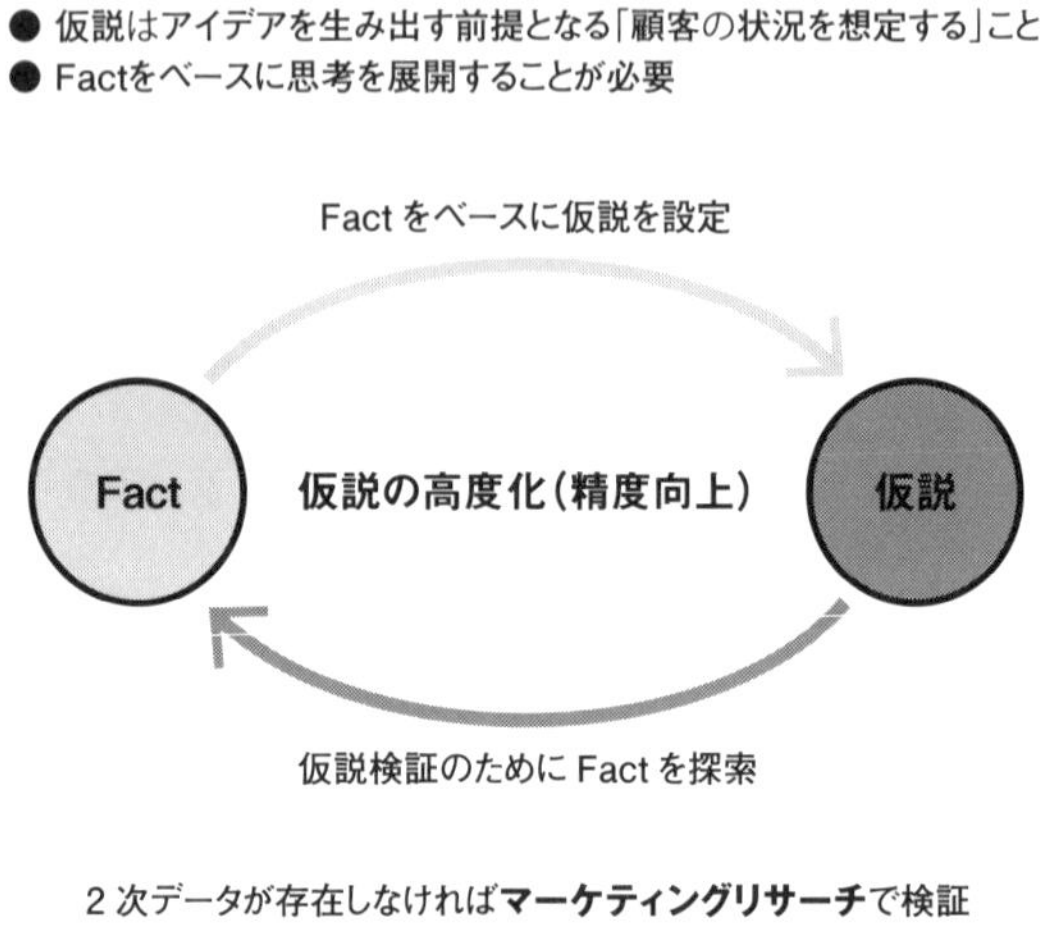
● 仮説はアイデアを生み出す前提となる「顧客の状況を想定する」こと
● Factをベースに思考を展開することが必要
Factをベースに仮説を設定
Fact
仮説の高度化（精度向上）
仮説
仮説検証のためにFactを探索
2次データが存在しなければマーケティングリサーチで検証

さん、思考が深いとはどういうことでしょうか」

遼平は感心しながら質問した。

「深い仮説と言ったが、少し説明が必要だね。誰でも考えつくような仮説は浅いという意味だ。しっかりと考えている仮説だと感じることができるものを、深い仮説と表現している」

緑川は例え話を交えながら説明を続けた。

「例えば、ビール会社の販促担当者がビールに対する仮説を設定しようとしているときに、〈暑い日が続くからビールが飲みたい〉という仮説を立てたとする。これはどう思う？」

図表2-3 仮説検証を繰り返す

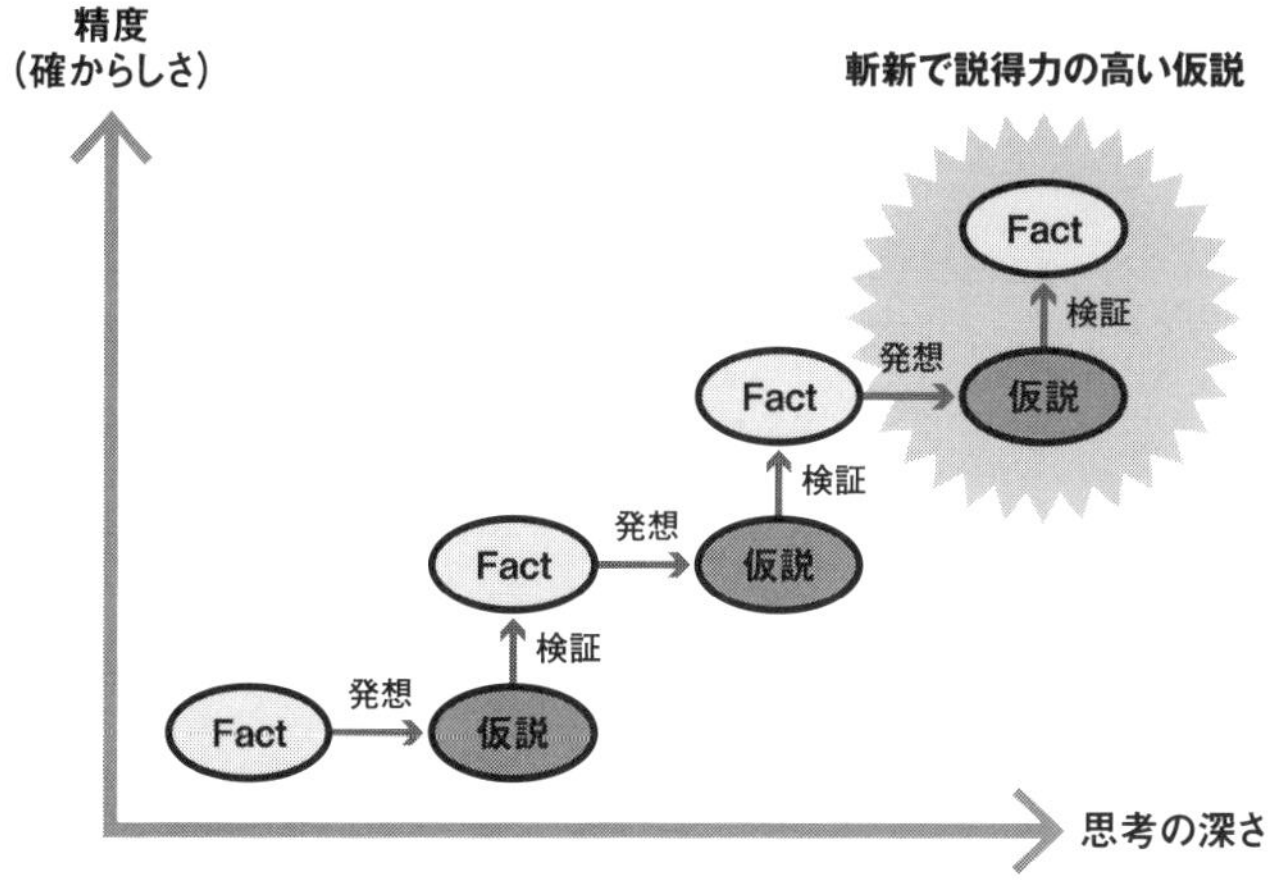

「当たり前すぎて仮説でもなんでもないですね。たしかに分かりますけど、なんてことないと思います」

「そうだね。これが浅い仮説ということだ。深い仮説でないと使い物にならない。こうした場合には、前の仮説を使って深みをつけていくんだ。つまり、なぜそう思ったのか？　と自問自答していく。なぜ暑い日が続くとビールが飲みたくなると思うか？」

「喉を刺激する泡じゃないですか？」

「さすがに酒のことには敏感だね。そうだ、炭酸が暑さを吹き飛ばすからビールが飲みたくなるという仮説になる。こうなると最初の仮説よりも深いだろう。誰

図表2-4 **深みを出す**

■ 夏にビールが売れる要因を仮説設定する

暑い日が続くからビールが飲みたくなる

↓

なぜ暑い日に飲みたくなるのか?

↓

喉の渇きを刺激する炭酸が、暑さを吹き飛ばす

もが理解できるけど、気づきはしなかったろう」

「そうか、言われてみればその通りだと思うけど、言われるまで分からないこと、ということですね。コロンブスの卵的な発想だ!」

遼平は納得した。

「また、あまりに複雑で理解できない仮説もビジネスでは使い物にならない。シンプルに表現できるものがいいんだ。だからビール会社の販促担当者としては、炭酸強めという表現を使ったPOPや、刺激的な泡を描写した写真を使うことで購買意欲を喚起することができる。最近流行りの缶チューハイやハイボールでも炭酸強めを謳っているものがあるけれど、それはこの仮説によって作られているんだと私は思う」

「なるほど、本当に勉強になります。今日はありがとうございました。では、仮説検証のために一杯お付き合いください」

「いいねぇ～」

二人は再会を祝して、居酒屋へ連れだって行った。

04 ビッグデータ時代のコンセプト作成プロセス

▼昔は調査に次ぐ調査

本社のある茅場町駅近くの居酒屋に入ると、緑川は遼平へのレクチャーを続けた。

「仁科、今はビッグデータ時代だ。ネットで検索すれば様々なデータにアクセスできる」

「そうですね。スマホもありますし、いつでもどこでも検索できますよね。うちでも家電製品を買おうとするときは必ず検索しますよ」

「便利な世の中だよなぁ～。マーケティングでも同じなんだよ」

緑川は感慨深そうに続けた。

「最近は、マーケティングのための情報を収集することは難しくない。昔は統計データの掲載されている政府刊行物を購入するには霞が関まで足を延ばさなければならなかった。書籍を購入して必要なデータを入力しなければ企画書に使うことができなかったんだ。ところが今はネット検索一発で収集できる。会社のデスクの上でも自宅でも。しかもExcelのデータを入手することだってできる。ものすごい時間節約になっているよな。その代わり、玉石混交ともいえる大量データの渦から本当に価値ある情報を収集することが難しい」

「そうですよね。キーワードを入れるだけで情報がたくさん出てきます。一つひとつ見るだけでも大変な作業ですよね。良いやり方ないでしょうかね…」

「まずは価値ある情報を見極めるスキルが必要だ。そのためには仮説思考は欠かせない。仮説思考を上手く組み合わせることで、企画プロセスを大幅に短縮できるんだ」

「出ましたね～仮説思考！　大事なのは分かりました。で、どのように組み合わせたら良いですか？」

「その前に一般的な企画プロセスを見てみよう」

緑川は居酒屋に似つかわしくなくノートパソコンを開いて、プロセスを見せた。


「こうみると調査だらけっすね」

「昔はマーケティング担当者は調査が分からないと仕事にならなかったんだ」

「アンケートやらインタビューやら大変だ～」

「さっき話したように課長が調査をやるわけじゃない。部下や外部の調査会社に依頼する

図表3 一般的な企画プロセス

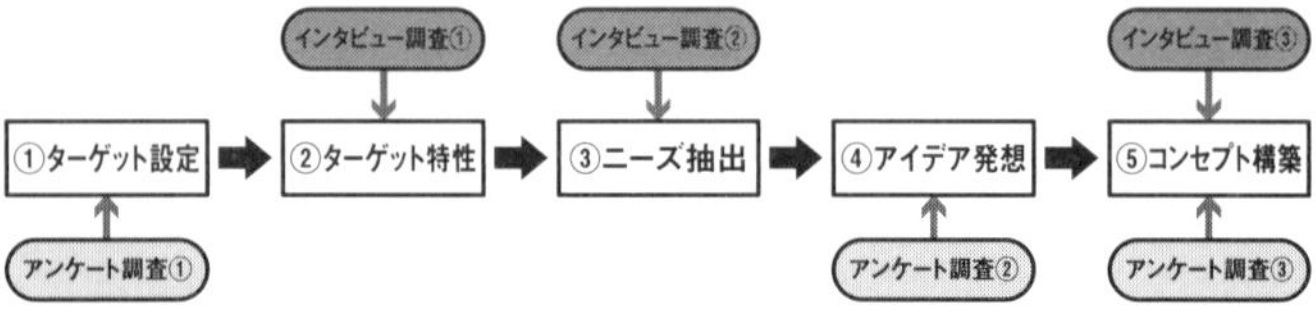

①ターゲット設定 …… 新商品のターゲットを設定します
②ターゲット特性の抽出 …… ターゲットとなる顧客の属性や使用状況、購買状況における特性を明確にします
③ニーズの抽出 …… ターゲット特性を踏まえてターゲットが感じている不満・不具合を抽出します
④アイデア発想 …… ニーズを満たす（解消する）商品アイデアを発想します
⑤コンセプト構築 …… アイデアを評価選定し商品コンセプトを練り上げます

んだ。でも最低限結果の読み方は分かっていないといけない」

「頑張らないといけませんね」

遼平は苦笑いをした。

「調査結果の読み方はおいおいやるとして、まずは全体のプロセスを見ていこう。真ん中にある太い矢印で結ばれているのが、一般的なマーケティング企画のプロセスだ」

「マーケティングって言っても商品企画から販促企画や広告企画まで幅広いですよね」

「さすが、マーケティング課長！　詳しいね」

「ちゃかさないでくださいよ～。それく

らい知ってます」

「そうだ、マーケティングは幅広い。ただ、基本的な考え方は、ターゲットを絞って、そのニーズを抽出し、ニーズを解決するアイデアを発想し、コンセプトに落とし込むということに他ならない」

「なるほど。ターゲットを絞ることでニーズが明確になるんですね」

「その通り。昔は就業前の子どもと暮らす親子、いわゆるファミリーの構成比が圧倒的に多かったからターゲットを絞るという発想はあまりなかった。ところが、最近ではシニアや単身者、主婦も働く人が増えてきているから、一律にニーズを捉えることはできなくなっている。それぞれの生活スタイルがあって、ニーズも異なるんだ。まあこのあたりの詳細は追って見ていこう」

「分かりました」

▼自分で調査しなくとも良い時代

続けて緑川は、本題の仮説思考を組み合わせた企画プロセスを説明した。

「コンセプトを作る前に、仮説ベースで市場動向やターゲット設定からニーズ抽出までを

図表4 仮説思考を組み合わせた企画プロセス

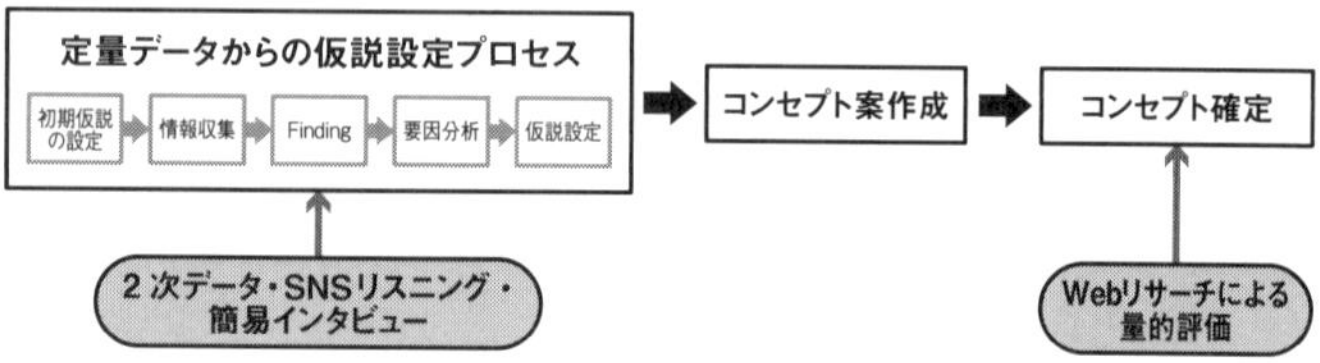

行う。そしてFactをベースにしてコンセプトを練り上げる。さらに最終段階でアンケート調査を実施して検証するというプロセスを取る会社も最近は多い。アンケートではコンセプトが受け入れられるかという受容性と、ニーズそのものの強さを検証していく。もちろん時間と経費をふんだんにかけられる場合には、しっかりとマーケティングリサーチをすれば良い。そうもいかないケースが多いので、仮説が重要なファクターとなるんだ」

緑川が一通りの説明を終えたタイミングで店員がオーダーをとりにきた。

「ひとまず注文しましょう」

「ビールでいいか？」

「もちろんです。さっきビールの話されちゃったから喉が欲しがってますよ」

「はは、そうだな。じゃあ、生ビール2つと枝豆、冷やしトマト1つずつ」

「相変わらず食べないですね。酔いがまわりますよ」

遼平が追加で注文した。

「ポテトフライも1つお願いします」

店員は復唱し、店の奥に下がった。緑川はなおも続ける。

「昔は、ニーズを収集するためにはターゲット顧客のインタビューをとらないと想定できなかったんだが、最近はインターネットで2次データが豊富にとれる」

「2次データ、ですか」

「直接インタビューやアンケートをとるのではなく、第三者が別の目的で収集したデータのことだよ」

「そんな都合の良いものが世の中にはあるんですか！」

「バッチリ欲しいものはないけれど、近いものはある。形式や対象者が少しずつズレているものだ。そうした場合には、いくつかのデータを組み合わせて類推するんだ」

「なんか刑事みたいですね」

「推理もしないといけないからな」

二人の会話が盛り上がったところで、店員がビールジョッキ2つとお通しを持ってきた。

「お待たせしました〜」

「じゃ、ひとまず乾杯だな。続きは明日ということで」

「カンパーイ」

二人はマーケティング談義もそこそこに飲みはじめると、これまで会っていなかった時を取り戻すかのようにしゃべり続けた。


遼平は居酒屋を出た後に馴染みのカフェに立ち寄り、今日あった出来事を反芻していた。遼平は酒が強く、どんなに飲んでも意識を失ったことはない。ほとんどしらふの状態だ。営業時代は接待で深夜2時まで得意先と飲んでいても、次の朝6時には目を覚まし営業準備をしていたほどである。

濃い目のコーヒーを選んで、コーヒーの香りを楽しみながら、遼平はノートパソコンを開き、緑川からのメッセージを整理した。

プロフェッサー緑川幹夫の教え　その1

▼課長は体よりも頭を使え！

✧マーケティング課長は、期間、部下人数、責任範囲も広がる。自分でやってしまわずに部下、外部パートナーを有効に使う

✧課長とはタスクを預かる責任ある立場。部下を動かして着実に成果を上げなくてはならない

✧課長はプレイヤーではなく指揮官としての力量が問われる

▼マーケティングに関わる事柄は、全て数字で語れ！

✧不確実性の高い世の中では、データをもとにした事実度合の高い事柄を積み上げて意思決定を行うことが求められている

✧他者に対して根拠を示すときには、小難しい分析結果ではなく、直感的に判断できる数字でなければならない

✧納得できるまで根拠となる事実を探す。部下にデータを集めさせ、仮説が検証できるまで企画書を書かせてはいけない。数字は嘘をつかない

✧自分が良いと思った方向性でも数字の裏付けが取れなければ先へ進めてはいけない

▼仮説思考でマーケティングを考えよ

✧現在起きている事象を繋ぎ合わせて、将来はこうなるだろう、こうなる確率が高い、といった仮説を立てる。仮説をもとにして準備を進める

✧将来のことは誰にも分からない。様々な要素や要因が複雑に絡まって予想がつきにくい。マーケティングは将来の顧客ニーズの変化や新たな課題を見出して、それを解決する方法として自社商品やサービスを提供していく活動だから常に将来を見ていなければならない

✧いきなり調査分析するのではなく、まずは仮説を立てる。仮説を検証できる情報を収集し調査分析する。そこから結論を導く

▼仮説設定の3か条

①Factをもとにしている➡論理展開できる「事実」に着目することが精度を高める

②仮説検証を繰り返す ⬇ 検証できない考えは独りよがりのもの。仮説検証を繰り返すことで斬新だが説得力の高い仮説を導くことが可能となる

③深みを出す ⬇ なぜそうなるのか？　掘り下げて考察することで価値ある仮説を導くことが可能となる

▼仮説設定には、２次データを活用せよ

✧インターネットで収集した２次データを使って精度の高い仮説を立てる

✧ビッグデータをコンセプト作成に役立てることができる

第2章
市場環境にはビジネスチャンスが隠されている

01 2次データはビジネスチャンスの宝庫

▼市場環境の分析にはどんなデータがあればよい？

翌朝、朝にめっぽう強い遼平は、緑川の出社を待った。前日居酒屋で緑川から聞いた「仮説思考」は、行き当たりばったりのビジネススタイルをとってきた遼平にとって鮮烈な考え方であった。一方で、これまでの営業時代を振り返ると、直感を信じて数多の難題を解決してきた自分の行動に共通する部分も感じていた。「直感を大事にしつつ、検証する術を磨いていけばいいのか？　それを意識して行うということだな」、そんなことを考えていると、若干顔色の悪い緑川が姿を見せた。酒に飲まれるタイプの緑川は明らかに二日酔いであったが、何事もなかったかのように遼平のデスクの隣に座り、唐突に話し始めた。

「昨夜のミーティングで、データの重要性については理解したと思う。今日は新事業について具体的に検討するプロセスを考えていこう」

「教授、今日もよろしくお願いします」

「新事業を検討していくには、いくつかのプロセスがある。アイデア一本で勝負するやり方もあるが、新任のマーケティング課長さんには基本をしっかりと学んでもらおう。まずは市場の環境を分析していく」

「我が社を巡る経営環境を分析していくんですね」

「そうだ。今回のミッションは新事業だが、当社がいきなり不動産事業や観光事業を手掛けるというのは、あまりにも突飛だ。あくまでも食品周辺での新事業開発と限定しよう。市場環境を分析するにあたっては、統計データを収集し、そこから環境変化要因を探索するというアプローチがオーソドックスにとられる。では、どんなデータを収集していったら良いだろうか？」


緑川は遼平のデスクに自分のノートパソコンを広げ、遼平にいくつかのチャートを見せ出した。

「インターネットで検索するとたくさんの情報を収集することができる。ただ、その中身は玉石混交だ。Fact、事実を示しているデータにまずは着目すべきだ」

図表5 ファクトデータのレベル感

Fact ＝ 事実・実際に起こったこと

◎ まずは、ハードファクト（確固、確実な情報）に着目する

ハードファクト	事実ベースの数値データ統計情報（統計学に基づくサンプリング方法で誤差が少ない）	● 人口数、世帯数、年代別、所得などのデモグラフィックな情報 ● 売上高、利益などの実績、結果データ ● 総務省統計局が実施する調査結果。大量サンプルデータ

↓ 発想を広げる　　↑ 裏をとる

ソフトファクト	少サンプルやサンプル抽出に偏りのあるアンケートデータ、インタビュー情報などの定性情報	● 意向データや選好を問うアンケート結果（将来の事は回答者にも分からない） ● サンプル数の少ないアンケート情報
類推（考察）	データを読み込み、結果として記述してある事項	● 新聞記事やニュースなど ● これまで常識とされてきたがデータの裏づけがない事象

「そうですね」

「このチャートで言うところのハードファクトだ。人口数や、世帯数、年代、所得などのデータは人口統計学的なデータ（＝デモグラフィックデータ）という。そうした統計データの収集は政府や各省庁で実施されており、きちんとした統計手法に則って調査されていることから、事実度合の高いデータと言える」

「ハードファクトですね」

遼平はメモをとった。

「そうだ。BtoB企業が市場規模などを算出するベースのデータとして、企業の売上高や営業利益などの財務データがある。こちらも基本的に嘘偽りのない実態

を示す事実データと言える。粉飾決算などがないという前提にはあるが。まずはこれらのハードファクト（確固、堅実な情報）をもとに市場の状況を類推していくということから始める」

「なるほど」

「ハードファクト以外にも、サンプルサイズの小さいデータや定性データも有効に活用することができる。これらは仮説を設定する上で思考を豊かにしてくれる。ただ、サンプルサイズが小さいと信憑性が低いので仮説検証のための2次データを探索しなくてはならない。その他、新聞や雑誌で大学教授や専門家が論評しているものも活用できる。論理的な論評は信頼できるが、彼らが言っていることの根拠として統計的な裏付けがあるかどうかデータを探索していかなければならない。そこから重要なファクトを見つけることもある」

緑川は、チャートの「ソフトファクト」と「類推（考察）」を指差しながら説明した。

▼仮説設定の初期段階で使うデータ

「そして何より重要なのは、価値ある仮説を設定するには、最初の考えは、定量データ発

図表6 **定量データと定性データの違い**

定量データ	定性データ
● 数字で表されているもの	● 文字や写真、映像などで表されているもの
● 年齢・売上高・従業員数（数量 データ） ● 男性・女性、都心在住・郊外在住（カテゴリーデータ）	● 商品購入理由、使用方法、保存状況など ● 口コミサイトやSNSに記載されている情報
● 数字で表すことができるので平均したり、構成比を算出できる ● 集団の特徴を端的に表現することができる	● 構成的にまとめることは困難 ● 市場や顧客の状況を具体的、立体的に把握することができる

の方が望ましい、ということだ」

「定量データですか？」

「そうだ。データは数字で表されている定量データと、主に言葉（言語）で表されている定性データに分けられる」

「その定量データから仮説の発想をはじめるということですか？　なぜ望ましいのですか？」

「仮説は他者に納得してもらって初めて価値がある。定性データを使って、それはたまたまの意見に過ぎないと言われてしまったら終わりだ。疑問の余地が残ってしまう。定性データは解釈によって何とでも変わってしまうことは容易に理解できるだろ？　定性データの活用範囲は

図表7 情報源一覧表

無料	**政府が実施している調査データ** ・統計専門のサイトを持つ総務省、厚生労働省、内閣府などでも国民生活の動向を調査している ・総務省統計局は統計専門のサイトで国の統計の中枢機関として、国勢調査を始め国勢の基本に関する統計の企画・作成・提供、国の統計全体の企画及び横断的な調整を行っている。国勢調査、事業所・企業統計調査、人口推計、労働力調査、家計調査、消費者物価指数などが網羅されている
	国立国会図書館 ・国内で発行されたすべての出版物は、国立国会図書館に納入される ・雑誌などのバックナンバーや、専門的なレポートを入手するのにも役立つ
	民間企業の研究機関（組織） ・業界トップ企業は商品カテゴリー全体の統計情報を公開していることが多い ・キリンホールディングスであれば酒類に関して毎年レポートを公開している。ベネッセホールディングスは子どもに関する調査研究を行うベネッセ教育総合研究所で小学生から高校、大学に至るまで子どもと親の意識の変化についてトラッキングしている ・広告代理店も有効な統計情報を公開している。電通は毎年「日本の広告費」を発表。博報堂「生活定点」調査は生活者の意識面、行動面の時系列の変化をトラッキングすることができる
	業界団体 ・業界団体や関連する研究機関は、業界全般や加盟会社の詳細なデータブックや調査レポートを閲覧することができる
有料	**MDB（マーケティング・データ・バンク）** ・日本能率協会総合研究所が運営。公開情報の収集から業界調査や、マーケティングリサーチまで幅広く情報をカバー
	日経テレコン ・日経4紙のほか主要新聞の記事が検索できる。日本経済新聞社系列の雑誌や週刊東洋経済、週刊ダイヤモンドなどのビジネス雑誌の記事も閲覧範囲 ・月1万円程度の利用料金と検索毎に課金される
一部有料	**ネットリサーチ会社** ・ネットリサーチ会社の販促目的であることが多いが、社会情勢やトレンド情報について独自調査を実施しており、タイムリーな情報を入手できることが多い

広いが、仮説を設定する初期段階はファクトをベースにした定量データが望ましい」

遼平は図表6を見つめながら頷いた。

「なるほど。でも、定量データはどうやって探したら良いでしょう？」

緑川は情報源一覧表を遼平に見せた。

「この中でも特に政府が出しているデータは使い勝手が良い。公的な統計データはオープンデータ化されており、誰もが簡単に入手可能だ。政府統計の総合窓口（e-Stat）により、各府省のデータを一元的に提供しているから簡単に統計情報にアクセスすることができる。それに、

図表8 政府統計の総合窓口(e-Stat)

総務省 統計局「e-Stat」より

集計データをExcelでダウンロードすることもできるんだ。公的な統計データは長年同じ設問を継続して聴取しているので時系列の分析ができるのも良い。ほとんどのデータが時系列に検索できるので、時代の変遷を把握するのに役立つぞ」

遼平は改めて緑川の知識の広さに感銘を受け、メモ帳にペンを走らせた。

02 市場環境分析のための情報を集める

▼市場環境の分析に有効な3つの切り口

「分かったかな、仁科課長！」

「はい、教授。早速部下が出社したら菓子市場について情報収集させてみます」

「遼平、部下についての指示命令は的確にしろよ。彼らも今日からマーケティング課だからお前さんと同じ素人だ。数字に対するセンスがある人材を集めてくれていると思うが、基本的にはマーケティングのマの字も知らない。課長として何をするべきかしっかりと考えて指示を出すことだ」

「そうですね。しっかりと指導しないといけないですね。彼らが来るまでにどんな資料が必要か明確にしておきたいと思います」

「俺はあくまでも課長の指導係だから彼らとは接しないよ。ポイントだけ教えておくから参考にしてくれ」

そういって緑川は情報を探す切り口を説明しはじめた。

「市場環境の分析をするには、3つの切り口で情報を収集する必要がある」

①市場規模の推移（全体・カテゴリー別）
②競合企業の状況
③顧客・生活者の実態と意識

「これらから市場でどんな変化が起きているのかを検討していくんだ。①の市場規模の推移（全体・カテゴリー別）は、市場規模が拡大しているのか、それとも縮小しているのかを把握する。まずは市場全体の推移を確認し、大枠を掴んだうえで細分化したデータ、例えばカテゴリー別の推移をみる。これは、業界団体で毎年集計していることが多いから、活用するんだな」

「そうなんですね。ありがとうございます」

「②の競合企業の状況は、競合企業の売上推移を確認し、競合企業がどのような戦略をとっているのかを確認する。上場企業であれば有価証券報告書や決算報告会資料などをホームページで公開している。それらに記載されていることを読み取って、競合企業の動向を把握していく」

「競合の戦略か〜。気になりますね」

「そして、③の顧客・生活者の実態と意識は、当該カテゴリーの消費傾向を掴む。年代別の差異や年収別の差異を見出すんだ。家計調査年報であれば、世帯主の年代別の購買金額の推移を確認することができる。長年同じ費目で聴取しているので、時系列の分析が可能だ。生活者の購買実態の他に、消費者調査などから当該カテゴリーに関する意識データをとることも忘れてはならない」

「聞き慣れない言葉が多くて不安ですが、要はすでにある情報を当たるということですよね。頑張ります」

そういって遼平は、市場環境を分析する3つの切り口①〜③と、それぞれの情報源をメモした。

▼収集するデータは、大きいものから細かいものへ

それから緑川は、情報を収集する流れをチャートを使って説明した。

「いきなり細かいデータを集めない。例えば特定商品の売上推移や、特定顧客層の購入金

図表9 情報収集の流れ

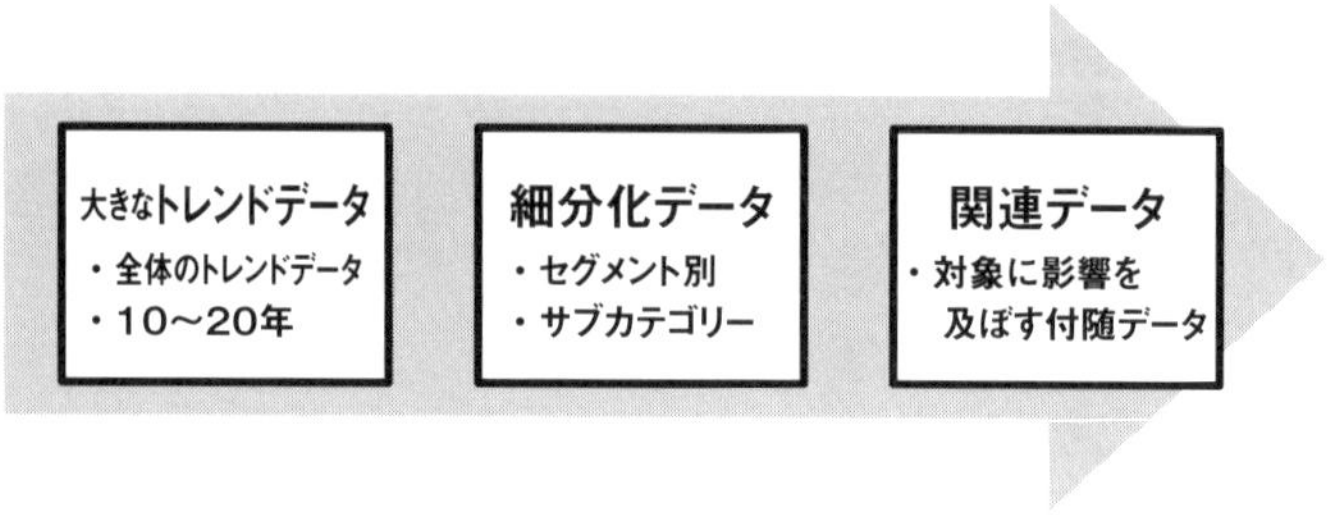

額などが該当する。まずは範囲が広く、長期間のデータを収集し、市場全体がどのような傾向にあるのかを確認することだ。全体感を掴んだ後に、細分化されたデータを収集する。それらのデータを収集していると何が影響を与えているのかが浮かび上がってくるので、関連するデータを収集していく」

「本当に浮かび上がってくるんですか……?」

と、遼平は不安気な表情だ。

「大丈夫。そのあたりは、実際に集めはじめてから詳しく話そう。ここで伝えたい一番のポイントは、情報収集しただけでなく、そこから何が言えるのかを考え

図表10 Fact と Finding

Fact ＝ 事実　実際に起こったこと（truth ＝ 真実）

- ハードファクト … 確固、確実な情報
- ソフトファクト … 多少の解釈の余地を残した情報

↓

Finding ＝ 発見物・所見（医療）・事実認定（裁判）

- Fact から何が言えるのか？　**解釈**を加えたもの
- 課題の認識によって Finding は異なる

ることが重要ということだ。私はそれをFact・Findingというキーワードで提唱している」

「なんですか？　その英語」

「データから何が言えるのか類推するのだ。例えば、Factが起きた要因だとか、いくつかのFactの共通項、そしてFactによる将来の予測、などだ。そうすることで、次にどんなデータを収集すれば良いかが見えてくる」

「緑川教授、ご丁寧にありがとうございます。情報収集できましたらご連絡いたします」

緑川が去った後、遼平はどのように部

下に伝えたら良いか構想を練った。とにかく長期時系列の市場データを収集させ、データを見ながら皆で議論していくことにした。そうすることで遼平だけでなく部下の2名もマーケティングセンスを身につけることができるだろうと考えたからだ。

30分ほどすると元気の良い声が聞こえた。

「おはようございます」

マーケティング課配属となった入社3年目の佐藤敦だ。敦はそれまで北関東支店で営業活動をしていた。遼平はこれまでの経緯と、市場環境分析の趣旨をざっと説明し、菓子市場の規模推移が分かるデータを集めるよう指示した。

「支店での営業活動とは勝手が違って慣れるまで時間がかかると思いますが、仁科課長からの指示を全うしたいと思います。まずはパソコンでデータ検索をして午前中に一度進捗を報告します」

敦はたくましく返答した。

03 市場規模の推移から変化をどう読むか？

▼菓子市場の規模推移が分かるデータを集める

敦は席につくとネット検索で、「菓子　市場規模」とストレートに入力した。するといくつかのサイトが表示された。

敦は大量に出てきた検索結果から、「ｅ－お菓子ねっと／統計資料」をクリックした。すると、ずばり統計資料というページがあり「平成28年 菓子統計」をＰＤＦで開いた。

これは、全9ページのテキストデータだった。平成29年3月30日付け、全日本菓子協会の名前で、「平成28年 菓子生産数量・金額 推定結果 コメント」と書かれている。敦は心の中で「ビンゴ！」と叫び、5ページ目の「平成28年 菓子生産数量・生産金額及び小売金額 推定」をプリントアウトした。「一丁上がりだ！」またも心で叫び、「なんと自分は仕事が早いのだろう」とつぶやきながら資料を眺めた。これを課長へ提出して業務完了。そう思い、さっそく課長のもとへ行った。

「課長、お待たせしました。ご依頼の資料をお持ちしました」

図表11 平成28年 菓子生産数量・生産金額及び小売金額 推定

全日本菓子協会

	平成26年			平成27年			平成28年		
	生産数量	生産金額	小売金額	生産数量	生産金額	小売金額	生産数量	生産金額	小売金額
	トン	億円	億円	トン	億円	億円	トン	億円	億円
飴菓子	168,000	1,760	2,460	169,000	1,790	2,510	174,700	1,880	2,610
前年比	101.2	102.9	102.9	100.6	101.7	102.0	103.4	105.0	104.0
構成比	8.7	7.3	7.6	8.6	7.3	7.5	8.8	7.6	7.8
チョコレート	231,400	3,510	4,860	231,350	3,640	5,040	238,980	3,800	5,260
前年比	105.1	107.7	107.5	100.0	103.7	103.7	103.3	104.4	104.4
構成比	12.0	14.7	14.9	11.8	14.9	15.1	12.1	15.3	15.7
チューインガム	29,020	778	1,150	27,780	751	1,113	26,670	715	1,058
前年比	96.0	94.3	94.3	95.7	96.5	96.8	96.0	95.2	95.1
構成比	1.5	3.2	3.5	1.4	3.1	3.3	1.3	2.9	3.1
せんべい	56,350	500	712	57,505	512	726	58,082	518	734
前年比	98.0	98.4	99.2	102.0	102.4	102.0	101.0	101.2	101.1
構成比	2.9	2.1	2.2	2.9	2.1	2.2	2.9	2.1	2.2
ビスケット	244,400	2,400	3,450	258,900	2,580	3,710	257,600	2,560	3,685
前年比	103.3	105.7	105.8	105.9	107.5	107.5	99.5	99.2	99.3
構成比	12.6	10.0	10.6	13.2	10.5	11.1	13.0	10.3	11.0
米菓	216,676	2,629	3,508	220,350	2,730	3,642	217,687	2,730	3,643
前年比	100.1	102.8	102.8	101.7	103.8	103.8	98.8	100.0	100.0
構成比	11.2	11.0	10.8	11.2	11.1	10.9	11.0	11.0	10.8
和生菓子	304,500	3,820	4,700	305,000	3,850	4,750	305,000	3,850	4,750
前年比	100.0	100.0	100.6	100.2	100.8	101.1	100.0	100.0	100.0
構成比	15.8	15.9	14.5	15.5	15.7	14.3	15.4	15.5	14.1
洋生菓子	189,104	3,285	4,175	189,482	3,278	4,167	195,167	3,376	4,250
前年比	98.8	98.3	98.3	100.2	99.8	99.8	103.0	103.0	102.0
構成比	9.8	13.7	12.8	9.6	13.4	12.5	9.9	13.6	12.6
スナック菓子	230,751	2,961	4,218	238,119	2,985	4,253	234,716	2,962	4,225
前年比	102.2	102.0	102.0	103.2	100.8	100.8	98.6	99.2	99.3
構成比	11.9	12.4	13.0	12.1	12.2	12.8	11.9	12.0	12.6
油菓子	56,806	340	498	58,510	356	516	57,632	350	510
前年比	99.9	100.3	99.8	103.0	104.7	103.6	98.5	98.3	98.8
構成比	2.9	1.4	1.5	3.0	1.5	1.5	2.9	1.4	1.5
その他	205,571	1,967	2,791	211,738	2,026	2,875	212,373	2,032	2,884
前年比	104.0	104.0	104.0	103.0	103.0	103.0	100.3	100.3	100.3
構成比	10.7	8.3	8.6	10.7	8.2	8.8	10.8	8.3	8.6
合　計	1,932,578	23,950	32,522	1,967,734	24,498	33,302	1,978,607	24,773	33,609
前年比	101.5	102.2	102.4	101.8	102.3	102.4	100.6	101.1	100.9
構成比	100.0	100.0	100.0	100.0	100.0	100.0	100.0	100.0	100.0

【参考】　半生菓子の推定値　（全国半生菓子協会 調べ）

	平成26年			平成27年			平成28年		
	生産数量	生産金額	小売金額	生産数量	生産金額	小売金額	生産数量	生産金額	小売金額
	トン	億円	億円	トン	億円	億円	トン	億円	億円
	29,779	300	481	30,374	309	501	30,170	309	502
（前年比）	101.5	104.9	104.8	102.0	103.0	104.2	99.3	100.0	100.2

全日本菓子協会より

「お待たせってまだ1時間も経っていないじゃないか。敦すごいなぁ」

「お手の物です」

「そうか。とりあえず資料を見せてくれ」

「はい、こちらです」

「なになに、全日本菓子協会、業界団体の資料だな。平成26年から28年までの3年間か。生産数量と生産金額、小売金額がカテゴリー別に集計してある」

遼平は資料と敦を交互に見ながら言った。

「ん、でっ？　君は菓子市場についてどう考えるのだ？」

「どう考えるかって、そこまではまだです。課長のお申し付け通り資料を見つけて…」

口ごもる敦に対して遼平は厳しい顔つきで指摘した。

「これじゃ学生のやることだな。資料を検索するだけなら今の時代、学生にだってできる。それに3年という期間では短かすぎるだろう。資料と合わせて自分なりの考えを添えて初めて報告というレベルに達する」

「はぁ、分かりました、菓子市場は…」

その場で自分の考えをまとめようとする敦を制して、遼平は自席で考えるように促した。

そしてもうひとりの部下である熊谷葵を呼び、敦を手助けするように指示した。

「聞いていたと思うけど、敦には少し難しかったようだから、葵さんの力を貸してやってくれないか」

「分かりました」

葵は素直に指示に従った。

▼集めたデータを加工する

シュンとして自席へ戻る敦を葵は呼び止めた。

「何しょげてるのかなぁ？　朝から」

「聞いてたでしょう、葵さん〜。市場規模のデータからどう考えるか自分なりのコメントを求められちゃって」

葵は入社8年目の中堅社員で、前に所属していた広報部ではマスコミ向けの資料を作成していた経験がある。その経験を活かして、10年以上遡って市場規模を見ること、数字だけでなくグラフ化することをアドバイスした。

敦は菓子統計の資料を遡り、13年前の2003年からデータを収集し、棒グラフを作成した。これを出力し、葵のもとへ走った。

「できました、グラフ！」

「で？　これを見てどう思うの？」

「はい、菓子市場は、2003年以降、増加、減少を繰り返していますが、2013年以降は微増傾向にあります」

「ん～60点かなぁ。世間の出来事と関連付けて、震災やリーマンショックの時期を読み取るとさらに分かりやすいわ。リーマンショック翌年からの2009～2010年と、東日本大震災の翌年2012年に落ち込んでいるよね。そこから回復している」

「なるほど、そうやって考えていくんですね」

「それと、どれくらい増加したのかを数値で表したいわね。増減率を算出してみるといいわ」

「増減率ですか？」

「そう、比較する年からどれくらい増減したのか、増減した数値を比較した年の数値で割って算出したのが、増減率よ。例えば前年増減率は以下の式で計算するの」

図表12 菓子小売金額推定

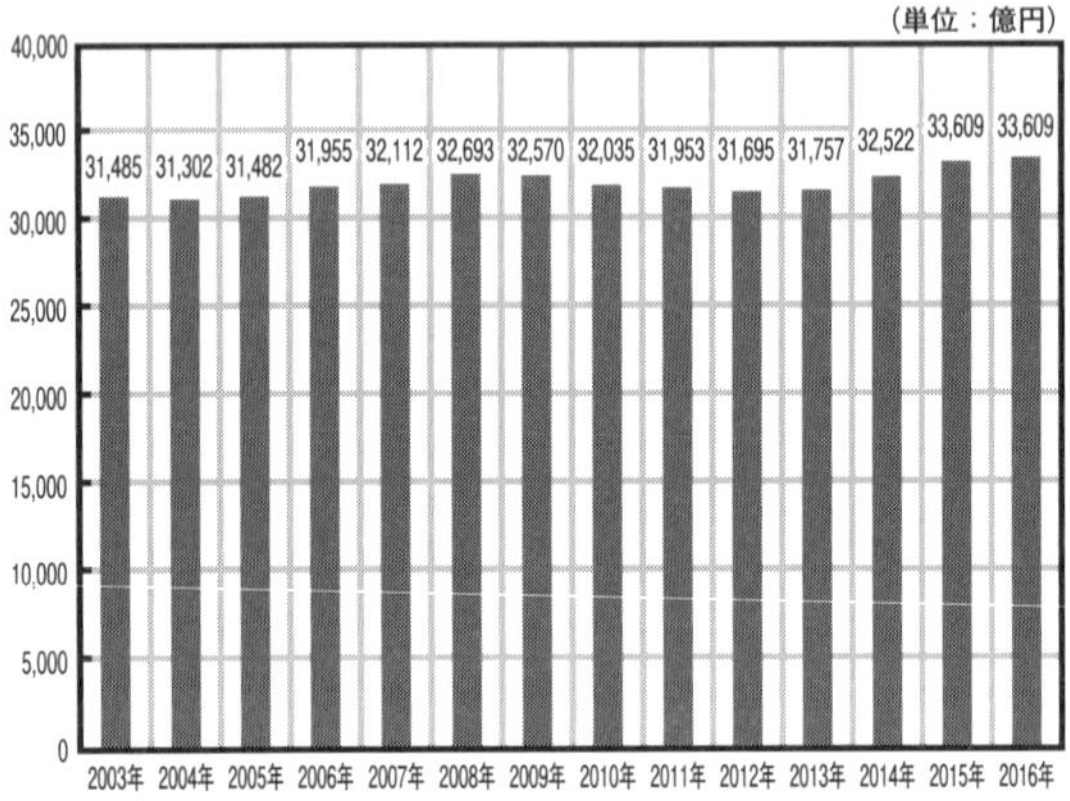

全日本菓子協会「菓子類推定生産高」よりグラフ化

前年増減率＝増加額÷前年実績×１００
＝（本年実績－前年実績）÷前年実績×１００

「分かりました、頑張ってみます」

「それと、図表11にはカテゴリー別のデータもあるからこれも加工して考えてみるといいわね」

「加工？？？」

「ん～これは少し高度かな？　こっちは私がやっておくわ」

そう言うと葵は自席に戻りExcelを使って30分ほどでグラフを作成した。

1時間後、増減率を作成した敦は葵と

打ち合わせをし、グラフと数表を持参し、課長のもとへ行った。

▼作成したグラフや表から動向を読み取る

「課長！　お待たせしました。葵さんの多大なるお力をお借りして、菓子市場の動向を掴みました。ご報告したいと思います」

「お疲れさん。葵さんのサポートが得られたのは大きかったな」

「はい。この資料をご覧ください」

そう言って敦はこれまでに作った3つの資料（図表12〜14）を逵平に渡した。

「おおっ、綺麗に作ったね〜。で、敦の考察はどうだ？」

「菓子小売市場は3兆円市場。毎年微増ながらも成長しています。11年比5％増です」

「シンプルで分かりやすいね」

「ありがとうございます。それと図表13のグラフはバブルチャートでございまして…」

口ごもる敦を横目に葵が助け舟を出した。

「ここからは私が説明します。バブルチャートは2016年のカテゴリー別の構成比を横

図表13　2016年カテゴリー別の菓子小売金額

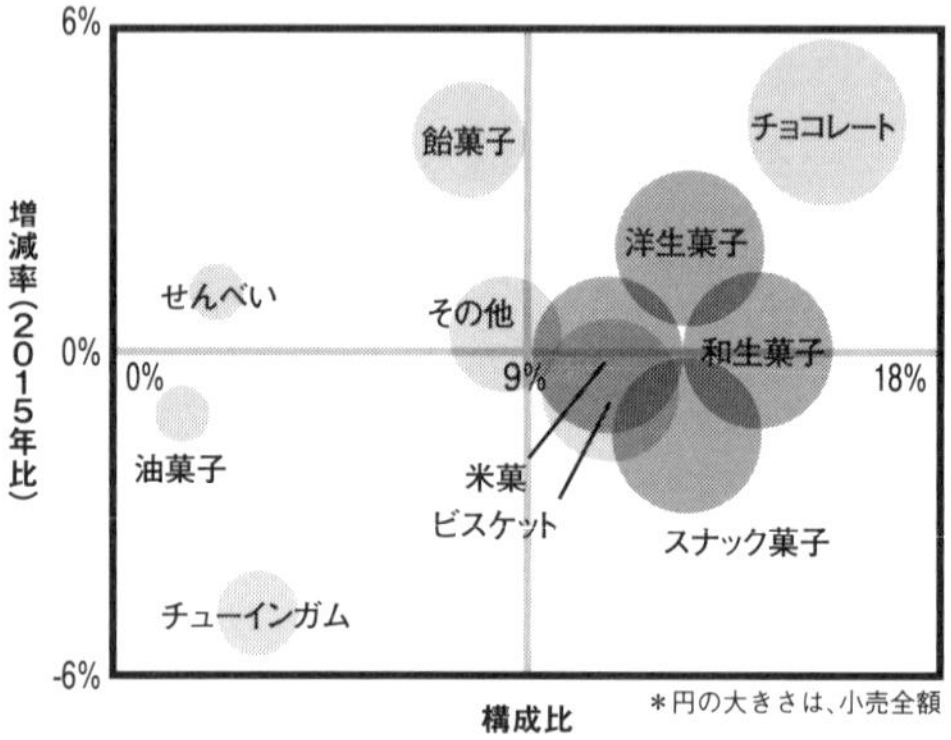

全日本菓子協会「菓子類推定生産高」よりグラフ化

軸に、2015年からの増減率を縦軸にとりました。バブルの大きさは小売金額を示しています。チョコレートは増加傾向にあり、カテゴリー構成比は最も高いことが分かります。次いで和生菓子、洋生菓子の小売金額が大きいことが分かります」

遼平は資料を一通り見て、二人に言った。

「よく出来ているけど、もう一歩だね。それらは重要な事実だと思うが、背景となる環境変化要因を考えてほしい。菓子市場が微増傾向にあるのは、どのような背景があるんだろう。人口は2008年

図表14　2016年の構成比と増減率

	構成比	増減率（2015年比）	小売金額（億円）
チョコレート	15.7%	4%	5,260
和生菓子	14.1%	0%	4,750
洋生菓子	12.6%	2%	4,250
スナック菓子	12.6%	－2%	4,225
ビスケット	11.0%	－1%	3,685
米菓	10.8%	0%	3,643
飴菓子	7.8%	4%	2,610
チューインガム	3.1%	－5%	1,058
せんべい	2.2%	1%	734
油菓子	1.5%	－1%	510
その他	8.6%	0%	2,884
合計	100%	0.8%	33,609

全日本菓子協会「菓子類推定生産高」より

以降減少傾向にあるわけだから菓子の消費も減少していると考えられる。少子化傾向もあるわけだから…」

「子どもが減っているということから単純に考えると、大人が食べるようになってきたっていうことですかね？」

敦は膝を打った。

「チョコレートはポリフェノール効果があるってテレビ番組でやってたから、健康志向のチョコレートが売れているのかもしれない」

葵も気づいた。さらに遼平も続けた。

「和生菓子や洋生菓子が売れているのは、コンビニスイーツが売れていることが要因とも考えられるな」

3人はFactに対して仮説を言い合い、菓子市場の動向について考察していった。

「じゃ、敦、あとは今の話をまとめておいてくれ」

「承知しました。お二人のお陰でいろいろと勉強になりました。ありがとうございました」

遼平は敦の素直なところが気に入った。この仲間とみなとやの危機を救おうと心に決めたのだった。

04 競合企業の戦略を読み取る

▼データ収集の指示は的確に

昼食をはさんで、午後一番、遼平は葵と敦を集めミーティングを開いた。市場環境分析の主旨は既に伝えてある。その上で、市場規模推移のデータは敦と葵のデータを使うとして、あとはプレイヤーである競合企業の動向が分かる情報と生活者データが必要だ。

「競合企業を敦、生活者データを葵さんに収集してもらいたい」

「競合企業といっても菓子メーカーはたくさんありますが、全ての企業について調べた方がいいですか？」

「今回は菓子市場の中での新事業の開発だから、ウチと同規模の企業だけでなく、広く全般的な傾向が見たいな」

「そうですか、ちょっと力技になりますね」

「まぁ手順を追って、都度報告してくれ。まずはウチと同じく全国で菓子販売している上位企業の売上高を調べてくれ。その中から最近調子の良い企業をピックアップして調査対象企業を絞り込んでいこう」

「分かりました。では上位企業の決算データから当たってみます」

「葵さんには生活者のデータをお願いしたい。生活者データは行動データと意識データに分けられる。まずは菓子の購買行動が分かる家計調査年報を収集整理してくれ。君はグラフ作成もできそうだから、ある程度任せるので自分の考えで進めてみてくれ。家計調査の分析・整理が終わったら競合企業のデータと合わせて3人で読み込みを行おう」

「分かりました。では、敦さんのサポートもしますので、そうですね…ひとまず2日間いただけますか？　木曜日の午後に一度すり合わせを行うということでいかがでしょう」

「分かった。まぁ木曜日の前でも気になったことがあったら相談に来てくれ」

そういうと敦と葵は自席に戻り、どのように情報収集するか考えはじめた。

▼分析する競合企業の選定と分析の観点

敦は業種別に市場規模のデータを掲載している雑誌から、主要な企業を20社抜き出し、インターネットで各社のホームページを検索、売上高を調べ、グラフを作成した。直近の

図表15 菓子メーカーの売上

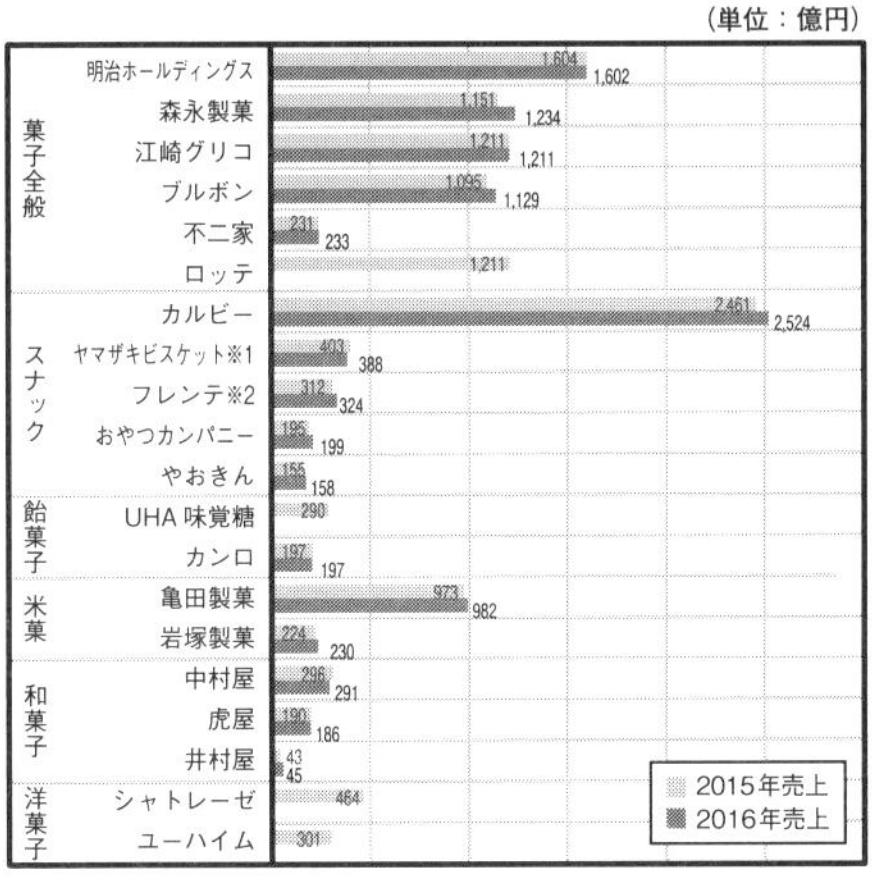

各社ホームページ情報を参考に筆者作成

２０１６年だけでなく一期前の２０１５年のデータも収集し、特徴的な企業を検討した。

その結果、最もシンプルに、売上高の多い上位３社、カルビー、明治ホールディングス、森永製菓の戦略を調べようと考え、葵に相談した。

「２０１５年との増減額と増減率で選択したほうが良いと思うわ。だから、売上高が最も大きいカルビーは良いとして、あとは昨年対比で増減率が最も高い森永製菓を深掘りしたほうが良い。市場の中で売上を伸ばしている企業を細かくみることで、菓子市場の特徴が掴めるでしょ」

図表16 菓子メーカーの増減率

（単位：億円）

		2015年売上	2016年売上	備考	増減金額	増減率
菓子全般	明治ホールディングス	1,604	1,602	菓子部門	-2	0%
	森永製菓	1,151	1,234		83	7%
	江崎グリコ	1,211	1,211		0	0%
	ブルボン	1,095	1,129	全社	34	3%
	不二家	231	233	洋菓子＋菓子	2	1%
	ロッテ	1,211		国内食品部門	—	—
スナック	カルビー	2,461	2,524	全社	63	3%
	ヤマザキビスケット※1	403	388		-15	-4%
	フレンテ※2	312	324		12	4%
	おやつカンパニー	195	199		4	2%
	やおきん	155	158		3	2%
飴菓子	UHA味覚糖	290			—	—
	カンロ	197	197		0	0%
米菓	亀田製菓	973	982		9	1%
	岩塚製菓	224	230		6	3%
和菓子	中村屋	296	291		-5	-2%
	虎屋	190	186		-4	-2%
	井村屋	43	45		2	5%
洋菓子	シャトレーゼ	464			—	—
	ユーハイム	301			—	—

各社ホームページ情報を参考に筆者作成

「分かりました。カルビーと森永製菓の戦略を調べてみたいと思います。でもどうやって調べたらよいか…」

「課長に聞いてみましょう。調べる企業も固めたいし」

　そうして二人は遼平のもとを訪れた。相談を受けた遼平はグラフを見ながら言った。

「売上を伸ばしている企業が多いが、和菓子系は苦戦しているなぁ。ただ井村屋は増減率が高い。最大手のカルビーの動向は知りたい、森永製菓の増減率7％は突出している。そうだなぁ。では、井村屋も合わせて調べてもらおうか」

　3社について調べることが決まって一

※1　2016年8月まで、ヤマザキナビスコ
※2　2016年に組織再編し、現湖池屋

安心した敦は、

「競合企業の動向はどのようなデータを当たったら良いでしょうか」

と遼平に尋ねた。

「各社で出している有価証券報告書や決算短信には、ここ1年間の業績と企業業績の要因分析や重点戦略などが書かれている。また、決算報告会で株主に説明する用途で作成された資料も使える」

敦はメモをとり、自席に戻った。

敦は、各社の決算説明会資料やデータブック、アニュアルレポートなどをダウンロードした。各社のデータを眺め、いずれも国内だけでなく海外での活動が丁寧に書かれていると感じた。葵にそのことを話すと、

「そうねぇ～。各社の動向だから社名と国内、海外のエリアで分割したマトリクス形式で記述するといいんじゃない」

とアドバイスをもらった。素直な敦は言われるがままマトリクスを作成、各社の動向を国内市場、海外市場に分けて整理をした。

図表17 国内市場・海外市場別の各社の動向

	森永製菓	カルビー	井村屋
国内	既存ブランドの強化 ・定番品に資源集中、ブランド向上に注力 ・品目数を前年比83%に削減 高付加価値商品の開発継続 ・ハイカカオ商品を中心とした「健康訴求」により消費者ニーズを創出 ・健康を切り口とした商品構成比39%に増加（2013年度は27%）	ポテトチップスの馬鈴しょ不足により一部製品の販売延期等の生産・販売調整。減少を他のカテゴリーで補う ・じゃがりこ：L サイズ品の拡大、フレーバー展開品が好調 ・小麦系スナック：サッポロポテトのリニューアル・増量キャンペーン等が好調 ・その他新規スナック：ポテトチップスクリスプが発売開始（当期売上22億円）	・「えいようかん」や「スポーツようかん」「招福羊羹」シリーズの売上が増加 ・製法にこだわった新商品「煮小豆ようかん」を発売し、好評 ・焼き菓子では、「和菓子屋のどらやき」シリーズ、カステラ類の「クリームチーズカステラ」が順調に推移
海外	米系小売業の販売好調（40億円147%） ・エリア戦略に注力、アイテム増加 ・コストコではイースター、ハロウィン等店頭取組強化 ・HI-CHEWの浸透（認知度20%上昇） 中国での取組強化（47億円115%） ・ハイチュウ事業 ・輸入品事業 ・Eコマース事業 東南アジア（インドネシア56億円124%） ・インドネシア及び周辺地域でのHI-CHEW販売強化 ・タイ、ベトナム、フィリピンなど市場開拓	スナックで計289億円の売上 ・北米：通期では2.2%増、第4四半期は前年同期比19.1%増（売上116億円）大手顧客を中心に売上は回復基調 ・韓国：主力製品の売上減少を新製品の拡大でカバーできず（売上53億円） ・UKにおける顧客の拡大、インドネシアでの生産・販売開始により大幅増収（9億円）	・中国の井村屋（北京）食品有限公司（IBF）のカステラ販売が計画通り推移

各社の決算説明会資料やデータブック、アニュアルレポートなどを参考に筆者作成（2017年7月時点）

マトリクスに整理することで、敦なりに以下の3点の共通項を見出した。

①既存ブランドへの取り組み強化

②健康意識を捉えた商品開発への注力

③海外でのマーケティング展開の強化策

05 生活者データから何を見出すか？

▼生活者データの収集と傾向の読み取り

一方の葵は、総務省統計局のポータルサイトe-Statを開き、家計調査年報を探索した。

【大きいところから小さいところへ】

遼平から教えてもらった情報収集のコツを思い出しながら、まずは生活者がどれくらい菓子を摂取しているかを知ろうと思い、時系列で一世帯当たりの菓子カテゴリーの家計支出を抽出してグラフを作成した。

２０１６年の一世帯当たりの年間菓子購入金額は７万４０００円で、月当たり６２００円であった。ここ3年間は思いのほか増加している。15年比で０・３％増加、11年比では７・５％の増加だ。人口が減少している中で増加しているということはどういうことだろうか？　葵は、３人で議論になったことを思い出しながら、さらに考えていた。

図表18　一世帯当たりの菓子カテゴリーの家計支出

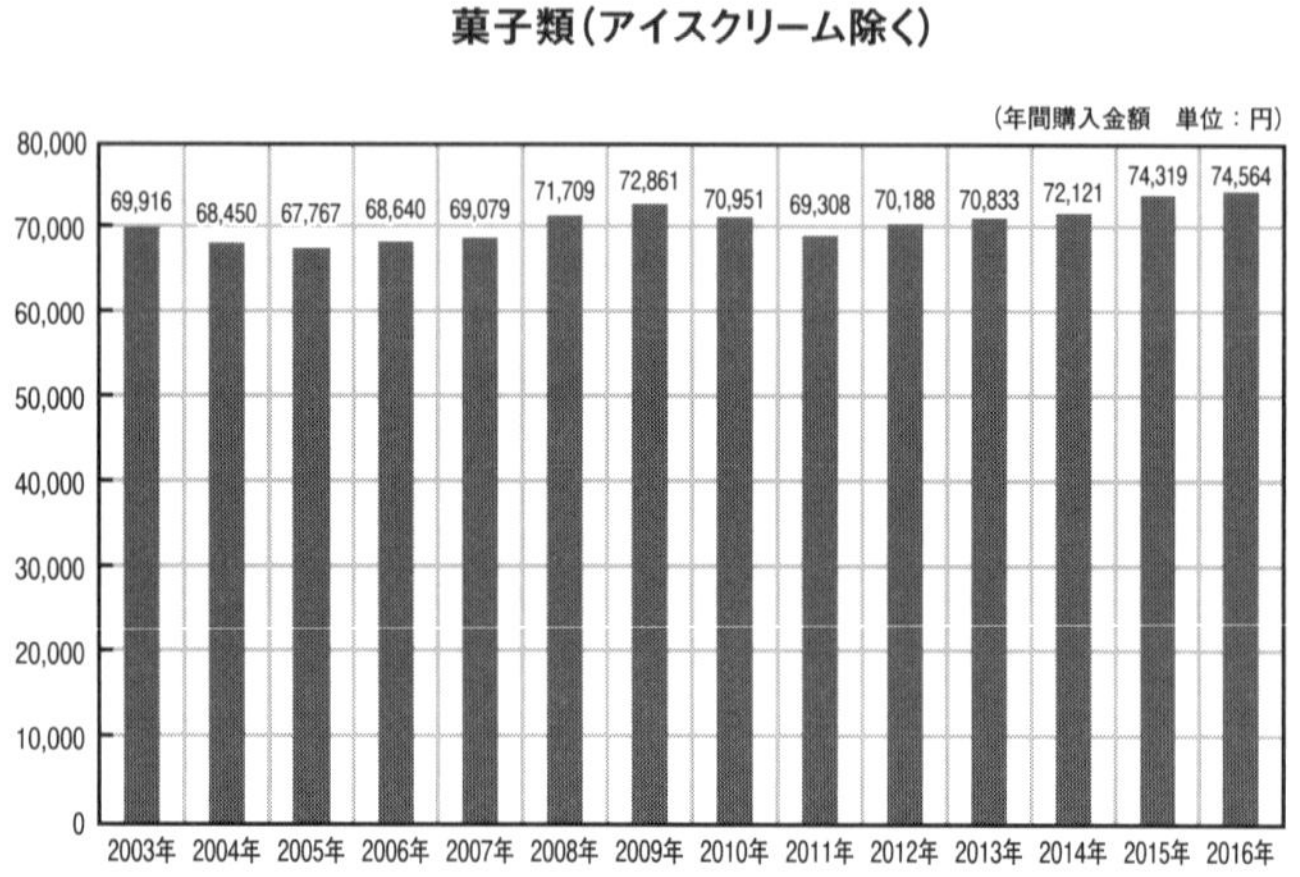

家計調査年報　世帯当たり年間購入金額（2人以上世帯）より

全体で微増傾向にあることが分かったうえで、どんな菓子が食べられているのか種類毎に集計してある資料をダウンロードした。それをもとに、カテゴリー別の推移にブレイクダウンした折れ線グラフを作成した。

一覧してグラフを見渡すと、チョコレート、他の洋生菓子の増加が顕著なようだ。菓子類合計では2011年比で8％の増加であるが、チョコレートは34％増加、チョコレート菓子は25％という驚異の増加率である。ボリュームこそ少ないが、現在菓子市場の中では明らかにポジティブなトレンドと言える。

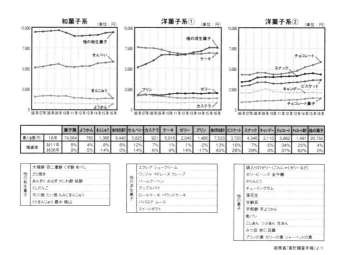

図表19 カテゴリー別の購入額　推移

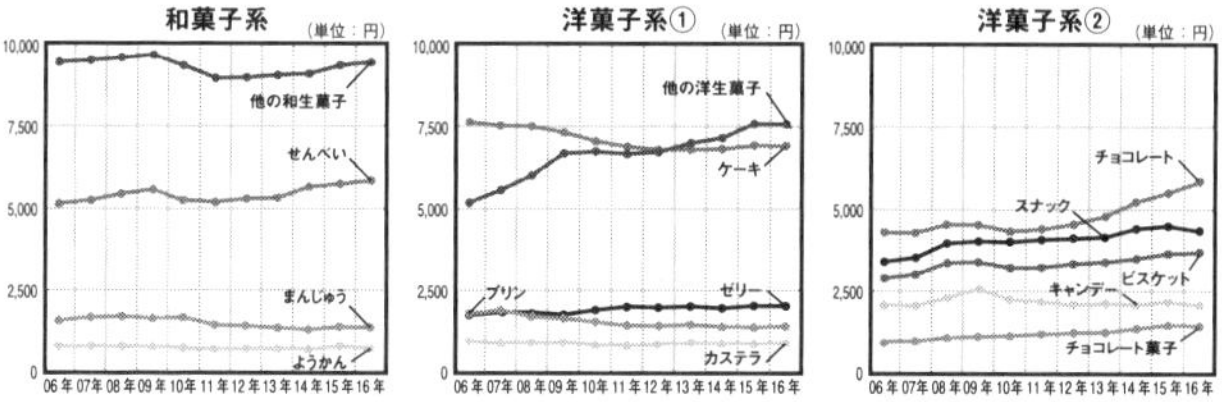

		菓子類	ようかん	まんじゅう	他の和生菓子	せんべい	カステラ	ケーキ	ゼリー	プリン	他の洋生菓子	ビスケット	スナック	キャンデー	チョコレート	チョコレート菓子	他の菓子
購入金額(円)	16年	74,564	760	1,366	9,440	5,825	921	6,916	2,045	1,480	7,533	3,720	4,346	2,110	5,862	1,491	20,750
増減率	対11年	8%	4%	-8%	6%	12%	7%	1%	1%	-2%	13%	16%	7%	-5%	34%	25%	4%
	対06年	9%	-5%	-14%	0%	14%	-6%	-9%	14%	-17%	45%	28%	29%	0%	37%	62%	0%

他の和生菓子	
	大福餅 羽二重餅 くず餅 ゆべし
	どら焼き
	あんきり おはぎ かしわ餅 桜餅
	くしだんご
	今川焼 たい焼 もみじまんじゅう
	くりまんじゅう 最中 桃山

他の洋生菓子	
	エクレア シュークリーム
	ワッフル マドレーヌ クレープ
	バームクーヘン
	アップルパイ
	ロールケーキ パウンドケーキ
	ババロア ムース
	スイートポテト

他の菓子	
	袋入りのゼリー(こんにゃくゼリーなど)
	ゼリービーンズ 金平糖
	かりんとう
	チューイングガム
	落花生
	甘納豆
	芋煎餅 芋ようかん
	乾パン
	こしあん つぶあん 生あん
	みつ豆 杏仁豆腐
	プリンの素 ゼリーの素 シャーベットの素

総務省「家計調査年報」より

葵は、「全体」、「菓子の種類」が分かり、次は「人」に注目しようと考えた。人によっても菓子購入特性は異なるだろうと考えたのだ。そこで、世帯主の年代別の集計結果を抽出しグラフ化した。

菓子類全般で最も購入している世帯は、40代の8万1000円と、50代の7万9000円だ。この2つの世代は11年比の増減率も高い。「和菓子系」のグラフから分かるように、和菓子は年代が上がるほど増加傾向にあるが、「洋菓子系」は30代、40代をピークとして、以降減少傾向となる。また、表の中のチョコレートに着目すると、世帯主年代50代、60代、

図表20 世帯主の年代別の菓子購入

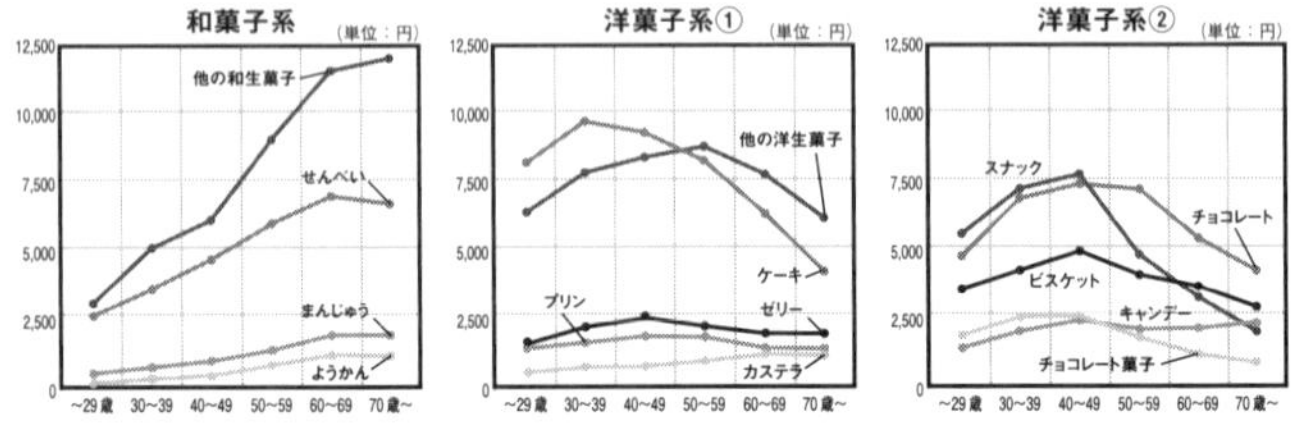

		菓子類	ようかん	まんじゅう	他の和生菓子	せんべい	カステラ	ケーキ	ゼリー	プリン	他の洋生菓子	ビスケット	スナック	キャンデー	チョコレート	チョコレート菓子	他の菓子
~29歳	2016年購入金額	56,221	26	372	2,959	2,589	394	8,151	1,602	1,317	6,355	3,470	5,514	1,356	4,703	1,782	15,633
	増減率(11年比)	-6%	-89%	-15%	-25%	-6%	81%	11%	-1%	6%	-10%	5%	-12%	-2%	1%	12%	-12%
30~39	2016年購入金額	75,692	217	607	5,003	3,456	546	9,607	2,115	1,518	7,835	4,186	7,209	1,973	6,805	2,437	22,178
	増減率(11年比)	13%	-4%	-3%	14%	16%	4%	4%	3%	4%	25%	18%	8%	-11%	36%	30%	11%
40~49	2016年購入金額	81,558	313	790	6,115	4,585	654	9,267	2,482	1,800	8,384	4,873	7,729	2,371	7,455	2,478	22,261
	増減率(11年比)	9%	-14%	-13%	9%	13%	8%	5%	6%	-2%	11%	28%	17%	-4%	24%	29%	4%
50~59	2016年購入金額	78,944	658	1,222	9,027	5,906	798	8,284	1,082	1,754	8,763	4,036	4,734	1,907	7,126	1,670	20,977
	増減率(11年比)	8%	-5%	-15%	5%	6%	-12%	6%	-11%	0%	16%	12%	16%	1%	39%	43%	1%
60~69	2016年購入金額	75,515	1,052	1,778	11,511	6,863	1,015	6,198	1,878	1,318	7,685	3,548	3,136	2,017	5,371	1,086	21,058
	増減率(11年比)	7%	5%	-15%	-2%	13%	7%	2%	1%	-6%	12%	19%	26%	-3%	49%	30%	3%
70歳~	2016年購入金額	67,491	1,088	1,798	12,002	6,729	1,250	4,210	1,892	1,252	6,118	2,808	1,918	2,238	4,256	746	19,185
	増減率(11年比)	7%	-3%	-6%	1%	6%	3%	8%	13%	4%	17%	13%	0%	-11%	49%	29%	7%

総務省「家計調査年報」より

70代以上で顕著に増減率が高いことが分かる。以上の内容を踏まえて、葵は家計調査のグラフを整え、遼平の席へ向かった。

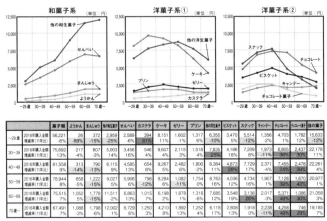

「葵さん、これは綺麗にグラフを作成したね。グラフを眺めるだけで菓子市場の状況が浮かび上がってくるよ」

「ありがとうございます。状況について説明します。家計調査で見る限り、先日の敦さんの小売市場規模と同様に世帯当たりの年間菓子購入金額は微増傾向です。5年前の2011年と比較すると7・5%の増加です。人口が減少傾向にある中で、国内菓子市場は意外な結果です。カテゴリー別にはチョコレートが特徴的な動きをしていました。世帯主の年代別では40代、50代世帯が注目です」

「なるほど。分かりやすい！」

遼平は次の指示を出した。

「顧客である生活者の実態は分かった。後は生活者の意識項目を収集しておいてくれ。ある程度まとまったら敦とともにデータを読み込もう」

「分かりました。生活者の菓子意識に関するアンケートを探索してみます」

葵は自席に戻り、ネットで生活者の菓子に関するアンケートが掲載されているサイトを検索、グラフを収集した。Excelに数値を入力しグラフを作成しようかとも思ったが、ひとまずこれで議論できるだろうと考え、省力化してデータを画像として取り込み、その日は帰ることにした。

スイーツの好み

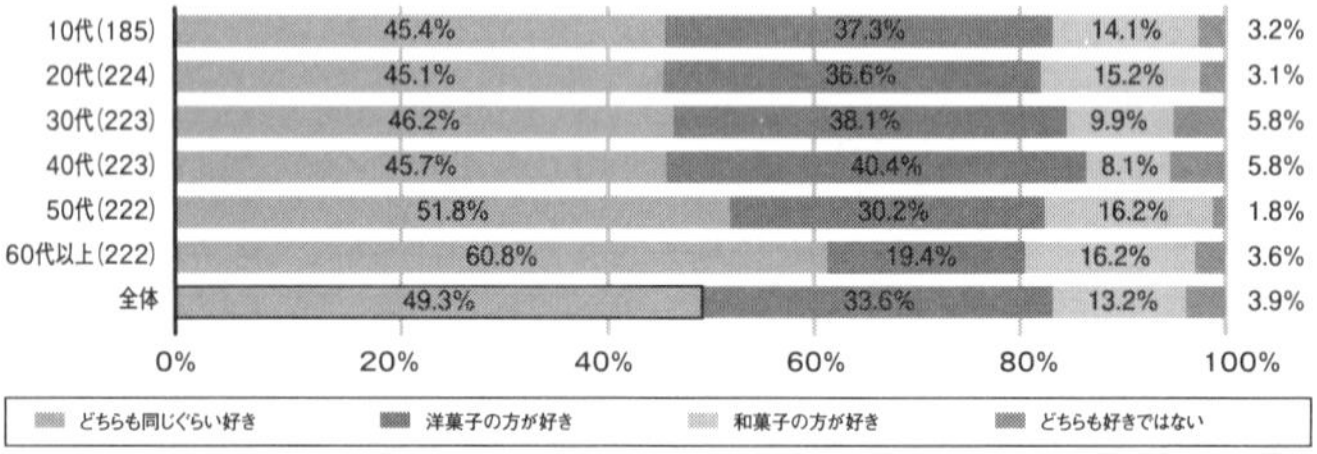

購入する菓子の種類

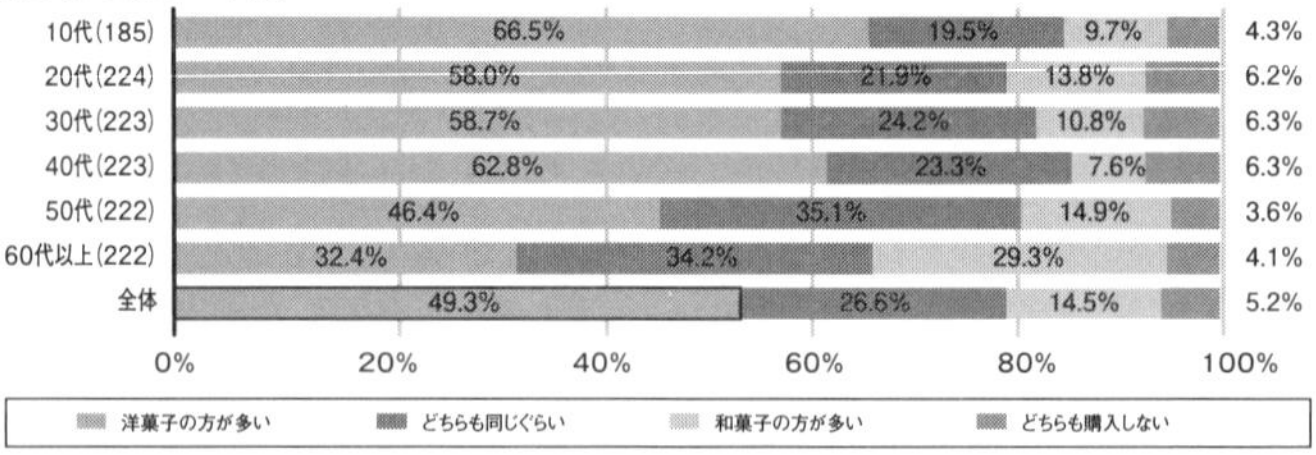

和菓子よりも洋菓子を購入する理由

	10代(123)		20代(224)	
1位	価格が高い	30.9%	和菓子を買う場所が近くにない	24.6%
2位	かしこまった感じがする	25.2%	かしこまった感じがする	20.0%
3位	気軽に食べられない	25.2%	コーヒーや紅茶に合わない	18.5%
4位	和菓子を買う場所が近くにない	23.6%	気軽に食べられない	18.5%
5位	特別なときに食べることが多い	21.1%	和菓子の種類を良く知らない	16.9%
	30代(131)		40代(140)	
1位	コーヒーや紅茶に合わない	21.4%	和菓子を買う場所が近くにない	25.0%
2位	価格が高い	21.4%	コーヒーや紅茶に合わない	23.6%
3位	かしこまった感じがする	18.3%	価格が高い	15.0%
4位	和菓子を買う場所が近くにない	17.6%	和菓子を販売する店に入りにくい	12.9%
5位	特別なときに食べることが多い	11.5%	特別なときに食べることが多い	11.4%
	50代(103)		60代以上(72)	
1位	コーヒーや紅茶に合わない	33.0%	コーヒーや紅茶に合わない	43.1%
2位	和菓子を買う場所が近くにない	29.1%	和菓子を買う場所が近くにない	19.4%
3位	価格が高い	15.5%	かしこまった感じがする	16.7%
4位	和菓子の種類を良く知らない	15.5%	価格が高い	12.5%
5位	気軽に食べられない	9.7%	シェアしにくい / 差し入れしにくい	12.5%

(株)オールアバウト・春華堂「和菓子に関する調査」2017.5.9プレスリリースより 10歳以上男女1229名対象

図表21 葵がネットで検索した菓子に関するアンケート（参考情報）

洋菓子購入時に重視する点（自分・自宅用）

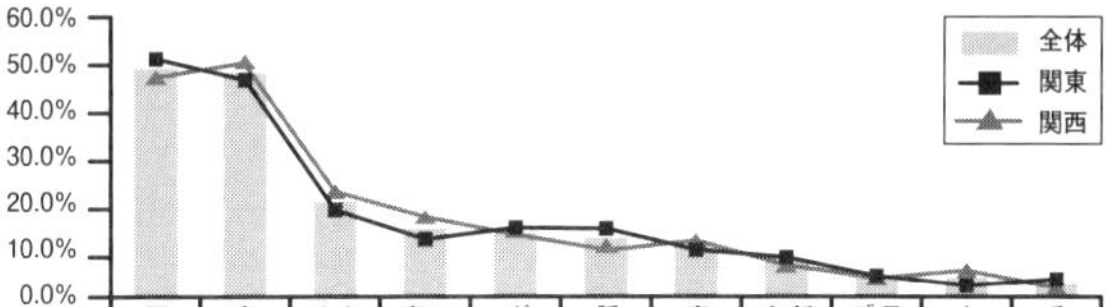

印は全体結果より5ポイント以上高い

			価格	商品の見た目	よく知られたメーカー、ブランド	ロングセラー商品	ボリューム感	話題性・流行	高級感	新商品であること	目新しいブランドである	カロリー	その他
全体		(778)	49.2	48.6	21.6	15.9	15.7	13.9	12.1	8.7	5.7	5.4	4.2
性別	男性	(369)	51.2	39.0	21.4	19.8	15.7	11.7	11.7	6.2	5.4	3.0	4.3
	女性	(409)	47.4	57.2	21.8	12.5	15.6	15.9	12.5	11.0	5.9	7.6	4.2
性・年代別	男性20歳代	(69)	50.7	26.1	26.1	15.9	20.3	18.8	7.2	11.6	10.1	1.4	4.3
	男性30歳代	(73)	47.9	43.8	15.1	8.2	16.4	17.8	11.0	8.2	5.5	2.7	6.8
	男性40歳代	(71)	60.6	49.3	15.5	15.5	23.9	5.6	12.7	5.6	2.8	7.0	2.8
	男性50歳代	(78)	61.5	35.9	21.8	26.9	12.8	6.4	14.1	3.8	5.1	3.8	6.4
	男性60歳代	(78)	35.9	39.7	28.2	30.8	6.4	10.3	12.8	2.6	3.8	-	1.3
	女性20歳代	(78)	50.0	56.4	16.7	12.8	14.1	19.2	10.3	5.1	6.4	7.7	1.3
	女性30歳代	(78)	41.0	60.3	19.2	12.8	20.5	12.8	10.3	17.9	3.8	6.4	7.7
	女性40歳代	(79)	53.2	57.0	16.5	12.7	20.3	11.4	11.4	12.7	3.8	10.1	5.1
	女性50歳代	(86)	47.7	57.0	23.3	8.1	14.0	25.6	20.9	14.0	10.5	5.8	1.2
	女性60歳代	(88)	45.5	55.7	31.8	15.9	10.2	10.2	9.1	5.7	4.5	8.0	5.7
居住地域別	関東	(393)	50.9	46.6	19.8	13.7	15.5	15.5	10.9	9.4	5.9	3.8	4.8
	関西	(385)	47.5	50.6	23.4	18.2	15.8	12.2	13.2	8.1	5.5	7.0	3.6

矢野経済研究所作成

調査時期：2016年11月、調査対象（集計対象）：関東エリア（東京、千葉、埼玉、神奈川）と関西エリア（京都、大阪、兵庫）在住の20歳代～60歳代の男女857名のうち、最近1年間に自分・自宅用に洋菓子を購入した778名、調査方法：インターネット形式、複数回答

最近1年間におけるネット通販での和菓子・洋菓子販売経験

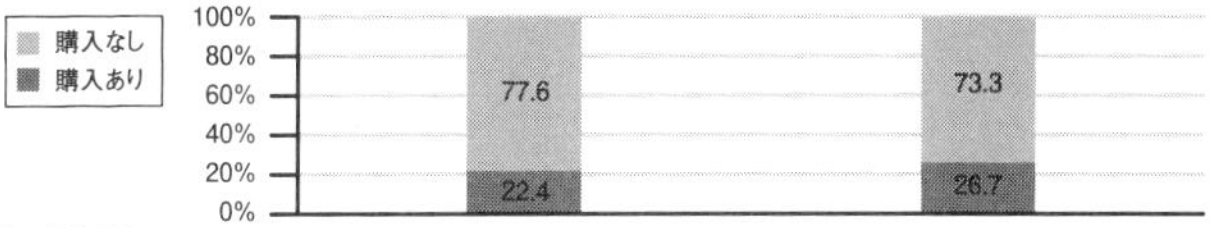

印は全体結果より5ポイント以上高い

			和菓子		洋菓子	
			購入あり	購入なし	購入あり	購入なし
全体		(857)	22.4	77.6	26.7	73.3
性別	男性	(426)	22.1	77.9	25.8	74.2
	女性	(431)	22.7	77.3	27.6	72.4
性・年代別	男性20歳代	(83)	27.7	72.3	28.9	71.1
	男性30歳代	(86)	24.4	75.6	27.9	72.1
	男性40歳代	(86)	24.4	75.6	27.9	72.1
	男性50歳代	(87)	21.8	78.2	26.4	73.6
	男性60歳代	(84)	11.9	88.1	17.9	82.1
	女性20歳代	(84)	23.8	76.2	25.0	75.0
	女性30歳代	(84)	26.2	73.8	32.1	67.9
	女性40歳代	(86)	17.4	82.6	19.8	80.2
	女性50歳代	(88)	23.9	76.1	35.2	64.8
	女性60歳代	(89)	22.5	77.5	25.8	74.2
居住地域別	関東	(435)	21.8	78.2	25.1	74.9
	関西	(422)	23.0	77.0	28.4	71.6

矢野経済研究所作成

矢野経済研究所「スイーツの購入実態・需要動向に関するアンケート調査」2016年11月実施　20歳代～60歳代男女857名対象 インターネット形式

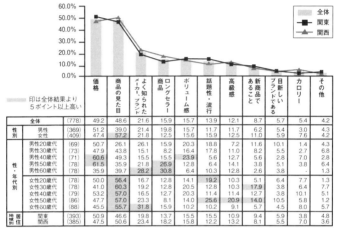

06 Factから要因を考察する

▼調べたデータから市場環境を整理する

木曜日の13時30分、葵と敦は遼平との打ち合わせのため、会議室のドアをノックした。

「はい、どうぞ」

昼食を早めに済ませて既に準備をしている遼平が言った。ホワイトボードには3×3のマトリクス表が描かれている。

「二人に集めてもらった市場環境を表すデータをこの表を使って整理していくんだ」

遼平は言った。

「なるほど〜。データから何が言えるか考えていくのですね」

「今回は市場環境の分析だからFactの背景となる環境変化要因を抽出し、その要因に対して何をすべきか考えていくというプロセスになる。この表を整理することで菓子業界の課題を抽出することができる。データを集めただけでは分析とは言えないからな。データ

図表22 市場環境を整理するためのマトリクス

	着目すべき Fact	Fact の背景となる環境変化要因	課題
菓子市場			
各社の施策展開			
顧客・生活者			

から何が言えるのか考えることまでして初めて、分析と言える」

　遼平は緑川からの教えを自分の言葉でしっかりと部下に伝えた。

「では早速やっていこう。まず菓子市場だ。敦、市場規模の推移から着目すべきFact は何がある？」

「菓子市場は毎年少しずつ増加しています。２０１６年は3兆円を超える大きな市場と言えます」

「微増傾向にあるんだよな。数字で表すと？」

「5年前の２０１１年よりも5％増加しています」

「増減率を計算したんだな。5年で5％

の成長は僅かだが、着実に増加しているな。国内全体が低成長時代にあって魅力は高い。葵さんの調査結果からは何が言える？」

「チョコレートの構成比が最も高く、かつ前年増加率でも最も高いカテゴリーと言えます。その他和生菓子、洋生菓子の小売金額も大きいです」

「よし。ではその背景としてどんな環境変化要因があるか？　まずは菓子小売市場が微増傾向ということだが、日本の人口は２００８年から減少傾向にあると言われている。人口が減少しているのに、菓子小売市場が増加しているということはどういうことだろう？」

遼平は改めて先日の議論を話題にした。

「少子化と言われて久しいので、シニアが食べているんじゃないですか？」

と、葵は答えた。

「確かに元気なシニアは間食もするだろうからな。ただ、子どもの数が減っているので、ここでは大人が食べるようになった、としておこう。チョコレートはどうだい？」

「先日葵さんが言っていたように、以前、チョコレートに含まれるポリフェノールが健康に良いという情報番組があったので、やはりそれに影響を受けているんじゃないでしょうか」

「そうか、ということは、変化要因としては健康意識の高まりということが考えられるな。葵さん、洋生菓子、和生菓子の増加傾向はどう考える？」

「これも以前課長が仰っていたコンビニスイーツじゃないでしょうか？　ちょっと調べてみたのですが、5年程前にコンビニスイーツが話題になりました。それ以来、活性化しています。ロールケーキやプリンのようなもの、どら焼きや、きなこもちなどの和菓子も充実しています」

加えて敦が言った。

「物流網も整備されて、生製品でも配送できる基盤ができているということもあるんじゃないでしょうか」

遼平は二人の話を聞いて、環境変化要因欄に記入していった。

「よし、良い感じだ。次は各社の施策展開だ。敦、どうだ？」

「はいっ、森永製菓、カルビー、井村屋の業績が好調な3社の情報を収集しました。森永製菓は、既存ブランドを絞り込み業績好調に繋げています。海外展開も好調です。特にHI-CHEWは北米、中国、東南アジアでブランド展開しています。カルビーはジャガイモの不作でポテトチップスが大打撃を受けましたが、じゃがりこや、サッポロポテトなどのブランドをリニューアルして業績を維持していました。カルビーも北米や韓国、ＵＫ（イギリス）で好調でした」

「そうか。ブランドを絞り込んで強化しているんだな」

「井村屋はスポーツ中に栄養補給するスポーツようかんや、えいようかんという健康意識に応えた機能商品を展開しています。中国での展開が好調です」

「良く調べたね。じゃ、これらの競合企業の施策展開の背景は？」

「国内菓子市場が成熟化しているんだと思います。海外展開が上手くいっている企業は業績にも好影響があると思います。あとは健康意識に適応した機能性商品の展開、ブランドを上手く活かした取り組みが功を奏したということだと思います」

「なるほど。ブランドは活性化の取り組みがないと飽きられてしまう。長年親しまれてきたカールも全国販売を取り止めてしまった。変化に対して適応していく取り組みは必須だな」

遼平は敦の発言をしっかりと聞いた後、課題を3点に整理した。

- 海外市場への取り組み強化
- ブランド活性化、エクステンション
- 機能性商品強化、健康意識の高まりに対応した潜在ニーズの発掘

「最後は生活者ですね。菓子購入は世帯主の年代別で大きな特徴がありました。チョコレート、他の洋生菓子は40代、50代世帯での需要が大きいです」

「40代、50代世帯というと子どもが中学生～大学生くらいが中心か。チョコレートは先ほどの議論に則ると親が健康のために食べるとして、他の洋生菓子は家族で楽しむんだろうな」

「そうですね。ここにもコンビニスイーツの影響があると思います。いずれにしても間食市場が活性化しているという背景があると思います」

「生活者の意識面はどうだった？」

葵はネットで調べた既成のグラフを見ながら言った。

「大きなFactとしては洋菓子人気の高さです。菓子業界全体としては、和菓子が好きなのに購入できていない実態があるので、取り組む意義は大きいと思います。和菓子、他の

和生菓子は高齢世帯で需要が高いです」

「元気なお年寄りか。敦のレポートにあったようかんも影響を与えているんだろうなぁ」

「えいようかんは非常食としての位置づけもあるようです。スポーツようかんは登山をするアクティブシニアに人気なようです」

「なるほど。アクティブシニア向けの潜在ニーズを発掘することには意義がありそうだ」


その後も３人はグラフを見ながら意見を交換し、最終的に一覧表にまとめ上げた。

「二人ともお疲れ様！　一言では言い切れないが、いくつかの課題を見つけることができた。明日は出張なので、来週から戦略を考えていこう」


敦と葵が充実した笑顔を見せて退出した後、緑川が姿を見せた。

「教授のご指導のお陰で菓子市場のポイントが見えてきました」

「単なる感覚ではなく数字の裏付けのある実態を把握できただろう」

「はい、数字で市場を語る重要性を、身をもって体感しました」

図表23　3人で議論した市場環境

	着目すべきFact	Factの背景となる環境変化要因	課題
菓子市場	● 菓子小売市場は3兆円市場。毎年微増ながら成長している（11年比5％増）	● 人口減少傾向の中で、大人が菓子を食べるようになってきている	● 栄養面、機能面に特化した提案型商品による国内市場の活性
	● チョコレートは増加傾向にあり、カテゴリー構成比は最も高い	● ポリフェノールなどの効能を期待した購買。健康意識の高まり	● 他社との効果効能面での差別化
	● 洋生菓子、和生菓子の小売金額は大きい	● CVSスイーツの定着 ● 物流保存体制の整備	● CVSチャネル取組強化 ● ネット通販による拡販
各社の施策展開	森永製菓 ● 既存ブランドの絞り込み ● 既存ブランドを活かした海外展開 カルビー ● 既存ブランドのエクステンション ● 海外展開が好調 井村屋 ● 和生菓子を中心に国内需要取込 ● 中国市場への展開	● 国内菓子市場が成熟化 ● ブランドの浸透と生活者の飽きへの対策 ● 高齢化に対する取り組み提案	● 海外市場への取り組み強化 ● ブランド活性化、エクステンション ● 機能性商品強化、健康意識の高まりに対応した潜在ニーズの発掘
顧客・生活者	● チョコレート、他の洋生菓子の増減率が高い ● チョコレート、他の洋生菓子ともに40代と50代世帯の需要が高い	● 40代50代世帯での間食市場が活性化している	● 中高年世帯に適した魅力ある商品の企画開発
	● 他の和生菓子は50代60代70代以上世帯での需要が高い ● せんべいは60代70代以上での需要が高く、特に60代世帯は、増減率も高い	● 高齢化が進展し元気な高齢者の増加	● 元気な高齢者の潜在ニーズの発掘
	● 洋菓子人気が高い	● 和菓子購入チャネルの減少	● 和菓子チャネルの開発 ● 和菓子カバー率の向上
	● 女性は菓子購入の際に見た目を重視	● インスタグラム等のSNS進展	● おいしく見た目も良い商品開発
	● 高齢者はロングセラー商品に反応する	● 高齢者情報処理（老眼、思い込み）	● 既存ブランドのエクステンション

「そうか、それは良かった。次はＳＴＰだ」

「ターゲットを決めて、自社の競合優位を検討する、ですね」

得意気に遼平が言った。

「お、勉強しているね〜。来週までに頭の中に構想を持っておくと良い」

二人は今後に期待しながらその場を後にした。

プロフェッサー緑川幹夫の教え その2

▼仮説設定は Fact に着目せよ！

✧まずは事実度合の高い客観的な定量データに着目する

✧インターネットで検索すると2次データを大量に収集できる

✧総務省統計局の e-Stat を使いこなして、ハードファクトを収集する

✧サンプルサイズの小さな統計データや定性データは仮説を検討するのに役立つが、必ず定量データで検証する

▼市場環境の分析には3つの切り口を捉えよ！

① 市場規模の推移（全体・カテゴリー別）から市場の傾向を掴め

② 競合企業の状況から戦略を確認せよ

③ 顧客・生活者の実態と意識からビジネスチャンスを見出せ

▼情報収集は大きいところから小さいところへ

✧まずは10～20年スパンの長期のデータからトレンドを掴む

✧セグメント別、カテゴリー別の細分化されたデータを収集する

✧市場に影響を与える関連するデータを収集する

▼データを読み込み、意味を考えろ

✧データを収集しただけでは分析とは言えない

✧何故そのような事象が起きたのかを考えよ

▼市場規模は長期時系列

✧規模の拡縮は、増減率を使って数字で表現せよ

✧カテゴリー別のデータは、構成比と増減率を掛け合わせて特徴を掴め

▼競合企業は実績と戦略を見比べよ

✧業績が好調な企業をピックアップして深掘りせよ

✧決算説明会資料やアニュアルレポートにはその企業の実績と戦略が掲載されている

▼顧客・生活者の変化を掴め

✧消費財は家計調査データで実態行動を確認できる

✧5年前、10年前と購買行動を比較することで変化を確認せよ

✧意識データは民間のアンケートデータを使え

▼Factから要因を考察せよ

✧市場規模、競合企業、顧客の視点毎に、重要なFactをピックアップせよ

✧Factの背景となる変化要因を仮説として設定せよ

✧業界全体の課題を検討せよ

第3章
ポジショニング設定

01 ターゲット設定の具体的なプロセス

▼ターゲットを設定する際に留意すべきこと

翌週の月曜日、緑川は出社するなり遼平を会議室へ誘い、ターゲットについてレクチャーをはじめた。

「先週はマーケティング課総出で頑張ったようだが、我が社の命運を分ける菓子市場の動向についてどう思う?」

「細かいことはいろいろと特徴がありますが、ざっくり言って菓子市場は、海外を含め国内市場もまだまだ成長の余地があると感じました。決して安泰とまでは言いませんが」

「頼もしいね」

「要はやり方、アプローチの仕方次第だと思います。国内市場では人口減少の中でも微増傾向にあります。菓子というと、私が子どもの頃にはまさに子どものためのものという印象が強かったですが、作今では大人向けの市場も活性化しているようです」

と、遼平は先日の議論を振り返りながら言った。

「そうだな。昔は、酒、煙草が男の嗜みの代表だったが、健康意識の高まりからどちらも敬遠対象だからな。その反動というわけではないだろうが、菓子が注目されているということはあるかもしれない」

「そうですね。私も子どもができてから禁煙していますし、酒はご存知の通り強いですが習慣化はしていません。口寂しい時はもっぱらタブレット菓子です。それに女性の菓子に対するニーズというか探究心はすさまじいものがあります。菓子を広くとらえてスイーツは大人女子の話題の中心です」

「女子っていう言葉が意識的なハードルを下げているのかもな」

「子どものものでも抵抗なく食べることができるってことですかね。私はこのあたり、大人市場を狙ってみたいと考えています」

「なるほど。では、ターゲットを設定する際に留意すべき事項を確認しておこう」

そう言うと緑川はホワイトボードに以下のキーワードを書き出した。

①セグメントの規模と成長性

②セグメントの構造的魅力度（収益性）

③会社の目標と資源（長期的目標・必要資源・スキル）

「フィリップ・コトラー教授は、セグメント評価の軸として、この3点を挙げている」

緑川は一つずつホワイトボードを指しながら説明した。

「①は各セグメントの規模が一定程度あるかということだ。せっかく絞り込んでターゲットを選定するのだから多くの顧客がいるかどうかということはとても大事なことだ。そしてそのセグメントが大きくなっていくかどうか（成長）もポイントになる。これから縮小していくセグメントでは将来性が見込めない」

「仰るとおりだと思います」

「②はマーケティング活動の見返りとして収益を上げられるかどうかということ。多大な経営資源を投入するからには儲からなければ意味がない。その余地（余力）がターゲットにあるかどうかということ」

「収益…そうですね」

「③は自社の方針と合致しているかどうか。そしてターゲットのニーズを満たすだけの商品・サービスを開発する力、販売する力、資源とスキルがあるかどうかという軸になる」

図表24 レート・シェア分析の手法

分析手法	意味合い（数式）	効果
特化係数	品目別シェアの全国平均を1としたときの、当該地域シェアの割合を表す。 当該シェア ÷ 全体平均シェア	当該地域における特定品目のシェアがどの程度特徴的であるかが分かる
拡大係数	品目全体の平均倍率（レート）を1としたときの、当該品目の倍率の割合を表す。 品目別倍率 ÷ 品目全体平均倍率	当該地域における特定品目のレートがどの程度特徴的であるかが分かる

▼ターゲット別の購買行動の特性を把握する

緑川は続けた。

「それと、先週の資料の中に家計調査のデータがあったが、世帯主の年代を1つのセグメントとして捉えると、購買行動の特性を把握するのに、レート・シェア分析が有効だ」

「レート・シェア分析⁉　いよいよ専門用語が出てきましたね…」

「大丈夫だ。しっかり説明してやる。レート・シェア分析は、レート（変化率）とシェア（割合）について相対的な比較を行い、特化係数と拡大係数を算出する。エリアマーケティングを展開するときに

（1）特化係数の計算式

$$特化係数 = \frac{自店の商品別シェア}{全体の商品別シェア}$$

（2）拡大係数の計算

拡大係数も基本的には特化係数と同じく、当該支店の構成比を全店の構成比と比較して算出する。

$$拡大係数 = \frac{自店の商品別倍率}{全体の商品別倍率}$$

倍率とは基本年と対比する基準年との比較を行い、増減率を算出して比較を行う。

自店の商品の売上の特徴を把握するのによく用いられる手法だ。今回のように世帯主の年代を支店として見立てて、世代の特徴を把握することもできる」

緑川は、ホワイトボードに一気に書き進めていった。

「特化係数、拡大係数ともに、計算した数値が1を超えれば全体よりも特徴があるという判断をする。レート・シェア分析のアウトプットは数表となるので、バブルチャートを作ると特徴を見出しやすい。すなわち、横軸には特化係数、縦軸には拡大係数、バブルの大きさを購入金額とするのだ。特化係数、拡大係数ともに高い右上の象限に入るのがその世代の特徴と言える。バブルの大きさを見ながら、今後の成長分野を見極めることができる」

「なるほど、単に購入金額が多い、少ないで捉えるのではなく、他者（他世代）と比較することで特徴度合を掴むということですね」

遼平は一生懸命メモしながら答えた。

「じゃっ、後は頑張れよ！　具体的に数値を見つめるのは君らの仕事だからな」

と言い研修室へ向かう緑川を、遼平は丁寧にお辞儀をして見送った。会議室へ戻った遼平は、緑川の言ったことを整理し、葵と敦への指示事項を考えた。

02

40代世帯の需要を捉える

▼ターゲット設定の準備

さっそく葵と敦を会議室に呼び、遼平は言った。

「さて、先週は菓子市場について情報収集、加工してもらったが、今週からいよいよ、新事業のターゲットを設定したいと思う」

「私は菓子の年間購入金額が最も多い、世帯主年齢40代世帯が良いと思います」

敦は颯爽と答えた。

「そんなに単純な考えじゃ駄目だ。世帯主年齢40代世帯といっても様々だ。例えば、敦はいま25歳だったたな。大学時代の友人と菓子の購入頻度は同じか？　女子と比べて好みはどうだ？　それが高校時代まで遡るとどうだ？　いろいろな人がいるのだから一概に同年代だからといって一括りにしてしまうのは性急だ」

「単純に性年代でのセグメンテーションで上手くいくほど甘くはないと言うことでしょうか？」

葵が反応する。

「そうだな。事実として世帯主年齢が40代の世帯が一番多く菓子を買っているが、もう少し細かくみるとどんなことが言えるのかを考えてみたい」

「なるほど。例えばどんな情報が必要でしょうか？」

「葵さん、レート・シェア分析を知っているか？」

知らないという葵に、遼平は解説を加えて分析方法をレクチャーした。

「レートは変化率、即ちどの程度増加したのかということだ。拡大係数という指標で判断する。シェアは文字通り割合のことを言い、特化係数を使う。通常カテゴリー別に増減率や構成比を求めるが、それが高いのか低いのかは拠り所がないと判断できない。例えば、チョコレートの購入金額が増加しているが、それが全体も伸びているのか、全体は伸びていないのかによっては状況が変わってくるよな？　全体が増減率20％なのに対して40代世帯が15％であれば、40代世帯は増減率の観点では特徴的であるとは言えない。シェアについても同様だ。全体でチョコレートの構成比（シェア）が30％あるのに、40代世帯が25％であったなら40代世帯はチョコレートの構成比が特徴的だとは言えない」

そう説明し、特化係数、拡大係数の計算式を示した。

「さらに特化係数と拡大係数を掛け合わせて、購買金額をバブルチャートで表すと、世帯主年代毎の菓子購買の特徴が分かりやすくなる。このバブルチャートを作成してみてほしいんだ。あとは家計調査のデータをもう少し分かりやすくできると良いな。前回作成してもらったものは、カテゴリー別にどの年代が多く購入しているのかは分かったが、もう少しスコープを引いて見てみたい。菓子購入全体の金額比較など世帯主40代世帯にどれくらい特徴があるのかを把握したい」

「分かりました。頑張ってみます」

そう言って、葵は敦とともに会議室を出て、自席に戻るなり作業役割について話した。

「敦さんは世帯主の年代別の菓子購入金額のグラフをもう少し分かりやすく工夫してみて。私はレート・シェア分析にチャレンジしてみるわ」

「わっかりました〜。世帯主年代別ですね。前回葵さんが作成した元データを送ってください。家計調査年報からダウンロードしたやつ」

「いいわね、途中からで…結構データ抽出と加工に時間がかかったのよ。有意義に使ってね」

「了解です。年代別に購入金額と増加率を出してみたいと思います」

図表25　一世帯当たりの菓子類（アイスクリーム除く）購入金額

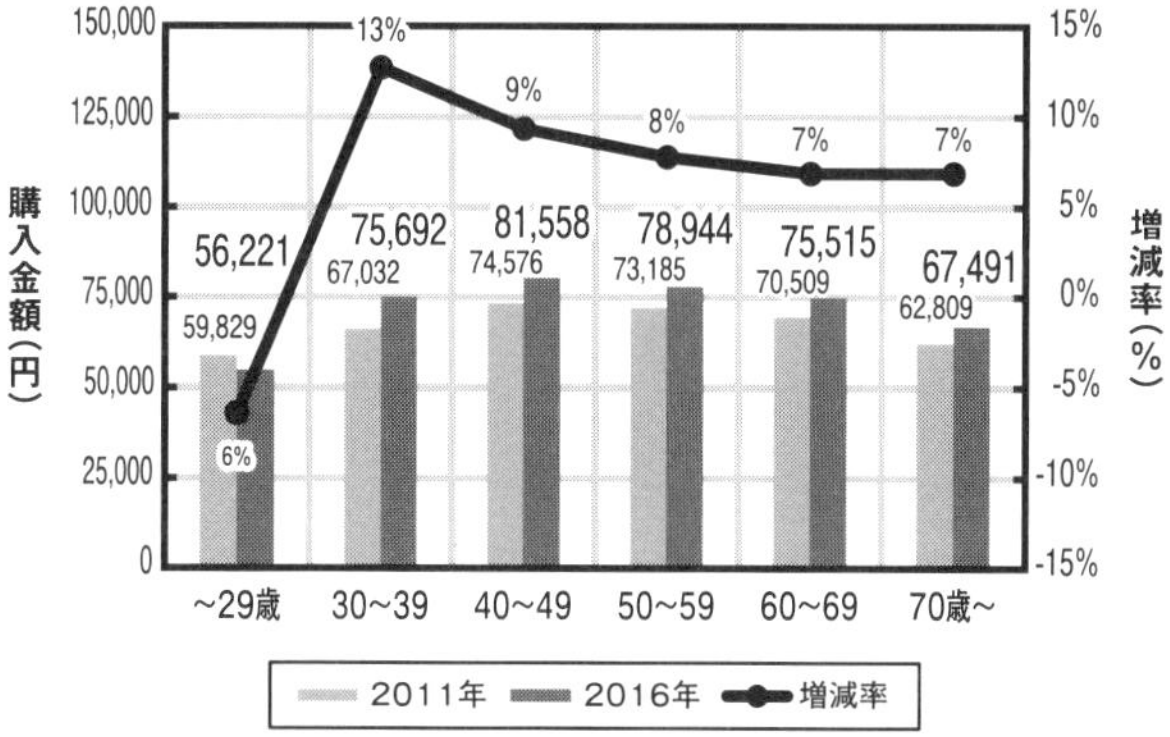

総務省「家計調査年報」より

「あとカテゴリーを集約して意識調査と比較してみるのも面白いと思うわ」

「そうですね。和菓子と洋菓子の好みのデータがありましたからね。了解です、葵先輩！」

▼40代の特徴を見るための詳細分析

敦は複合グラフの作成に戸惑ったが、何とかグラフを作成した。

「葵さん！　出来ましたよ～」

敦は2つのグラフをプリントアウトし、自慢げに葵に見せた。

「すごいじゃない！　こうみると40代世帯がいかに菓子を購入しているか分かるわね」

図表26 菓子分野別購入金額（2016年）

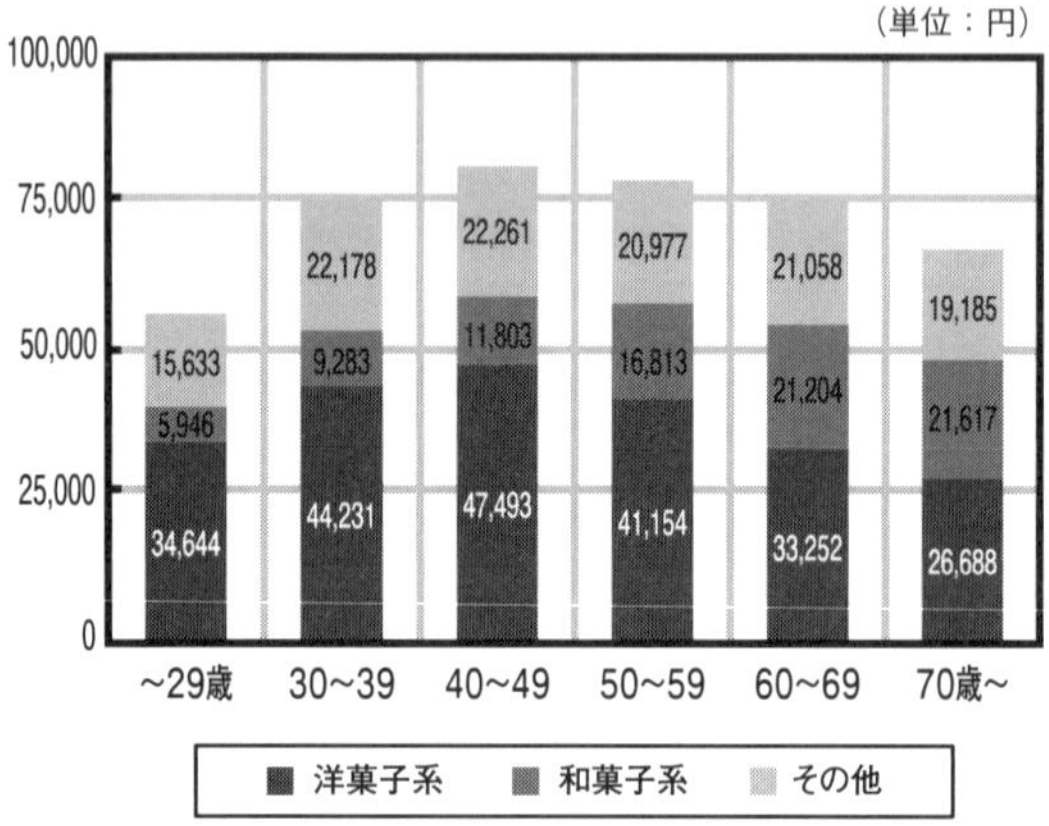

総務省「家計調査年報」より

「そうです！　40代世帯は年間8万100円も菓子を購入しています。2位の50代世帯よりも2600円も多く購入しています」

「折れ線は？　なるほど。5年前との比較ね」

「最も増加しているのは30代世帯で、2番目が40代世帯となります。40代世帯は増加もしているし、購入金額も多いと言えます」

「そうね。その意味でターゲットとしては適切ね。ただ課長が言うように絞り込まないといけないわ」

「そうですね。あと、葵さんに言われたカテゴリーの統合もしてみました」

図表27 **購入する菓子の種類**

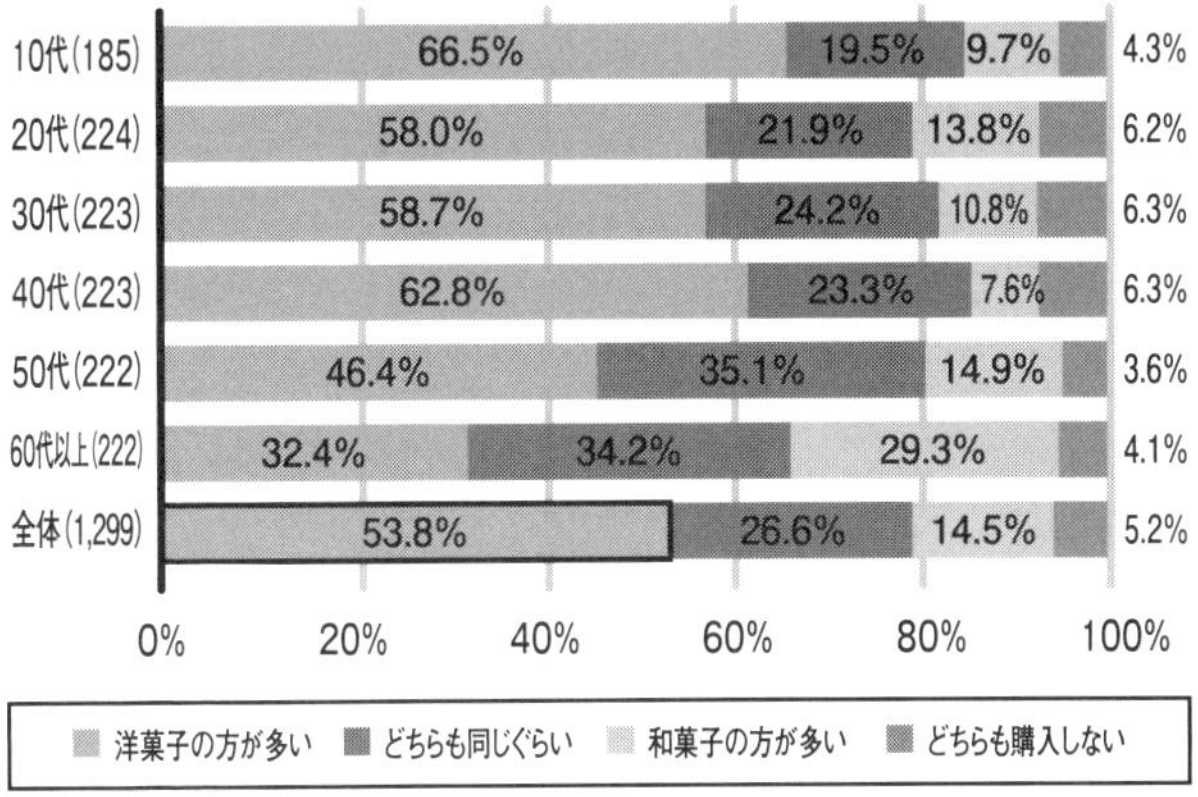

オールアバウト・春華堂「和菓子の喫食率に関する調査」より

そう言って敦は２つ目のグラフを指した。

「やっぱり洋菓子が人気なのね。若い世代では特に人気だけど、なかでも40代世帯は突出している」

「そうです。洋菓子で５万円近く購買しています。ただ、和菓子も20代や30代世帯ほど低くないというのも特徴だと思います」

「前回私が見つけた、購入する菓子の種類のアンケートでも、40代は他の年代よりもはるかに多く６割が洋菓子だったわ」

「実は、その理由が特徴的なんです。よく見ると、他の年代と比較してみたとき

図表28 和菓子よりも洋菓子を購入する理由（複数回答）

	10代（123）		20代（224）		30代（131）	
1位	価格が高い	30.9%	和菓子を買う場所が近くにない	24.6%	コーヒーや紅茶に合わない	21.4%
2位	かしこまった感じがする	25.2%	かしこまった感じがする	20.0%	価格が高い	21.4%
3位	気軽に食べられない	25.2%	コーヒーや紅茶に合わない	18.5%	かしこまった感じがする	18.3%
4位	和菓子を買う場所が近くにない	23.6%	気軽に食べられない	18.5%	和菓子を買う場所が近くにない	17.6%
5位	特別なときに食べることが多い	21.1%	和菓子の種類を良く知らない	16.9%	特別なときに食べることが多い	11.5%
	40代（140）		50代（103）		60代以上（72）	
1位	和菓子を買う場所が近くにない	25.0%	コーヒーや紅茶に合わない	33.0%	コーヒーや紅茶に合わない	43.1%
2位	コーヒーや紅茶に合わない	23.6%	和菓子を買う場所が近くにない	29.1%	和菓子を買う場所が近くにない	19.4%
3位	価格が高い	15.0%	価格が高い	15.5%	かしこまった感じがする	16.7%
4位	和菓子を販売する店に入りにくい	12.9%	和菓子の種類を良く知らない	15.5%	価格が高い	12.5%
5位	特別なときに食べることが多い	11.4%	気軽に食べられない	9.7%	シェアしにくい／差し入れしにくい	12.5%

オールアバウト・春華堂「和菓子の喫食率に関する調査」より

に『和菓子を買う場所が近くにない』が最も多い意見なんですね」

「地理的な問題かぁ〜。待って、もしかしたら40代世帯の生活動線上に和菓子店がないということかしら」

「生活動線…40代世帯の生活って、具体的に誰ですかね？　菓子購入者は母親か…」

「そうね。なんか引っかかるわね。心に留めておきましょう」

そうして話題はレート・シェア分析に移った。

▼レート・シェア分析から分かること

「葵さんのレート・シェア分析はどうでした？」

　敦は尋ねた。

「課長の説明を受けた時は、ものすごく複雑だと感じたのだけれど、やってみるとそうでもなかったわ～」

「それは葵さんのExcelスキルのレベルが高いからじゃないでしょうか…」

「そんなことないよ。40代世帯だとこんな感じ」

「バブルチャートですね。横軸が特化係数だから…」

「購入金額の多いトップ3を太線で囲んでいるの。他の菓子や他の洋生菓子、ケーキは横軸のほぼ真ん中に集まってきているから、他の世代と同様のシェアということね。ケーキが少し特徴的に多いってとこかしら。安定していると言えるわ。縦軸は拡大係数だから増減率という観点ではさほど伸びていないということね。それからチョコレートが右下にあるから40代世帯ではチョコレートがものすごく伸びているとは言えないということね」

「ちょっと難しいですね」

「そうね、少し考えないといけないわね。右上の象限は、特化しているし、拡大もしてい

図表29 40代世帯のレート・シェア分析の結果(2016年)

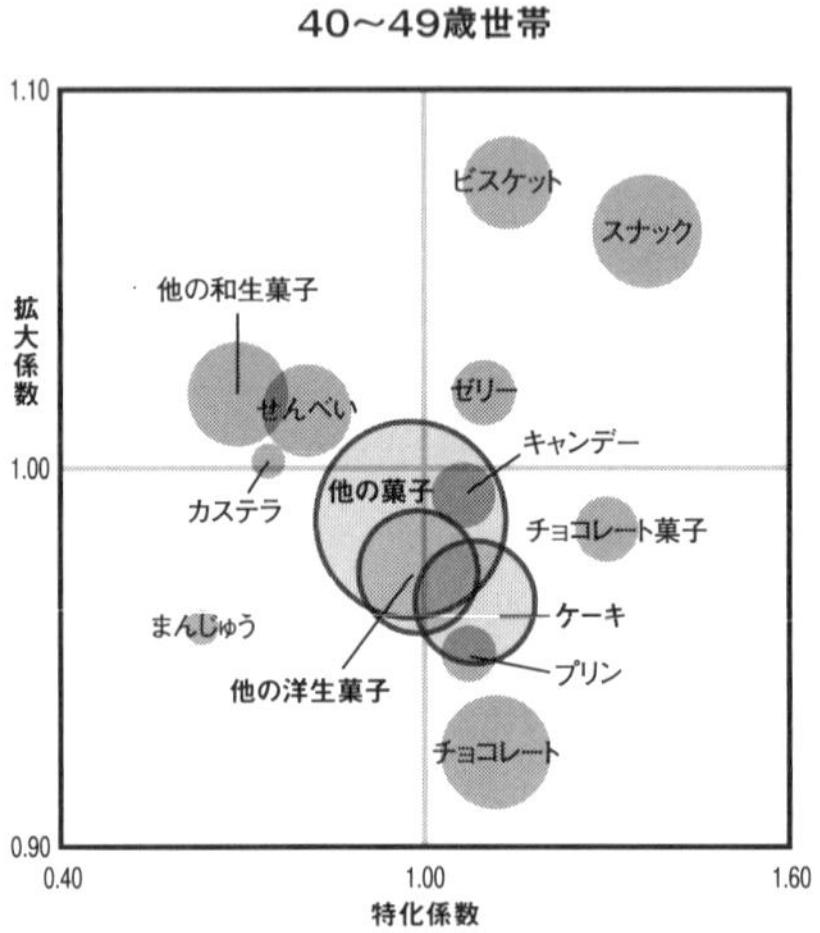

るから今後の有望格といえる。変化が激しいカテゴリーってことね」

「スナックにビスケットですかぁ？」

敦は不思議そうに尋ねた。

「昔からあるお菓子の定番と言えるけどね…これもさっきの和菓子非購入理由と合わせて気になるポイントね、心に留めておきましょう」

▼Excelを使ったレート・シェア分析のやり方

少しずつデータ分析が分かってきた敦は、分析結果と合わせて分析のプロセスも知ろうと試みた。

「ところでレート・シェア分析ってどう

図表30-1 レート・シェア分析① 用意する表の枠組み

A

	A	B	C	D	E	F	G	H	I	J	K	L	M	N	O	P	Q
1	2016年	ようかん	まんじゅう	他の和生菓子	せんべい	カステラ	ケーキ	ゼリー	プリン	他の洋生菓子	ビスケット	スナック	キャンデー	チョコレート	チョコレート菓子	他の菓子	菓子類（アイスクリーム除）
2	〜29歳	26	372	2,959	2,589	394	8,151	1,602	1,317	6,355	3,470	5,514	1,356	4,703	1,782	15,633	56,223
3	30〜39	217	607	5,003	3,456	546	9,607	2,115	1,518	7,835	4,186	7,209	1,973	6,805	2,437	22,178	75,692
4	40〜49	313	790	6,115	4,585	654	9,267	2,482	1,800	8,384	4,873	7,729	2,371	7,455	2,478	22,261	81,557
5	50〜59	658	1,222	9,027	5,906	798	8,284	2,082	1,754	8,763	4,036	4,734	1,907	7,126	1,670	20,977	78,944
6	60〜69	1,052	1,778	11,511	6,863	1,015	6,198	1,878	1,318	7,685	3,548	3,136	2,017	5,371	1,086	21,058	75,514
7	70歳〜	1,088	1,798	12,002	6,729	1,250	4,210	1,892	1,252	6,118	2,808	1,918	2,238	4,256	746	19,185	67,490
8	合計	3,354	6,567	46,617	30,128	4,657	45,717	12,051	8,959	45,140	22,921	30,240	11,862	35,716	10,199	121,292	435,420
9																	
10	特化係数	ようかん	まんじゅう	他の和生菓子	せんべい	カステラ	ケーキ	ゼリー	プリン	他の洋生菓子	ビスケット	スナック	キャンデー	チョコレート	チョコレート菓子	他の菓子	菓子類（アイスクリーム除）
11	〜29歳																
12	30〜39																
13	40〜49																
14	50〜59																
15	60〜69																
16	70歳〜																
17	合計																

B

やったんですか？　課長は計算式だけしか教えてくれなかったから…」

「敦さん、勉強熱心ね〜！　Excelファイルあげる」

「そんなこと言わず解説してくださいよ〜」

「はいはい…まずは表を用意するの。この上半分の数字は2016年の家計調査のデータよ。この表をAとするわね。このAを使って、下半分の表のセルを埋めるの。下半分の表はBとして、このセルに計算式を入れるの。この表では〜29歳世帯のようかんのシェアを分子に、合計のようかんのシェアを分母になるように数式を組めば、特化係数が出るわ」

（図表30－2のＢ11のセル）

「ひとつ数式を入れれば、あとはコピー＆ペーストすればＢは完成よ」

敦は操作の様子を見ながら言った。

「カンタンですね！」

「でしょ？　次は拡大係数だけど、これはひと手間増えるだけ。２０１６年の家計調査のデータ（Ａ）に加えて対比する年のデータを用意しておくの。ここでは５年前の２０１１年のデータにしているわ。この表をＣとするわね。次に倍率を計算するの。倍率は単純に２０１６年のデータを２０１１年のデータで割ればいいわ」

（図表30－５のＢ21のセル）

「これも同じくセルをコピペ！　この倍率の表をＤとしましょう」

「最後に特化係数と同じ要領で倍率のシェアを求めて、合計の倍率シェアで割る。それが拡大係数よ。これはＥとしましょう。これももちろんコピペで終了。全部でＡ～Ｅの５つの表・データが必要ということよ」

図表30-2 レート・シェア分析② 表のセルの計算式（特化係数）

A

B

	A	B	C	D	E	F	G	H	I	J	K	L	M	N	O	P	Q
1	2016年	ようかん	まんじゅう	他の和生菓子	せんべい	カステラ	ケーキ	ゼリー	プリン	他の洋生菓子	ビスケット	スナック	キャンデー	チョコレート	チョコレート菓子	他の菓子	菓子類（アイスクリーム除）
2	～29歳	26	372	2,959	2,589	394	8,151	1,602	1,317	6,355	3,470	5,514	1,356	4,703	1,782	15,633	56,223
3	30～39	217	607	5,003	3,456	546	9,607	2,115	1,518	7,835	4,186	7,209	1,973	6,805	2,437	22,178	75,692
4	40～49	313	790	6,115	4,585	654	9,267	2,482	1,800	8,384	4,873	7,729	2,371	7,455	2,478	22,261	81,557
5	50～59	658	1,222	9,027	5,906	798	8,284	2,082	1,754	8,763	4,036	4,734	1,907	7,126	1,670	20,977	78,944
6	60～69	1,052	1,778	11,511	6,863	1,015	6,198	1,878	1,318	7,685	3,548	3,136	2,017	5,371	1,086	21,058	75,514
7	70歳～	1,088	1,798	12,002	6,729	1,250	4,210	1,892	1,252	6,118	2,808	1,918	2,238	4,256	746	19,185	67,490
8	合計	3,354	6,567	46,617	30,128	4,657	45,717	12,051	8,959	45,140	22,921	30,240	11,862	35,716	10,199	121,292	435,420
9																	
10	特化係数	ようかん	まんじゅう	他の和生菓子	せんべい	カステラ	ケーキ	ゼリー	プリン	他の洋生菓子	ビスケット	スナック	キャンデー	チョコレート	チョコレート菓子	他の菓子	菓子類（アイスクリーム除）
11	～29歳	0.060															
12	30～39																
13	40～49																
14	50～59																
15	60～69																
16	70歳～																
17	合計																

=(B2/$Q2) / (B$8/$Q$8)

～29歳世帯の ようかんのシェア　合計の ようかんのシェア

図表30-3 レート・シェア分析③ Bにセルをコピー＆ペーストした状態

特化係数	ようかん	まんじゅう	他の和生菓子	せんべい	カステラ	ケーキ	ゼリー	プリン	他の洋生菓子	ビスケット	スナック	キャンデー	チョコレート	チョコレート菓子	他の菓子	菓子類（アイスクリーム除）
～29歳	0.060	0.439	0.492	0.666	0.655	1.381	1.030	1.138	1.090	1.172	1.412	0.885	1.020	1.353	0.998	1.000
30～39	0.372	0.532	0.617	0.660	0.674	1.209	1.010	0.975	0.998	1.051	1.371	0.957	1.096	1.375	1.052	1.000
40～49	0.498	[illegible]	[illegible]	[illegible]	[illegible]	[illegible]	1.100	1.073	0.992	1.135	1.365	1.067	1.114	1.297	0.980	1.000
50～59	1.082	[illegible]	[illegible]	[illegible]	[illegible]	[illegible]	0.953	1.080	1.071	0.971	0.863	0.887	1.100	0.903	0.954	1.000
60～69	1.809	1.561	[illegible]	[illegible]	[illegible]	[illegible]	0.899	0.848	0.982	0.893	0.598	0.980	0.867	0.614	1.001	1.000
70歳～	2.093	1.766	[illegible]	[illegible]	[illegible]	[illegible]	1.013	0.902	0.874	0.790	0.409	1.217	0.769	0.472	1.020	1.000
合計	1.000	1.000	[illegible]	[illegible]	[illegible]	[illegible]	1.000	1.000	1.000	1.000	1.000	1.000	1.000	1.000	1.000	1.000

表内のセルにコピー＆ペースト

図表30-4 レート・シェア分析④ 拡大係数計算のためのデータ（対比としての2011年のデータ）

A

	A	B	C	D	E	F	G	H	I	J	K	L	M	N	O	P	Q
1	2016年	ようかん	まんじゅう	他の和生菓子	せんべい	カステラ	ケーキ	ゼリー	プリン	他の洋生菓子	ビスケット	スナック	キャンデー	チョコレート	チョコレート菓子	他の菓子	菓子類（アイスクリーム除く）
2	～29歳	26	372	2,959	2,589	394	8,151	1,602	1,317	6,355	3,470	5,514	1,356	4,703	1,782	15,633	56,223
3	30～39	217	607	5,003	3,456	546	9,607	2,115	1,518	7,835	4,186	7,209	1,973	6,805	2,437	22,178	75,692
4	40～49	313	790	6,115	4,585	654	9,267	2,482	1,800	8,384	4,873	7,729	2,371	7,455	2,478	22,261	81,557
5	50～59	658	1,222	9,027	5,906	798	8,284	2,082	1,754	8,763	4,036	4,734	1,907	7,126	1,670	20,977	78,944
6	60～69	1,052	1,778	11,511	6,863	1,015	6,198	1,878	1,318	7,685	3,548	3,136	2,017	5,371	1,086	21,058	75,514
7	70歳～	1,088	1,798	12,002	6,729	1,250	4,210	1,892	1,252	6,118	2,808	1,918	2,238	4,256	746	19,185	67,490
8	合計	3,354	6,567	46,617	30,128	4,657	45,717	12,051	8,959	45,140	22,921	30,240	11,862	35,716	10,199	121,292	435,420
9																	
10	2011年	ようかん	まんじゅう	他の和生菓子	せんべい	カステラ	ケーキ	ゼリー	プリン	他の洋生菓子	ビスケット	スナック	キャンデー	チョコレート	チョコレート菓子	他の菓子	菓子類（アイスクリーム除く）
11	～29歳	241	438	3,955	2,747	218	7,331	1,618	1,242	7,077	3,294	6,264	1,386	4,655	1,589	17,776	59,831
12	30～39	227	629	4,386	2,987	526	9,210	2,044	1,460	6,275	3,533	6,701	2,215	5,001	1,872	19,967	67,033
13	40～49	366	908	5,814	4,065	604	8,839	2,340	1,832	7,554	3,801	6,591	2,460	5,988	1,917	21,497	74,576
14	50～59	690	1,432	8,600	5,555	910	7,788	2,346	1,755	7,530	3,611	4,098	1,886	5,117	1,170	20,697	73,185
15	60～69	999	2,092	11,718	6,083	953	6,048	1,851	1,401	6,882	2,971	2,493	2,076	3,605	834	20,501	70,507
16	70歳～	1,119	1,914	11,837	6,355	1,209	3,903	1,671	1,204	5,239	2,492	1,924	2,507	2,861	578	17,996	62,809
17	合計	3,642	7,413	46,310	27,792	4,420	43,119	11,870	8,894	40,557	19,702	28,071	12,530	27,227	7,960	118,434	407,941

C

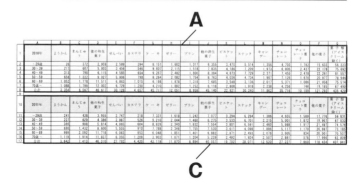

図表30-5 レート・シェア分析⑤ 表のセルの計算式（倍率）

A

	A	B	C	D	E	F
1	2016年	ようかん	まんじゅう	他の和生菓子	せんべい	カステラ
2	～29歳	26	372	2,959	2,589	394
3	30～39	217	607	5,003	3,456	546
4	40～49	313	790	6,115	4,585	654
5	50～59	658	1,222	9,027	5,906	798
6	60～69	1,052	1,778	11,511	6,863	1,015
7	70歳～	1,088	1,798	12,002	6,729	1,250
8	合計	3,354	6,567	46,617	30,128	4,657
9						

C

	A	B	C	D	E	F
10	2011年	ようかん	まんじゅう	他の和生菓子	せんべい	カステラ
11	～29歳	241	438	3,955	2,747	218
12	30～39	227	629	4,386	2,987	526
13	40～49	366	908	5,814	4,065	604
14	50～59	690	1,432	8,600	5,555	910
15	60～69	999	2,092	11,718	6,083	953
16	70歳～	1,119	1,914	11,837	6,355	1,209
17	合計	3,642	7,413	46,310	27,792	4,420
18						
19						

D

	A	B	C	D	E	F
20	倍率（11年比）	ようかん	まんじゅう	他の和生菓子	せんべい	カステラ
21	～29歳	0.108				
22	30～39					
23	40～49					
24	50～59					
25	60～69					
26	70歳～					
27	合計					

=B2/B11

敦は若干頭がこんがらがりつつ、なんとかついていった。

「このBとEのデータを使ってバブルチャートを作ればいいんですね！」

「そう。バブルチャートはできるよね？」

「はい。最近グラフは得意になりました」

「じゃあ明日までに30代のバブルチャートも作っておいて。私は女子会だから、お先にね♪」

「そんな～」

そう言って葵は片付けをはじめ、敦はしぶしぶ席に戻ってExcelグラフの作成をはじめたのだった。

図表30-6 レート・シェア分析⑥ D にセルをコピー＆ペーストした状態

D

倍率（11年比）	ようかん	まんじゅう	他の和生菓子	せんべい	カステラ	ケーキ	ゼリー	プリン	他の洋生菓子	ビスケット	スナック	キャンデー	チョコレート	チョコレート菓子	他の菓子	菓子類（アイスクリーム除く）
～29歳	0.108	0.849	0.748	0.942	1.807	1.112	0.990	1.060	0.898	1.053	0.880	0.978	1.010	1.121	0.879	0.940
30～39	0.956	0.965	1.141	1.157	1.038	1.043	1.035	1.040	1.249	1.185	1.076	0.891	1.361	1.302	1.111	1.129
40～49	0.855	[illegible]	[illegible]	[illegible]	[illegible]	[illegible]	1.061	0.983	1.110	1.282	1.173	0.964	1.245	1.293	1.036	1.094
50～59	0.954	0.853	[illegible]	[illegible]	[illegible]	[illegible]	0.887	0.999	1.164	1.118	1.155	1.011	1.393	1.427	1.014	1.079
60～69	1.053	0.850	[illegible]	[illegible]	[illegible]	[illegible]	1.015	0.941	1.117	1.194	1.258	0.972	1.490	1.302	1.027	1.071
70歳～	0.972	0.939	[illegible]	[illegible]	[illegible]	[illegible]	1.132	1.040	1.168	1.127	0.997	0.893	1.488	1.291	1.066	1.075
合計	0.921	0.886	[illegible]	[illegible]	[illegible]	[illegible]	1.015	1.007	1.113	1.163	1.077	0.947	1.312	1.281	1.024	1.067

表内のセルに
コピー＆ペースト

図表30-7 レート・シェア分析⑦ 表のセルの計算式（拡大係数）

D

	A	B	C	D	E	F	G	H	I	J	K	L	M	N	O	P	Q
20	倍率（11年比）	ようかん	まんじゅう	他の和生菓子	せんべい	カステラ	ケーキ	ゼリー	プリン	他の洋生菓子	ビスケット	スナック	キャンデー	チョコレート	チョコレート菓子	他の菓子	菓子類（アイスクリーム除く）
21	～29歳	0.108	0.849	0.748	0.942	1.807	1.112	0.990	1.060	0.898	1.053	0.880	0.978	1.010	1.121	0.879	0.940
22	30～39	0.956	0.965	1.141	1.157	1.038	1.043	1.035	1.040	1.249	1.185	1.076	0.891	1.361	1.302	1.111	1.129
23	40～49	0.855	0.870	1.052	1.128	1.083	1.048	1.061	0.983	1.110	1.282	1.173	0.964	1.245	1.293	1.036	1.094
24	50～59	0.954	0.853	1.050	1.063	0.877	1.064	0.887	0.999	1.164	1.118	1.155	1.011	1.393	1.427	1.014	1.079
25	60～69	1.053	0.850	0.982	1.128	1.065	1.025	1.015	0.941	1.117	1.194	1.258	0.972	1.490	1.302	1.027	1.071
26	70歳～	0.972	0.939	1.014	1.059	1.034	1.079	1.132	1.040	1.168	1.127	0.997	0.893	1.488	1.291	1.066	1.075
27	合計	0.921	0.886	1.007	1.084	1.054	1.060	1.015	1.007	1.113	1.163	1.077	0.947	1.312	1.281	1.024	1.067
28																	
29																	
30	拡大係数	ようかん	まんじゅう	他の和生菓子	せんべい	カステラ	ケーキ	ゼリー	プリン	他の洋生菓子	ビスケット	スナック	キャンデー	チョコレート	チョコレート菓子	他の菓子	菓子類（アイスクリーム除く）
31	～29歳	0.133															
32	30～39																
33	40～49																
34	50～59																
35	60～69																
36	70歳～																
37	合計																

E（行30〜37）

=(B21/$Q21) / (B$27/$Q$27)

～29歳世帯の倍率のシェア　　合計の倍率のシェア

図表30-8 レート・シェア分析⑥ E にセルをコピー＆ペーストした状態

E

拡大係数	ようかん	まんじゅう	他の和生菓子	せんべい	カステラ	ケーキ	ゼリー	プリン	他の洋生菓子	ビスケット	スナック	キャンデー	チョコレート	チョコレート菓子	他の菓子	菓子類（アイスクリーム除く）
～29歳	0.133	1.089	0.844	0.988	1.948	1.191	1.108	1.196	0.916	1.029	0.928	1.174	0.875	0.994	0.975	1.000
30～39	0.981	[illegible]	1.071	1.009	0.931	0.930	0.963	0.976	1.060	0.963	0.944	0.889	0.981	0.960	1.025	1.000
40～49	0.906	[illegible]	[illegible]	[illegible]	[illegible]	[illegible]	1.020	0.952	0.973	1.076	1.062	0.994	0.926	0.985	0.987	1.000
50～59	1.025	0.953	[illegible]	[illegible]	[illegible]	[illegible]	0.865	0.982	1.035	0.951	1.061	1.057	1.050	1.102	0.979	1.000
60～69	1.140	0.956	[illegible]	[illegible]	[illegible]	[illegible]	0.996	0.931	1.000	1.023	1.164	1.023	1.132	1.013	1.000	1.000
70歳～	1.049	1.053	[illegible]	[illegible]	[illegible]	[illegible]	1.108	1.025	1.042	0.962	0.919	0.937	1.126	1.001	1.034	1.000
合計	1.000	1.000	[illegible]	[illegible]	[illegible]	[illegible]	1.000	1.000	1.000	1.000	1.000	1.000	1.000	1.000	1.000	1.000

表内のセルに
コピー＆ペースト

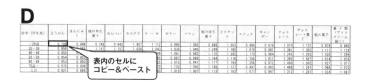

図表31 30代世帯のレート・シェア分析の結果（2016年）

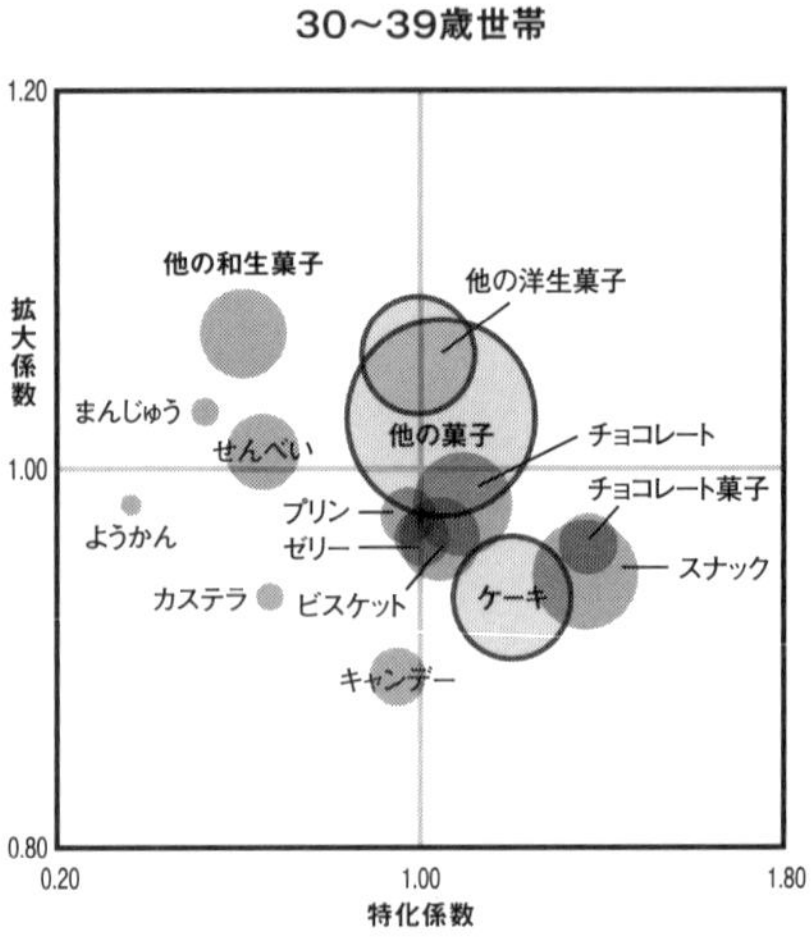

03 40代世帯の特性を整理する

▼特徴的な点を洗い出し、次なる検証の着眼点を決める

敦が悪戦苦闘して30代世帯のバブルチャートを作成した翌日、葵は課長を呼び止めた。

「課長！　敦さんと分担していくつかグラフを作成しました。ご覧いただけますか？」

「ありがとう。午前中は社長に呼ばれているから、13時30分でどうだ？」

「はい、分かりました。では、いつもの会議室でお待ちしています」

「じゃあ、午前中はグラフから何が言えるか2人で考察をしておいてくれ」

葵と敦は遼平の指示通り、昨日作成したグラフをもとに何が言えるか整理をしてみた。


13時30分――。予定通り3人は会議室に集まった。

「お忙しいところありがとうございます。早速ですが世帯主年代が40代のデータについて説明させていただきます」

おもむろに口火を切って、葵は昨日作成したグラフを説明した。

「うん、良くできているね。グラフも見やすいし。それで、何が言える？」

「はい、午前中に敦さんと話し合って、40代世帯の大きな特徴として、次の2点が挙げられると考えました」

葵は、敦と深堀りした仮説を話し始めた。

「①40代世帯は最も菓子購入金額の多い年代ですが、なかでも洋菓子の購入金額が多いことが分かりました。そして、和菓子を買わない理由として『和菓子を買う場所が近くにない』が最も多い意見でした。40代世帯の菓子購買者は主に母親と考えられますが、生活行動が他の年代とは異なることが要因として考えられます」

葵は続ける。

「②レート・シェア分析から40代世帯の特徴として、ビスケットとスナックが特化係数、拡大係数ともに高いことが分かりました。どちらのカテゴリーも昔からあるのに他の年代よりも特徴的な購買をされていることを不思議に感じています」

「面白い着目点だね。和菓子店が近くにないか。恐らく君たちの言うように地理的な問題ではないだろう。40代世帯だけが住んでいる居住エリアがあるというわけじゃないからね。う〜ん、生活行動が他の年代と異なるか…？」

敦も考えた。

「40代の主婦だけアクティブでテニスなどを平日に楽しんでいるとかですかね？」

「40代世帯…団塊ジュニアとバブル時代だからそんな趣味もあり得るか」

「②のビスケットとスナックはどうでしょうか？」

葵が尋ねた。

「たしかに君らの言う通り昔からあるよね。ここ5年間でビスケットやスナック菓子の爆発的なヒットというのは聞いたことないしね」

そう遼平が答えた瞬間、葵が思いついた。

「あっ、もしかしたら働いているのかも…」

「なるほど！　有職主婦は増えているって言いますよね。子育てがひと段落ついた主婦が働きに出るような年代だから、それまでとは生活行動が異なるということか！　そして有職主婦の家庭は、日中に主婦が家庭にいないからスナック菓子やビスケットを子どもが食べるという構図か…あり得ますね」

「敦の言った前者は何となく分かるが、後者が怪しいな。チョコレートでも良いわけなのに、チョコレートはバブルチャートで右下の象限にある。夕食が遅くなるから夕食代わりにビスケットとスナックというのは少し強引だね。よし、仮説をこのように整理しよう」

と言うなり、遼平はホワイトボードに書き始めた。

40代世帯は食材購入の担い手である主婦が働く比率が高く、ビスケットやスナック菓子を常備することで子ども達の空腹を満たしている。職場までの生活動線上に和菓子を購買するチャネルがなく、洋菓子の購買比率が高まっている。

「この仮説を検証するために、どんな情報があれば良い？」

遼平は二人に尋ねた。しばらく考え、葵が言った。

「年代別、未既婚別の女性就業率ですかね」

まずは、「40代世帯は主婦が働く比率が高い」ということの検証を行おうと葵は考えたのだ。

「そうだね。過去と比較できるとなお良いね」

「分かりました。あとビスケットやスナックが増えた要因についても考えてみます」

「よろしく頼みます」

04 40代世帯の潜在ニーズを仮説として設定する

▼比較から読み解く変化

席に戻った二人は情報収集に努めた。

「葵さん、ありました。女性労働力についてのデータです。内閣府の男女共同参画白書の中に、労働力調査のデータが掲載されています」

「すごいじゃない。グラフも作り直したのね。5歳刻みで有配偶者は、45－49歳が最も労働力率が高いということか、読み通りね」

「過去と比較するために、有配偶の方の約20年前のデータもまとめてみました。他の年代と比較するとさほど大きくはないですが、40代後半で4ポイント増加しています。最も増加しているのは25－29歳で17ポイントです。30－34歳も15ポイントの増加です」

敦は2つ目のグラフを見せながら言った。

「なるほど…こうなるとターゲット像も少し変化してくるわ。40代世帯というよりも30代

図表32 平成26年の年齢階級別女性労働力率

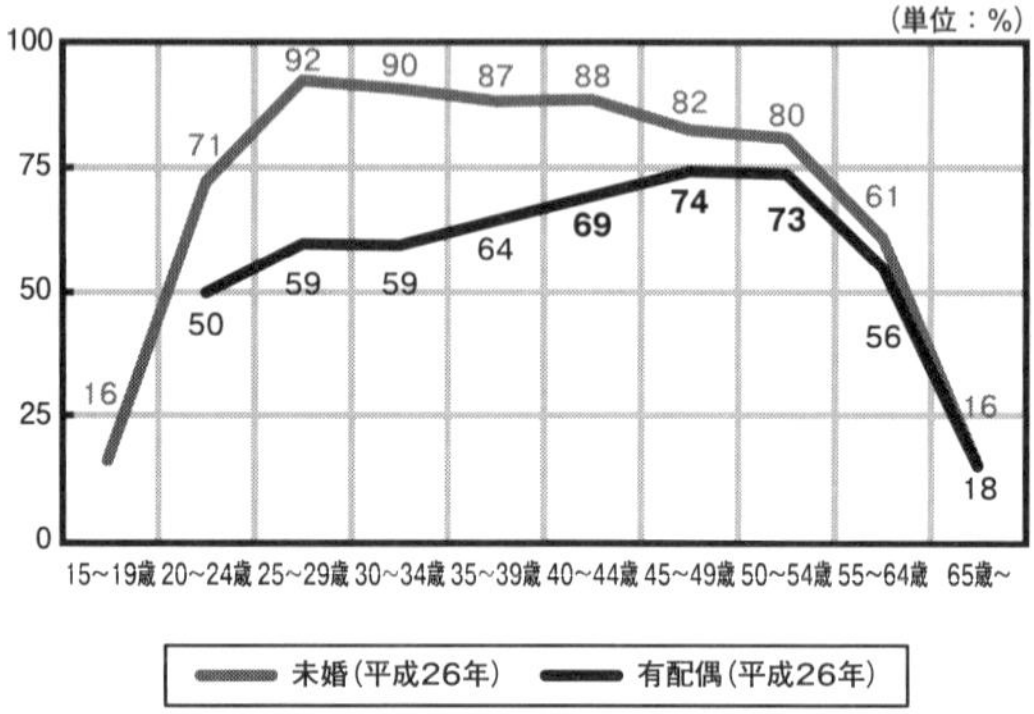

労働力調査より

図表33 平成7年と平成26年の比較

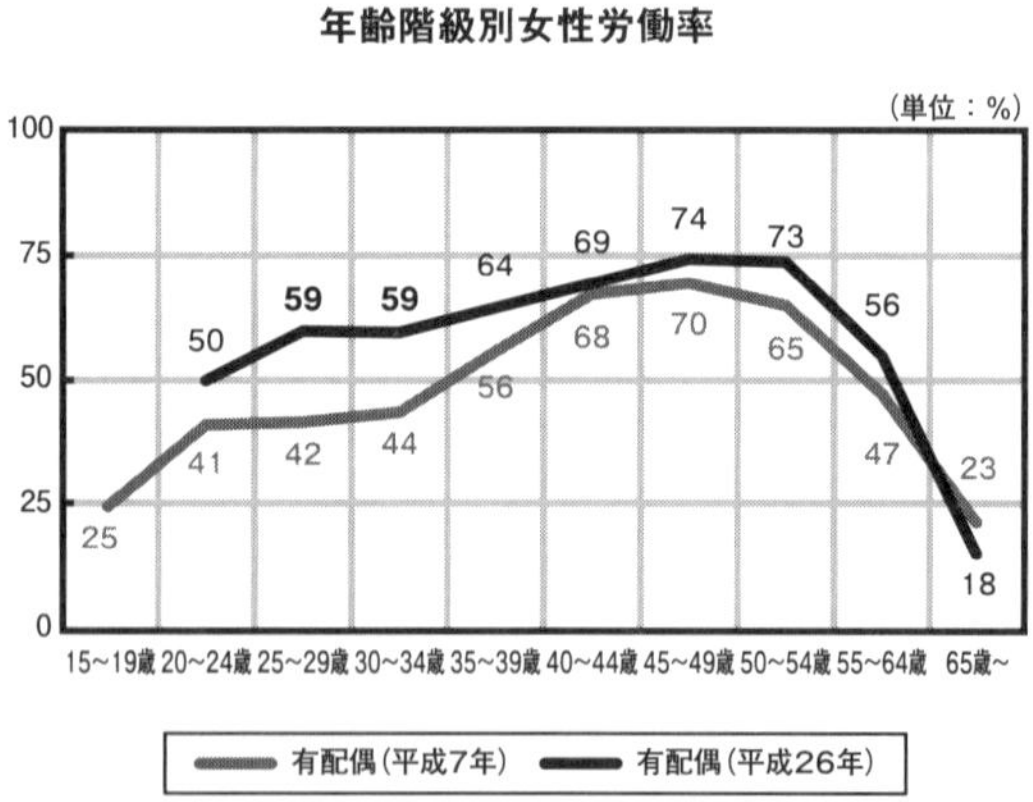

労働力調査より

〜50代前半の共稼ぎ世帯で良いような気がする。でも共稼ぎの中でも子どもがいるかいないかも大きなポイントよね。それについては、このグラフを見て。家族構成も変化しているわ」

そう言って葵は家族構成の変化のグラフを見せた。

「へぇ〜平成7年から20年で随分家族構成が変化していますね」

「私が小学生のころは、おじいちゃん、おばあちゃんと暮らしている同級生が結構いたけど、最近じゃ30代世帯で1％、40代世帯でも4％に過ぎない。レアケースと言っても良いわね」

葵のコメントに、敦はピンときた。

「そっか、おじいちゃん、おばあちゃんと一緒だと、お母さんが働いていても夕食やおやつの心配はなかったということですね」

「あながち仮説が当たっているかもしれないわね」

「あと単独、いわゆる独身者が増えていますね。葵さんもそう…」

きりっと睨む葵の迫力にたじろぎ、敦は黙ってしまった。

図表34 30代世帯の家族構成の変化

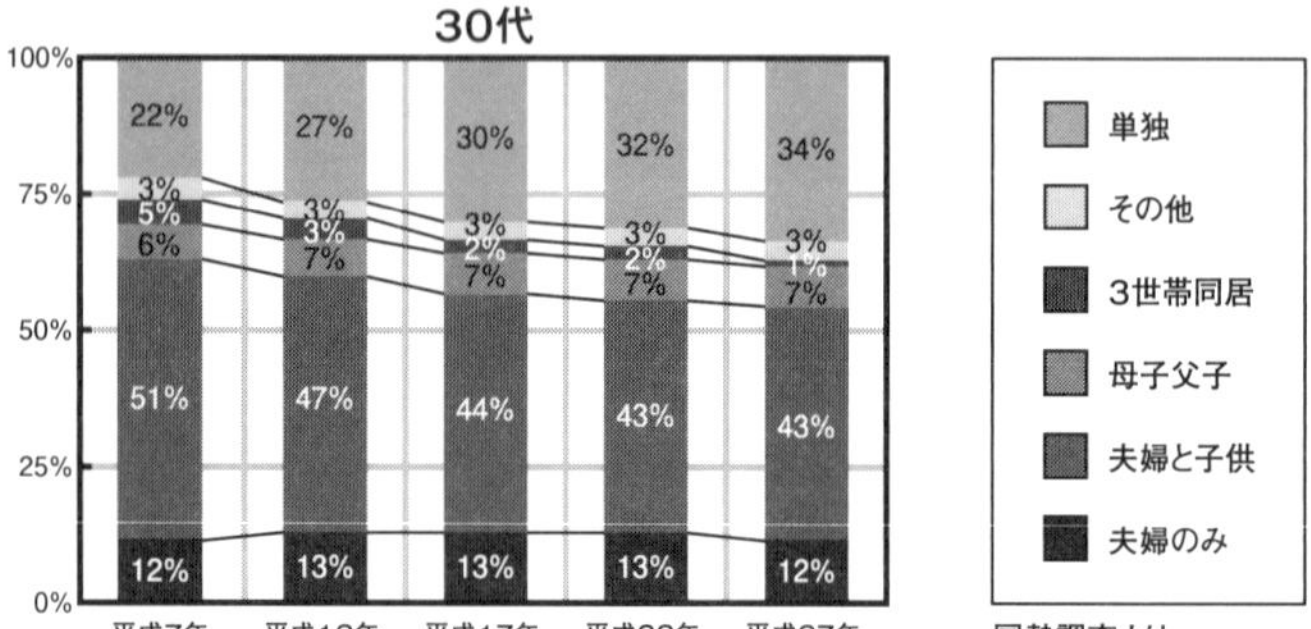

国勢調査より

図表35 40代世帯の家族構成の変化

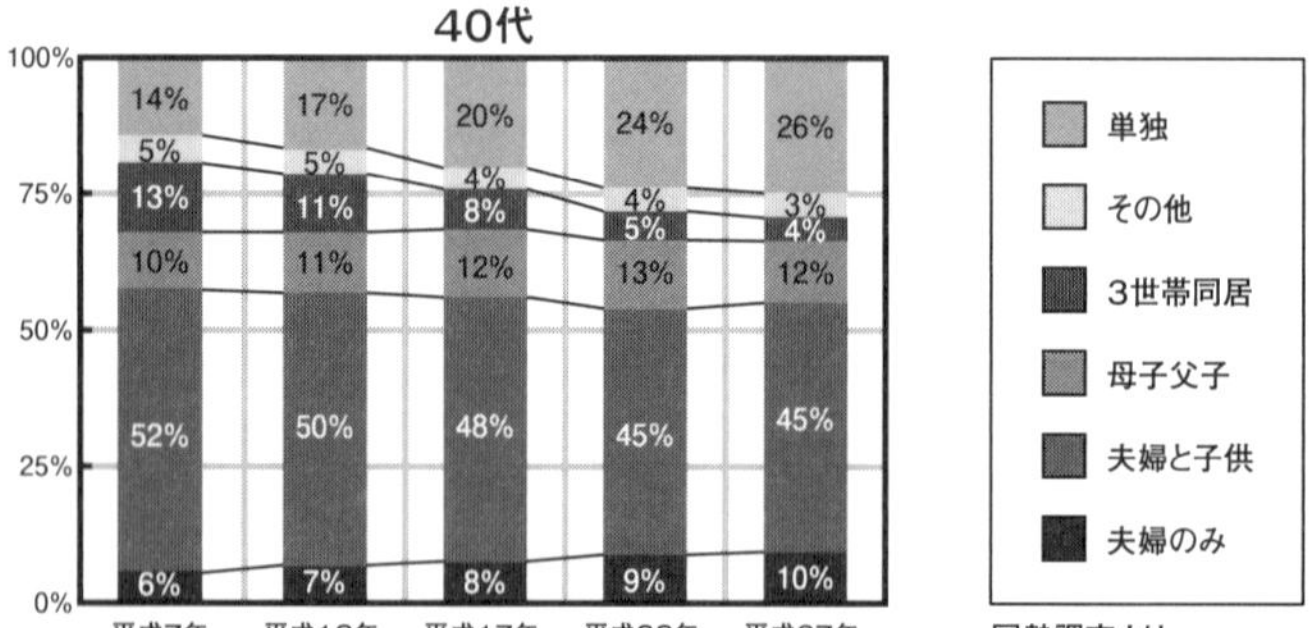

国勢調査より

▼ターゲットの設定

結論が近づいたと判断した二人は、遼平に調査結果を共有したうえで、一緒に考えを深めることにした。

「課長、いかがでしょう。ターゲットですが、30代～50代前半の共稼ぎ世帯ということで」

葵が言うと、遼平は少し考えて言った。

「そうだな。その層へ向けて、食事までのつなぎとなるようなお菓子という位置づけが良いかもしれない」

「いいですね」

「ということは50代の家族構成も見ておく必要があるな」

「そう言われると思って作成しておきました」

葵は自信満々に遼平にグラフを見せた。

「40代と独身者は変わらないが、夫婦と子どもが減少して、夫婦のみが増えるんだな」

「そうですね。子どもが独立するっていうことでしょうね」

図表36 50代世帯の家族構成の変化

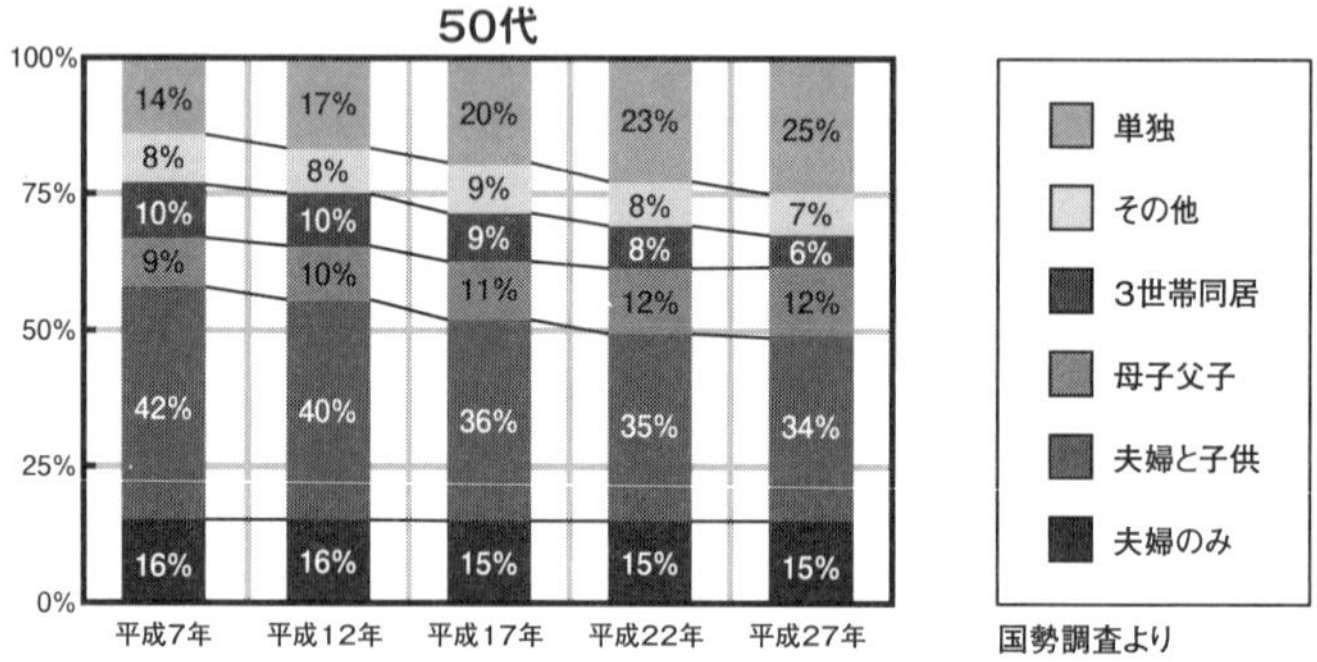

「ということは、我々のターゲットはあくまでも子どもと暮らす共稼ぎ夫婦ということだな」

遼平は葵の言ったターゲット像を修正した。

> 30代～50代前半の子どものいる共稼ぎ世帯

「あとは所得水準も分かった方が良いな。おやつにお金を遣ってくれるのかどうかを見極めたい」

すると敦がすかさず言った。

「ターゲットの構造的魅力度、ですよね。葵さんに頼まれていたので、家計調査年報でデータがあったのでグラフ化してみました」

二人の先読みに感激しながら遼平は、

「なぁるほど、40代、50代は可処分所得が多いな。40代世帯は前年よりも3500円も減少している点は気になるが、まぁ所得が高いので商品選択の余地が大きいことは明らかだ。ひとまず今日のところはここまでにしておこう」

と言い、二人を帰らせた。

二人が帰った後、遼平はターゲットの特性を参考にポジショニングについて考えていた。するど、タイミングよく緑川が姿を見せた。遼平はこれまでのやりとりを説明した。

「…というわけですが、こんな流れでどうでしょうか？」

「結局マスを狙うということだが、変化要因を取り入れており、良いのではないかと思うよ」

「ありがとうございます！　私が子どもの頃とは違って、母親も働いているのが一般的ということがデータでも分かりました。だからこれまでと違ったアプローチが必要と考えて

図表37 可処分所得の推移

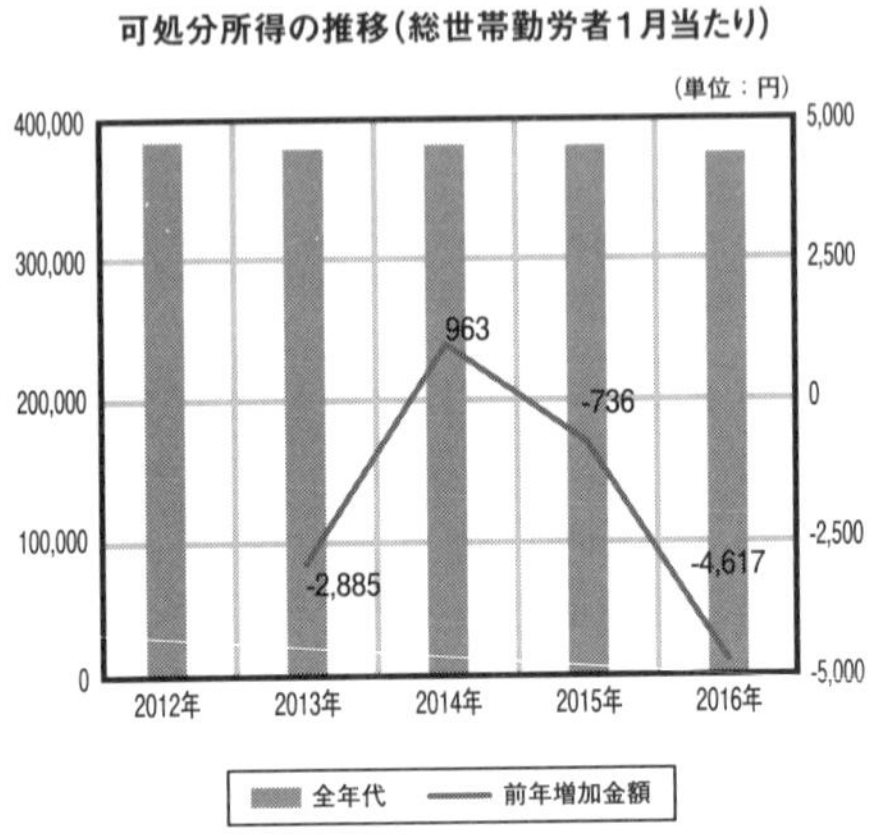

総務省統計局「家計調査年報」

図表38 世帯主年代別可処分所得

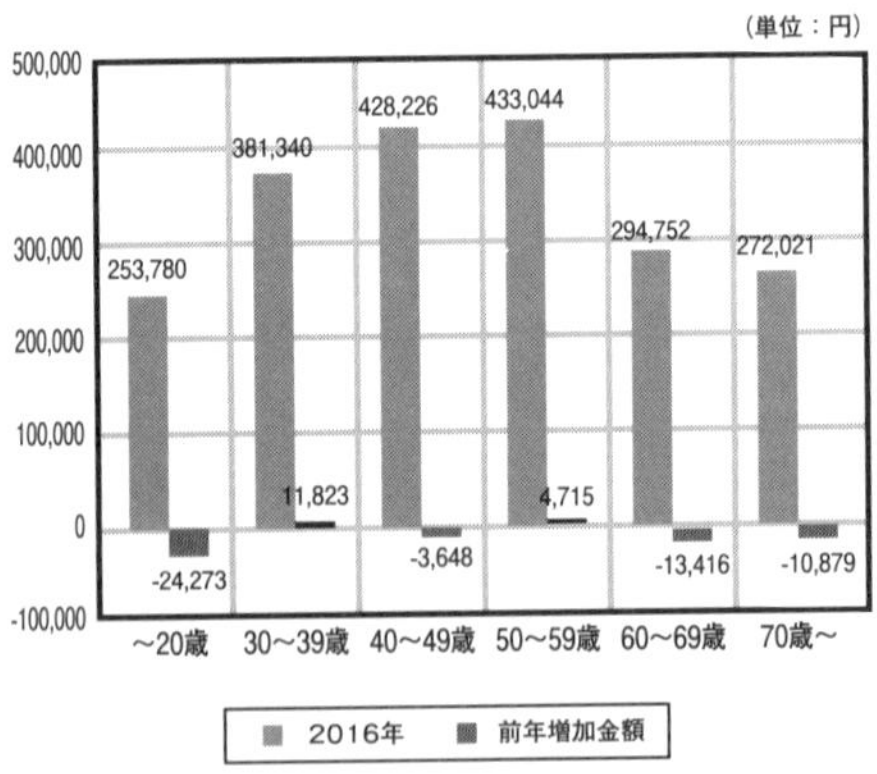

総務省統計局「家計調査年報」

います」

「そうだな。女性就業率の向上という変化は大きいと思う。食品会社にとって食材購買の主な担い手である女性のライフスタイルが変化しているんだから。核家族には違いがないが、中身が違う。専業主婦であれば子どものおやつを手作りしていた家庭も多いだろうが、有職主婦であるとそうはいかないからな。そうした主婦の気持ちも…」

緑川はそこから先は課長である遼平の考えを進めさせるべきと思い、発言を留めた。

「なんですか緑川さん、最後まで教えてくださいよ」

「寸止めだ。あとはお前さんのアレンジ次第！　しっかり頭を働かせてくれ」

そういうと緑川はマーケティング課を出ていった。

05

競合優位性の高いポジショニングを設定する

図表39 ポジショニング戦略のポイント

ポジショニング戦略とは

- 顧客の心の中に**自社商品の優位性**を位置付けることを目的として、どのように**顧客に認知**されたいか、**認識**されたいかを検討する。
- ポジショニングを起点としてマーケティングミックス（商品政策・価格政策・チャネル政策・プロモーション政策）に展開していく。

顧客が得る付加価値

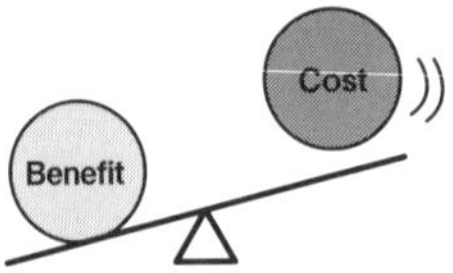

差別化要素

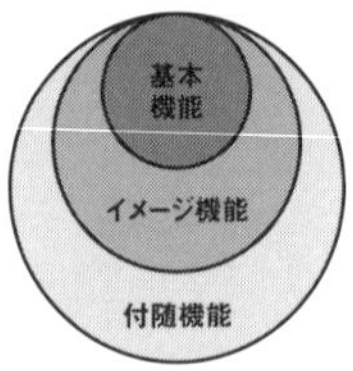

▼ターゲティングとポジショニング

残された遼平はホワイトボードのある会議室へ戻り、ひとり考えを整理していた。ふと机を見ると、Ａ４のコピー用紙が２枚落ちていた。

「ポジショニングとはターゲットに対して、自社および自社商品をどう位置づけるか、どう思ってもらいたいかを考える活動ということか。付加価値を高めるための商品サービスを企画開発し、イメージ機能や付随機能を通してビジネスモデ

図表40 付加価値の考え方

顧客が得る付加価値

$$価値 = \frac{ベネフィット}{コスト}$$

$$= \frac{実用的ベネフィット + 感情的ベネフィット}{金銭コスト + 時間コスト + エネルギーコスト + 心理的コスト}$$

差別化要素

基本機能	顧客ニーズを満たすための根本的な機能 パフォーマンス・耐久性といった「性能」や、素材・材質などの「品質」を表す。
イメージ機能	基本機能に付随する商品を装飾する要素 ブランドや商品の持つ「イメージ」や商品やパッケージの「デザイン」、ブランド名や商品名「ネーミング」がある。
付随機能	商品を購入する際や使用する際に付随する要素 商品発送の「デリバリ」や保証・メンテナンスなどの「アフター・サービス」がある。

ルを構築していくということだな」

続いて2枚目もじっくり眺める。

「付加価値を増やすことによって、顧客に提供する価値を高める。ベネフィットとは便益や利益のことだから、コストを上回るベネフィットを開発していくということか。一方で、コストにも価格以外に時間コストやエネルギーコスト、心理コストがあるということか。ベネフィットを最大化するか、コストを縮小させるかどちらかの方策が必要ということだな」

遼平は、計算式から読み解くべきポイントを理解した。

「他社と同じベネフィットでは勝てないから、どのような要素で実現するかが重要ということだな。中身で改善するか、イメージもしくは付随機能で考えていくということか。よし、このシートを使って、来週マーケティング課全員で検討してみよう。その前に今日中に骨格だけ整理しておこう」

2枚の紙――。遼平は、緑川の優しさに感謝した。

▼ポジショニングの整理

遼平は考えた。「30～50代前半の子どものいる共稼ぎ世帯」にどうアプローチしていけばよいのか。緑川が去り際に言っていた、「主婦の気持ち」に応えることに鍵がありそうだ。遼平は、うなりながら考えた後、ホワイトボードに整理しはじめた。

整理してみるとシンプルで分かりやすいが、どこにでもありそうなポジショニングだと感じた。競合他社や顧客自身も思いつかないようなポジショニングでなくてはならない。もっともっと有職主婦のニーズを探索しなくてはならないと思った遼平は、週末までの宿題として情報収集の指示を出しておこうと決めた。

ターゲット	30～50代前半の子どものいる共稼ぎ世帯（子どもor大人）
ニーズ	おいしいお菓子で空腹を満たしたい(子どもの視点) 栄養価の高いものを食べさせたい（親の視点）
提供価値	おいしくて、栄養価の高い間食を提供する

翌水曜日、葵にポジショニングの骨格を説明し、有職主婦の潜在ニーズに関するデータを月曜日までに収集するように指示をした。葵は自席へ戻り敦にこぼした。

「課長も気まぐれだよね。来週の会議までに主婦のデータを集めろ、だなんて」

「本当ですよね。僕らが優秀だからって…」

「あなたはさておき…。ま、愚痴ばかり言っていてもはじまらないから、少し考えてみましょう。敦さんもどんなデータがあったら良いか考えてみて。2時間後会議室でミーティングしましょう」

06

潜在ニーズを探索する

図表41　働く母親の子どもの栄養とDHA サプリメント意識調査

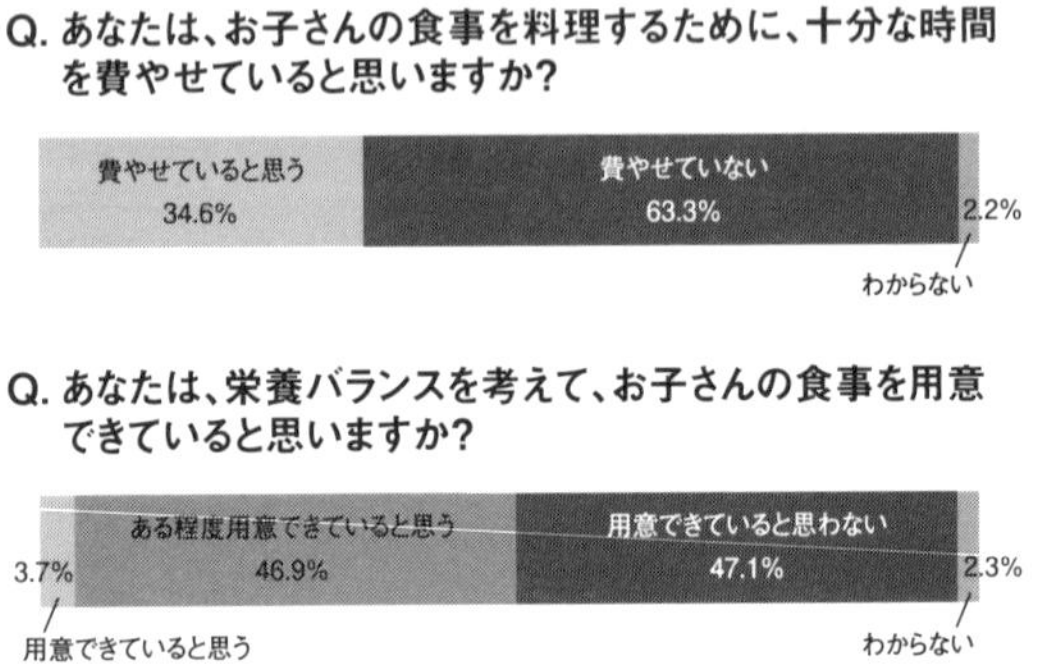

ディー・エス・エム「働く母親の子どもの栄養と DHA サプリメント」意識調査より

▼情報収集を繰り返して仮説の精度を上げる

2時間後、二人は会議室に集まった。

「なかなか厳しかったです。ネット検索にも限界があるっていうか……」

「そうね、私も粘ってみたけど結構しんどいわね。ひとつ見つけたのだけれど……」

すると葵はプリントアウトした資料を見せた。そこには「『働く母親の子どもの栄養とDHAサプリメント』意識調査」とあり、葵は最終頁のグラフを示し

図表42 葵がテレビ番組で見た情報

日本人に足りていない栄養

1位	ビタミンA
2位	カルシウム
3位	ビタミンB1

た。

「お子さんの栄養バランスを考えた食事の用意は、半数近くができていないと感じているわ」

「そうですね。栄養バランスを考えた食事に対するニーズは高いと思われます」

「あとはこの間見ていた情報番組で気になることを言っていたので、テレビ画面をスマホで撮影しておいた。これかしら」

「いいですね。有職主婦は子どもに栄養バランスを考えた食事を提供できていないと感じている。そして、実は足りていない栄養素として、ビタミンA、カルシウム、ビタミンB1がある。それらを補給できる菓子。いい感じです。早速課長に報告に行きましょうよ」

「うん…」

テレビ番組が嘘を言うとは思わないが、いまひとつ確証が得られないまま報告するのに気が引ける葵であったが、敦の勢いに押されたのと、ネット検索で上手くできないことが合わさり敦に従うことにした。

遼平のデスク前に向かった敦は、

「…というわけです」

と一通り持論を展開した。満足気な敦に対して、遼平は言った。

「子どもに栄養バランスの良い食事を提供できていないと感じている有職主婦に対して、不足しがちな3つの栄養素を訴求する、ということか。良い方向性だ。良いと思う。ただ裏は取りたいな。このテレビ番組で言っていることの定量的な裏付けを見つけてくれ」

遼平の指示に対して葵は心の中で「やっぱり言われた。ただ方向性を相談でき、データさえ揃えば先へ進めるわ」とひとり考えていた。

「よし、年代別の栄養素について実態データがあるかどうか探しましょう。確か厚労省の国民健康栄養調査という統計データがあったから、敦さんはそっちをあたって。私は必要な栄養量について調べてみるわ」

「葵さんってなんでも知っているんですね」

「姉が栄養士だからね。この間のテレビは、姉と一緒に見てたのよ。それでさっき姉にそういうデータがないかどうか連絡したら早速返信があってね」

「なんだ〜すごいのはお姉さまか。でもアンテナを張っているという点では葵さんもスゴイ」

「この仕事をしていると、どうしても食品絡みの情報やデータには敏感になるわね」

「勉強になりま〜す！」

「じゃ、1時間後に打ち合わせしましょう。それまでにデータ整えておいてね。頼むわよ」

そういって二人は一旦解散した。

図表43 性別・年代別栄養摂取量と食事摂取基準

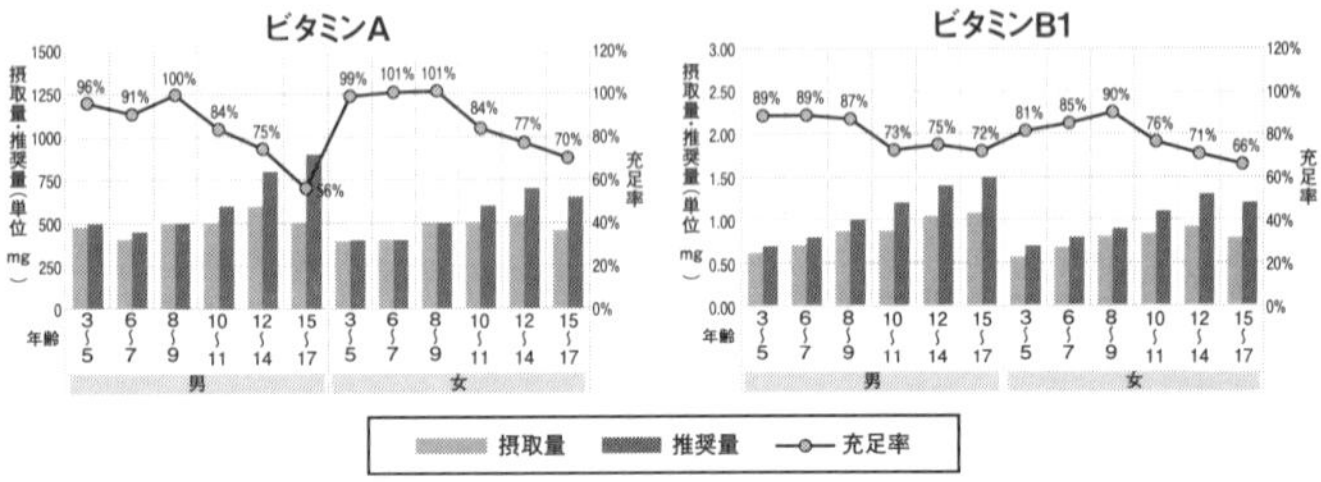

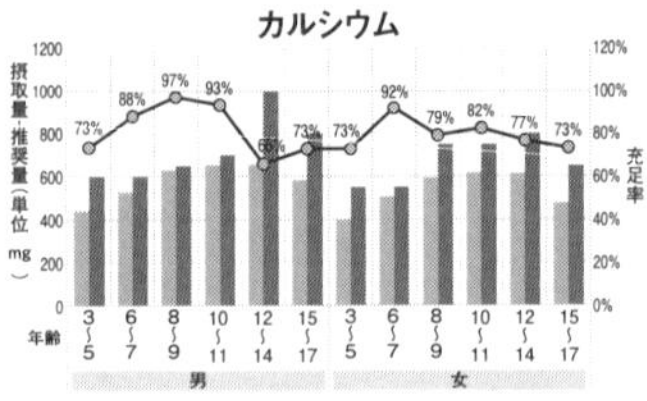

		男性計	女性計
ビタミンA	摂取量	2,988	2,805
	推奨量	3,750	3,250
	充足率	80%	86%
ビタミンB1	摂取量	5	5
	推奨量	7	6
	充足率	79%	77%
カルシウム	摂取量	3,494	3,208
	推奨量	4,350	4,050
	充足率	80%	79%

摂取量：平成26年国民健康栄養調査　推奨量：日本人の食事摂取基準（2015年版）より

▼裏を取るためにもデータを活用する

1時間後、二人はそれぞれのデータを持ち寄り、栄養摂取量と食事摂取基準を合わせてグラフを作成した。

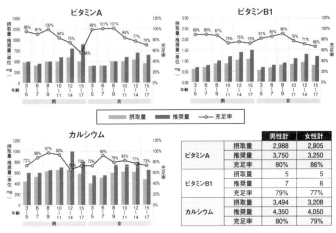

「こうして追加で分析してみると、テレビ番組で言っていたことの信憑性が増すわね」

「ビタミンAやビタミンB1、カルシウムは必要とされている推奨量のほぼ8割程度しか摂取されていないことになりますね」

「これらの成分がお菓子で摂取できるというコンセプトであれば受け入れられるかもしれないわね。課長へ報告に行きましょう」

そうして二人は、遼平のデスクへ向かった。

「いかがでしょうか？　やはりテレビ番組の言う通り、子ども（3歳～17歳）のビタミンA、ビタミンB1、カルシウムの摂取は十分ではありません」

「そうだね。良いね。カルシウム不足とよく言われるが、データで示されると説得力があるな。年代別でも3つの成分とも概ね中高生から充足率が低下してくるなぁ。このあたりで就業し出すお母さんも多いんだろうな。良い感じだ。中高生を子どもに持つ有職主婦向けっていうのも絞られていていいね。うん」

満足気な遼平だったが、一瞬難しい顔をした。

「ところでビタミンAってなんだ？　B1は？　カルシウムはさすがの俺でも分かるけど」

「分かりません～」

敦は案の定、分からない。

「なに、分からないでグラフ作ってたの？」

「多分〝からだ〟にいい成分だろうとは思っていましたが」

「敦ほどじゃないが、俺も詳しくはないな…必要なものだけど摂取されていない。それを子どもが喜ぶ菓子にして提供するっていうストーリーは良いよ。だけど、そもそもの必要な成分が何かってみんな分からなければ意味ないよな」

そんな二人に呆れながら葵が言った。

「ビタミンAは、皮膚・粘膜・目の健康、動物の成長に関わるあぶらに溶ける（脂溶性）ビタミンのことを言います。動物性食品（レバー、牛乳、バター、チーズ、卵黄など）に多く含まれています」

「さすが！　栄養士を姉に持つ妹ですね」

「ちゃかさないでよ。ビタミンB1は、水に溶ける水溶性ビタミンのひとつで、国民病と言われた脚気《かっけ》という病気は、ビタミンB1欠乏によって生じることが知られています。穀類のはい芽（米ならヌカの部分）、豚肉、レバー、豆類から摂取することができるんです」

「さすが葵さんだが、これらをみんなが聞いて分かるかな…」

「確かに、そうですね。俺だったら、ふーんそうなんだ、いろんな成分があるね～、で終わっちゃいそうです」

「そうですね。簡単にカルシウムに絞って訴求してもいいかもしれませんが、カルシウムってありきたりというか、なんか安易な気もしますよね。分かりやすいけど…」

一瞬煮詰まってしまったが、さすがは課長。遼平が口火を切った。

「よし、ここからは生活者へ直接聞いてみよう」

「分かりました。私の姉は栄養士なので、一般の人に栄養指導する立場ですから、この3つの成分がどれくらい認知されているか聞いてみますね」

「頼もしいね〜。週明けまでに聞けるかな？」

「はいはい。まったくマーケティング課長さんは人使いが…」

「ん？　何か言ったか？」

遼平がさえぎったが、敦も丁度良い調査先がいるようだ。

「私も兄の奥さん（義姉）に聞いてみます。義姉はバリバリのキャリアウーマンですから。子どもも小学生だし」

「よし、良い感じになってきたな〜」

とミーティングを終わらせようとする遼平に対して疑いのまなざしを投げ掛けたのは葵だ。

「課長はどうします？　街頭インタビューでもいかがでしょう？」

「分かったよ。俺もきちんと調べますよ。俺は次の展開を睨んで、他のヒット商品について研究しておくから」

「ベンチマークってことですか?」

「そうだ。共稼ぎ夫婦、特に働く女性にヒットしている商品について情報を収集しておきますよ」

そう言って3人はそれぞれに宿題を持ち帰ることにした。

プロフェッサー緑川幹夫の教え　その3

▼ターゲット設定の要点を確認せよ

①セグメントの規模と成長性
②セグメントの構造的魅力度（収益性）
③会社の目標と資源（長期的目標・必要資源・スキル）

▼セグメントの特徴を見出すにはレート・シェア分析が役立つ

✧レート（変化率）とシェア（割合）について相対的な比較を行い、特化係数と拡大係数を算出する

✧バブルチャートが最適。横軸には特化係数、縦軸には拡大係数、バブルの大きさを購入金額とする

▼何故ターゲットセグメントの購買量が多いのか考察していく

✧定量データで事実を整理する

✧意識データと掛け合わせてターゲットの購買特性を考察する

✧要因を発見したら、定量データで検証していく

▼**競合優位性の高いポジショニングを設定せよ**

✧顧客が得る付加価値を検討し、どこで差別化できるか要素を検討する

✧顧客が潜在的に抱えているニーズの中で競合企業より優位に解消できる分野を探す

▼**情報感度を上げて要因分析をせよ**

✧日頃から関連する情報に対しては敏感であれ

✧ソフトファクトは徹底して定量データで裏を取れ（検証せよ）

第4章

ベンチマークからヒントを見出だす

01 ベンチマーク（他業種のヒット商品から学ぶ）のポイント

▼成功事例を挙げてみる

遼平は土曜日の午後、近所のカフェでノートパソコンを広げ、考えを巡らせた。30代〜50代前半の子どものいる共稼ぎ世帯をターゲットにした成功事例はないか――。

まずは仕事と家事に忙しい有職主婦のための商品に的を絞った。電化製品では、自動運転掃除機や自動食洗器が思い浮かぶ。冷凍食品や総菜も有職主婦の強い味方だし、シリアルを朝食で食べる風潮もそうした系譜だ。つまり、家事の時間や手間を削減させるものが主な価値と考えられる。また、疲れた有職主婦を癒すものとしてマッサージチェアも挙げられる。忙しく疲れた体を癒してくれる価値がある。入浴剤や部屋の芳香剤もそうしたベネフィットを提供するものに分類されるだろう。さらに、美容家電も働く女性を意識している商品カテゴリーであると言える。子どもに対するケアとしては、最近ヒットした乳酸菌入りチョコレート菓子と栄養素入りドリンクだろう。

パソコンにベタ打ちしているといくつかのパターンに分類できそうになってきた。そこ

図表44 提供価値から発想した事例と効用

提供価値	事例	効用
有職主婦の家事時間・手間の削減	自動運転掃除機 自動食洗器 オールインワンの化粧品	家事時間を短縮して、働きながらでも主婦の仕事を怠らない
	カプセル式コーヒーメーカー	手軽に時間を掛けず、本格的な味わいを得ることができる
実用的なベネフィットの提供	マッサージチェア 入浴剤 部屋の芳香剤	心と身体を癒して、毎日の生活を豊かにしてくれる
	マイカジ（花王）	家事の正しい、効率的なやり方が分かり効果的な家事ができる
情緒的なベネフィット	旅行 非日常体験	日常の喧騒から解放されるひと時
子どもに対するケア商品・サービス	乳酸菌入りチョコレート菓子 栄養素入りドリンク	子育てもバッチリ

で提供価値をカテゴリー毎に分類し、当てはまる事例を発想していった。

▼事例を真似るにはどうすれば良いか？

分類が出来上がったところで、緑川に連絡をしてみた。土曜日ではあるが、仕事しか趣味のない緑川のことだから、きっと相談に乗ってくれるだろうという考えのもとだった。

〈土曜日のお休み中失礼します。30代〜50代前半の子どものいる共稼ぎ世帯に対する事業コンセプトを考えるにあたって、ベンチマークとなる商品・サービスを列

図表45 **模倣戦略**

	正転模倣	反転模倣
他社	①単純模倣 ②適応化による革新 ③抽象化からの本質移転	反面教師
自社	横展開	自己否定

挙してみました。緑川さんのご意見をいただけると幸いです〉

案の定、緑川からは即座に返信が来た。

〈ちょうど模倣戦略について大学で講義をやることになって、いま資料をまとめているところだ〉

というメールには模倣戦略に関するマトリクスが添付してあった。受け取った遼平はすぐに緑川に電話をかけた。

「緑川さん、お疲れ様です。お休み中スイマセン。資料ありがとうございました」

「模倣戦略について少し解説しよう。そもそも世の中に画期的な商品・サービスや事業モデルはあるが、全ての考えが発明のように無からはじまったわけではない。過去の成功事例などの知恵を活用している。そのものズバリ模倣しているものもあるし、ある要素だけ模倣しているものもある。例えば、トヨタ自動車のジャスト・イン・タイムという生産システムがある」

「かんばん方式ですか？」

「そうだ。昔はモノを作るのに、材料➡部品➡組み立て➡製品　といったように作ったものから順に後の工程に流していった。製品を1つだけ製造するのであればそれでもいいのだが、多種多様の製品を製造するのには向いていない。そこでスーパーマーケットをお手本にして、必要なものを、必要なときに、必要なだけ使用する方式を考えたんだ。昔はスーパーマーケットが革新的なサービスで、それまでは売り手が買い手のもとへ商品を届けていたから全く逆の流れだ。それを応用して、材料や部品を必要とする人が、必要なものを、必要なときに、必要なだけ取りに行くという仕組みにしたというわけだ」

「なるほど…模倣か、良いですね。日本で数年前から定着しているＬＣＣもそうですよね。確か本家はアメリカの…」

「サウスウエスト航空だ。ＬＣＣはさっき送ったマトリクスの左上の単純模倣に位置づけられる」

　緑川はマトリクスの解説をはじめた。

「正転模倣では、同業の商品やシステムをそのまま使えるかを判断し、使えるようであれば①単純模倣となる。アメリカで成功したもので国内展開を図るときなどが当てはまる。日本で成功した飲食チェーンをアジアへ展開する場合も同様だ。次の②適応化による革新は、そのまま持ってくることができない場合、やり方を自国向け、自社向けにアレンジするということだ。セブン‐イレブンもアメリカではハンバーガーが売られていた。40年前の日本市場ではハンバーガーはあまりにも革新的すぎた。もっと庶民が親しみをもてるものに変換する必要があった。そう、日本におけるハンバーガーはおにぎりだ」

「その意味からするとジャスト・イン・タイムはちょっと高度ですね。③抽象化からの本質移転ですか？」

「ご名答！　競合他社や異業種の素晴らしい成功事例を見て、３つの自問をすれば良いアイデアが浮かぶかもしれんな」

①そのまま使えるか
②自社向けにどのように作り変えると適用できそうか？
③成功の本質は何か？　その本質を取り入れるとどのようなことができそうか？

「ありがとうございます。発想のツールとして使わせてもらいます」

「あとは右側の反転模倣もある。バングラデシュのグラミン銀行は、通常の銀行のサービスを反転しているものと言われている。通常の銀行は富裕層から収益を上げるが、グラミン銀行は貧困層向けのサービスで成り立っていると言われているのだ。既存の銀行は不動産などの担保をとるが、グラミン銀行は無担保で、借主を5人組にして相互チェック機能で貸し倒れを防いでいるんだ」

「貧困層に融資することで社会的にも意義の高いサービスを展開しているのですね」

「だから良いところを真似るだけではなく、悪いところ、良くないところを取り上げて、反転させる。反転させて有効にするにはどうするかを考える。こうしたプロセスだ」

「分かりました。あと、自社を見渡して社内にある強みを活かす、自己否定してこれまでのやり方を見直すということですね」

「だいぶ遼平も頭の回転が良くなってきたな」

「ありがとうございます。これでベンチマークもさらに有効なものにできると思います」

そう言って電話を切り、遼平は改めてマトリクスを眺めた。

02 時短商品の裏を考察する

▼2次データを利用して考察する

遼平は緑川が教えてくれた模倣戦略マトリクスの左上〈他社×正転模倣〉の3つの模倣方法について反芻した。競合企業との熾烈な競争を考えると単純模倣は厳しい。海外から新しい菓子を、といっても日本市場は先進的であり、なかなか難しいだろう。そうなると、国内でヒットしている他社の商品を分析して、ヒットする本質を見極める、つまり「③抽象化からの本質移転」こそ重要なのではないかと考えた。

今回は30代から50代前半の子どものいる共稼ぎ世帯をターゲットにしているので、既に市場に受け入れられているヒット商品の本質を探索することで競合優位性の高い商品の企画ができるだろうと頭の中でシミュレーションした。時短商品については、ただ簡便であるだけではヒットには結びつかないと思い、ネットで情報を探していると、クックパッドが実施したアンケート調査にたどり着いた。

図表46 クックパッドによるアンケートの調査概要

調査テーマ	「時短に関するアンケート」
調査方法	インターネット調査（クックパッドのメールマガジン会員）
調査地域	全国
調査対象	クックパッドのユーザー 2,837 名（女性 2,515 名、男性 322 名） – 年齢構成 19 歳以下 2%、20 代 12%、30 代 29%、40 代 33%、50 歳以上 24%
調査実施時期	2015 年 5 月 26 日（火）～ 5 月 29 日（金）

クックパッド「時短に関するアンケート」より

ホームページの記事には調査概要が掲載されていた。実施時期は2年前だが、許容範囲である。対象がクックパッドユーザーであり、有職主婦に限定されているわけではないので、ジャストフィットとはいかないが、時短に対する意識の傾向は掴めるだろうと考え、これを見ていくことにした。

いくつか掲載されている項目の中で気になった設問が2つあった。「時短が必要な理由について」と、「食生活の重視度」である。

この結果から、時短を望むのは単に時間がなくて時間の節約がしたいというこ

図表47 時短が必要な理由への回答結果

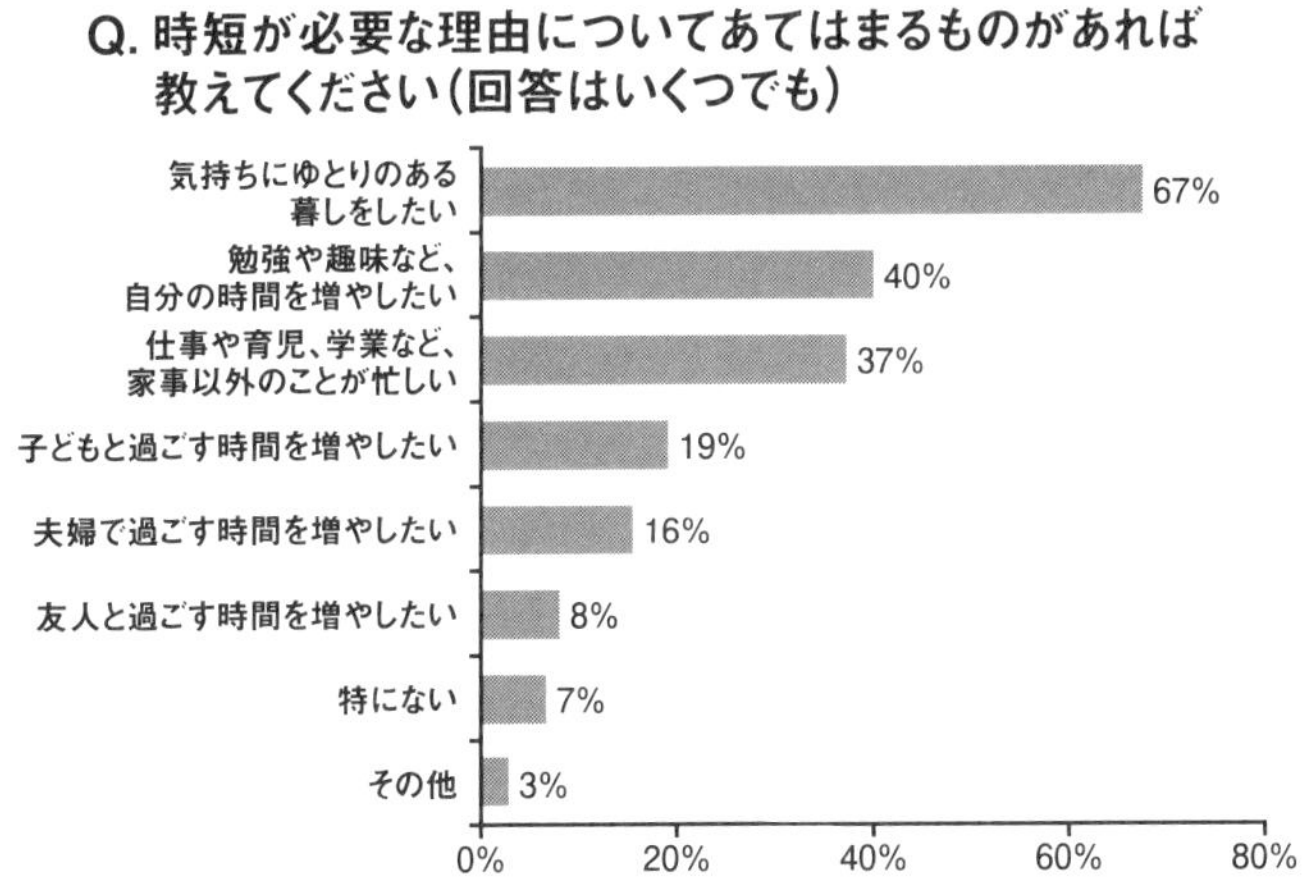

クックパッド「時短に関するアンケート」より

とではなく、気持ちにゆとりある暮らしをしたいという意識があることが分かる。特に3番目に多い理由「仕事や育児、学業など、家事以外のことが忙しい」を、1番多い「気持ちにゆとりのある暮しをしたい」意見が大きく上回っているのが特徴的だ。アンケート対象者が100％有職主婦ではないのでハードなFactとは言えないが、時間という現実的な問題に加えて心理的・意識的に「時短」を求めているということだ。だから質的な側面も重視しているということだ、と予測できた。

もう1つの調査結果からも、同様の意

図表48 食生活の重視度への回答結果

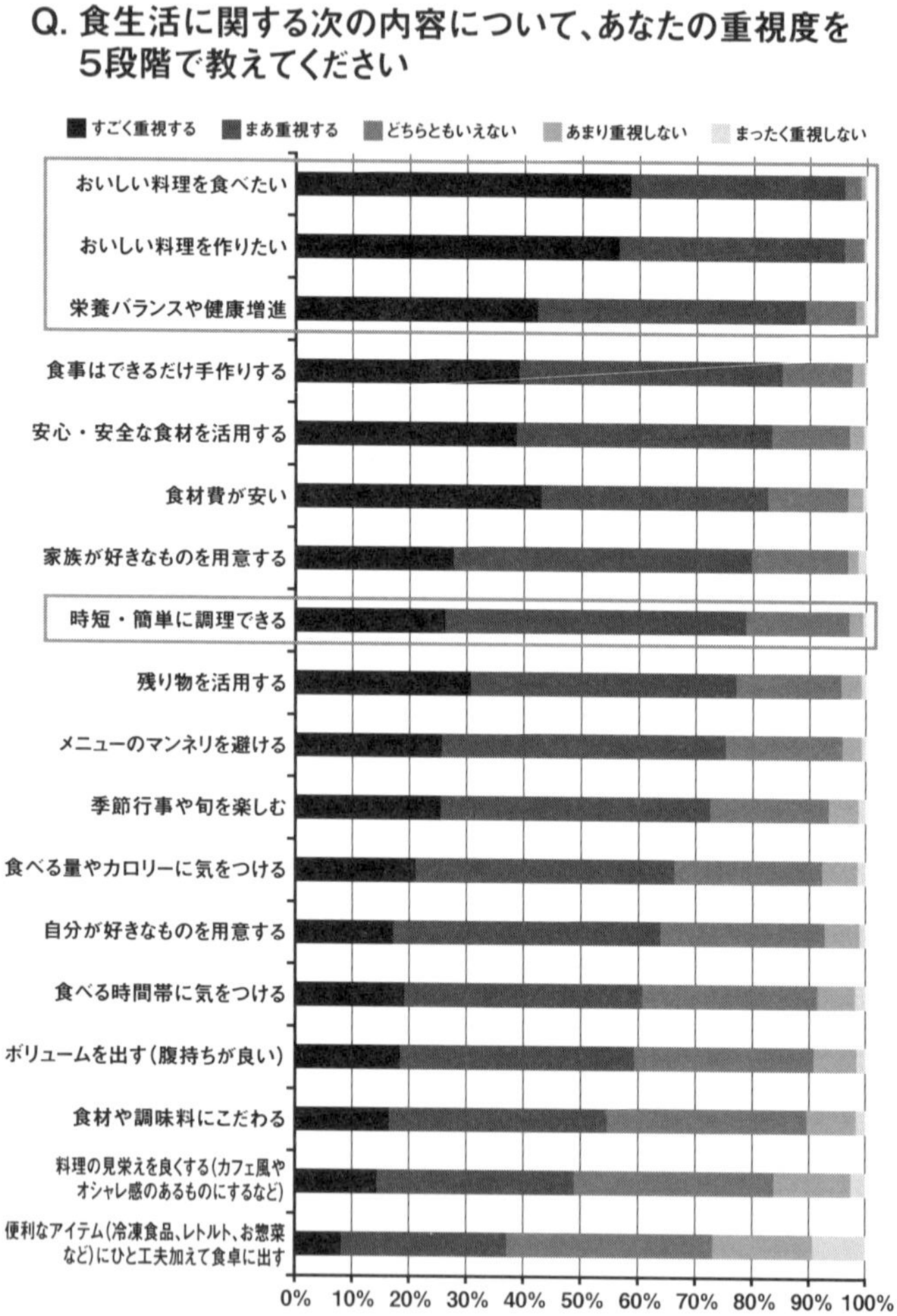

クックパッド「時短に関するアンケート」より

識が垣間見られる。

「時短・簡単に調理できる」ことよりも「おいしい料理を食べたい」「おいしい料理を作りたい」や「栄養バランスや健康増進」が上位に重視されている。これらからも栄養面での訴求の有効性が確認できる。

▼気になる事例の施策から戦略を考察する

もう1つ遼平が気になっているのが、日用雑貨メーカーの花王が2017年7月から運営するマイカジだ。

ホームページからマイカジの特徴を遼平なりに整理してみた。

- 目的は、新しい家事概念の浸透にある
- 記事のカテゴリーは「洗濯」「掃除」「食器洗い」であり、家事に特化している
- 家事のハウツーだけではなく、家事ニーズを提案することで家事のあり方に向き合おうとしている

図表49 花王「マイカジ」

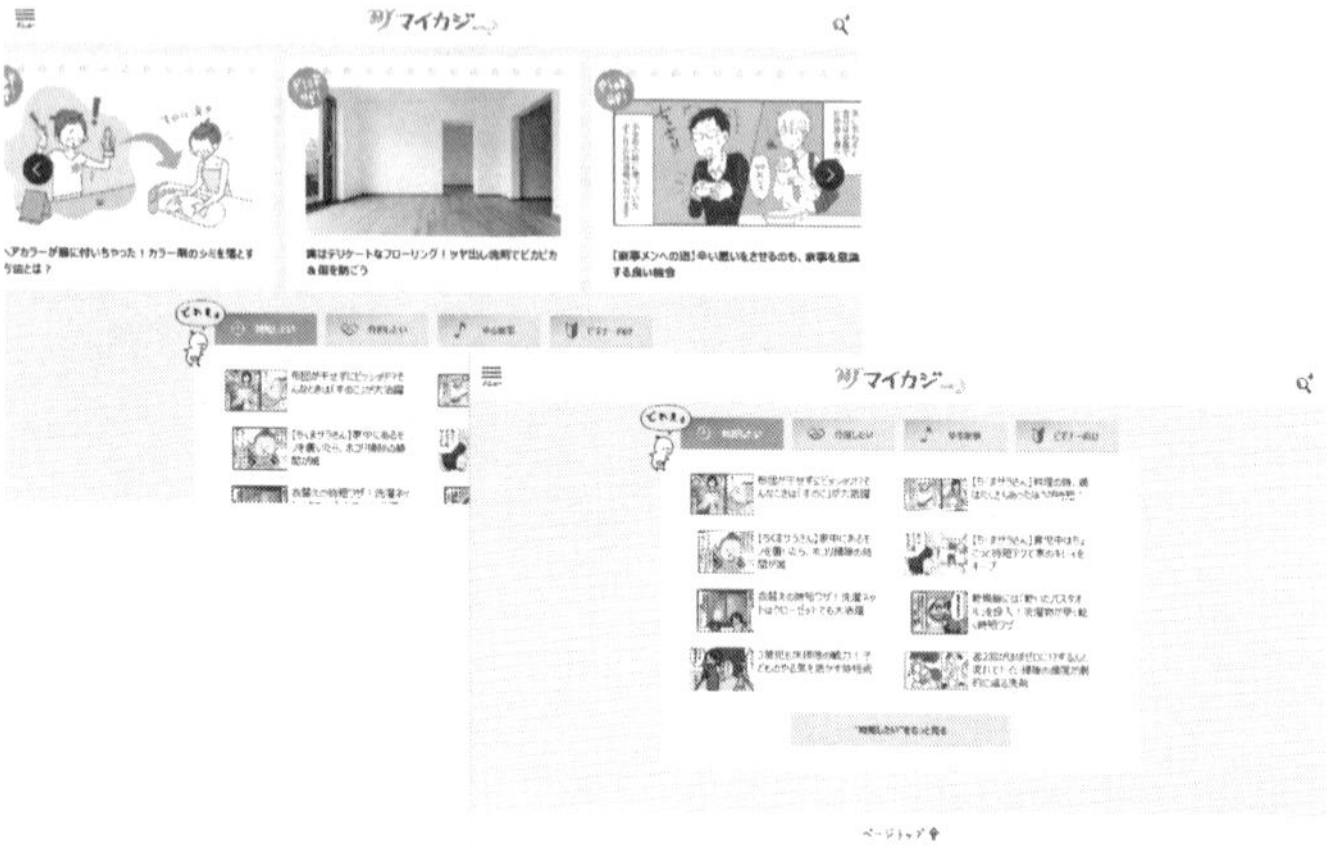

花王「マイカジ」(2017年12月13日時点)

直接的な「売り」よりも花王が扱っている商品を使って家事を効果的・効率的なものにしようという意図がうかがえる。何か公なイメージを受ける。日雑メーカーとして、花王は国内トップクラスであり、マイカジはマーケットリーダーとして市場拡大を図り、新しい家事概念の浸透による事業拡大を目指していると考えた。意外と知らない家事のやり方や、道具などの使い方をレクチャーすることで、花王製品の購買、そして利用を間接的に促していることが有効なのだと感じる。

マイカジからの学びを整理したところで、妻からの呼び出しに気づいた。

〈まだやってるの～☹〉

絵文字に怖気づいた遼平は急いで返信した。

〈今終わった！　合流しよう〉

職場では課長として少なからず威厳を発揮している遼平だが、家庭での地位は低いようである。

03 ベンチマーク商品の成功要因分析

▼有職主婦の潜在ニーズ

月曜日、遼平は早朝に出社し緑川を待った。緑川にベンチマークの結果を伝えるためだ。先のクックパッドの調査、マイカジの事例をまとめると、以下の3点が有職主婦の潜在ニーズとして考えられる。

①時短を望むのは単に時間がなくて時間を節約したいということではなく、「気持ちにゆとりのある暮らしをしたい」という意識があることが大きい。究極の時短は外食である。本当に時間がないのであれば外食すれば良い。そうではなく、夫や子どもから手抜きをしていると言われたくない、少しでも手を加えて料理を作りたいというニーズがあり、だから質的な側面も重視している。

②「時短・簡単に調理できる」ことよりも「栄養バランスや健康増進」が上位に重視されている。新事業の核となる栄養面での訴求の有効性が確認できる。

③マイカジは、意外と知らない家事のやり方や、道具などの使い方をレクチャーしている。花王製品の購買・利用を間接的に促している効果がある。商品そのものの使い方について具体的に知りたいというニーズがある。

遼平がこれらの要点をまとめ、プリントアウトしたところで緑川が出社してきた。早速緑川にこの資料を見せたところ、「なかなかポイントをついてきたね〜」と遼平を褒めた。

「まだまだ固まっていませんが、ターゲットに対するコンセプトを検討する上での留意点というか、ブラッシュアップができたと思います。これでコンセプトを固めて、最終受容性のアンケートを実施したいと考えています」

そう告げた遼平に対し、緑川は一転厳しい顔で言った。

「まだまだやることはあるんじゃないのか。クックパッドやマイカジはいわば有職主婦の外堀を埋めているに過ぎない。もっと本丸の菓子のベンチマークを集めた方がいいんじゃないか？」

「そうですね。性急でした。最近話題になっている乳酸菌入りチョコレート菓子と栄養素入りドリンクについて調べたいと思います」

研究室へ向かう緑川を見送ったところで、葵と敦が出社してきた。

▼競合企業のヒット商品から学ぶ

「おはよう！　ビタミンに関する意識はどうだった？」

と、二人に投げかけた質問に対しての反応は良好だ。姉から有効な情報を得られたと言う葵と、義姉である子持ちキャリアウーマンに子どものおやつについての実際を聞いてきましたと言う敦。

「頼もしいな。来週から作成する新事業のコンセプトに活かせそうだ。ヒアリング結果はあとで共有してもらうとして、私が行ったデスクリサーチの仕上げを二人にお願いしたい」

そう言って遼平はクックパッド、マイカジからの考察を説明し、乳酸菌入りチョコレート菓子と栄養素入りドリンクに関する市場の反応を探るように指示した。

席に向かい、葵がチョコレート、敦がドリンクと決めた。

「どうやって市場の反応を探ったら良いですかね？」

「そうねぇ。まずはメーカーの公式サイトへいって商品のコンセプトを確認する。実績数値があればそこで拾いましょう。そして口コミ情報を探索して、主な意見や使用方法などを整理するってとこかしら」

「了解です。相変わらず葵さん適切ですね〜」

二人は情報収集に勤しみ、翌日、遼平のもとへ報告に行った。

「課長、乳酸菌入りチョコレート菓子と栄養素入りドリンクの情報を収集しました」

葵は商品特徴を記入したレジュメを遼平に見せた。

「ピンポイントでの商品情報だから定性情報になるな。2商品のヒット要因としてはどのようなことが考えられる？」

「チョコレートの方はチョコレート好きな女子を対象として、好きなものを食べながら体に良い成分が摂取できるというのが一番のヒットの要因だと思います。ダイエットや栄養の偏りを気にしている人にとっては免罪符的な位置づけとなっています」

「ドリンクの方は何といっても子どもの背を伸ばしたいという親の願いが背景にあります。主にカルシウムや鉄分が摂れるのですが、カルシウム＝背が伸びるという認識も商品特徴の分かりやすさに繋がっています。栄養素も同時に摂取できるということもあり母親と子

図表50 乳酸菌入りチョコレート菓子の市場動向

①コンセプト

Point 01.	チョコレートを食べながら栄養がとれる
Point 02.	いつでもどこでも時間・場所を選ばずに食べられる
Point 03.	常温で保存できる

②商品の概要

価格	税込み価格 350 円
商品バリエーション	形状：板チョコ・個包装 フレーバー：ミルク・ビター・抹茶
販売チャネル	メーカー公式通販サイト、スーパーマーケット、コンビニエンスストア
プロモーション	TVCM、SNS キャンペーン等

③販売実績

発売半年で約 500 万個の売上

④顧客の反応

手軽に乳酸菌がとれるし、甘いものだけど罪悪感がない。(40 代 女性)
好きなタイミングで好きな分だけ食べられるので便利。(50 代 女性)
おいしいし、腹持ちがよく、おやつとして最適。(40 代 女性)

図表51 栄養素入りドリンクの市場動向

①コンセプト

成長期に大切なカルシウムや鉄分などがしっかりとれる
牛乳などに溶かす粉末タイプ

②商品の概要

価格	税込み価格 1,000 円
商品バリエーション	3つのフレーバー（バナナ味、いちご味、メロン味）
販売チャネル	メーカー公式通販サイト
プロモーション	TVCM、ネット広告等

③販売実績

10 年で約 1000 万個の売上

④顧客の反応

有名な製薬会社なので、安心して子どもに飲ませています。睡眠も十分にとっていることもあってか、身長はぐんぐん伸びています。(13 歳男子の保護者)
複数の味があるので、毎回楽しみにしてくれています。牛乳はあまり好んで飲みませんが、これを溶かしたものはよく飲みます。(14 歳女子の保護者)
友達が飲んでいて、親に頼んで買ってもらいました。おいしいし、貧血気味な体質が変わってきたように思います。(17 歳女子)

どものニーズを取り込んでいるようです」

「効果が分かりやすい栄養素は大事そうだな」

と遼平が言う。

「チョコレートの方はスーパーマーケットやコンビニエンスストアといった既存チャネルもあるが、ドリンクは通信販売か」

「メーカーの公式サイト以外にも amazon などでも購入できますが、メーカーサイトの定期購買が一番安く購入できるようです」

「あとはメーカーブランドの信頼性も背景にある。どちらも大手メーカーの製造だから信頼性を増していると言えるな」

３人は議論を交わして、分かりやすい効果、販売チャネル、信頼性というポイントを発見した。

遼平は仕上がったベンチマーク調査と、二人のヒアリングの結果を活かして、来週の企画立案に繋げていくことにした。

プロフェッサー緑川幹夫の教え その4

▼他社のヒット要因からヒントを掴め

✧対象とするターゲットにヒットしている他社の商品を研究することで、ターゲットの思考特性、行動特性を探ることができる

✧思いつく商品を、提供する価値（コスト削減・ベネフィット提供など）で分類し、それぞれの商品のもたらす効用を整理する

▼模倣戦略のポイントを確認する

✧他社からの学びは、そのまま模倣する（正転模倣）パターンと、反面教師のようにベンチマークの特徴を裏返して自社に応用する（反転模倣）パターンがある

✧正転模倣は、自社向けにアレンジしたり、本質を見極めることで、自社の取り組みにフィットさせることができる

▼キーワードからターゲットの意識特性を掴め

✧狙っているターゲットのニーズにおけるキーワードを探索することで意識の特性を見出すことができる

✧例えば有職主婦の簡便思考の裏にはどのような意識があるのか探索していく

▼ベンチマーク商品の成功要因を分析せよ

✧ヒット要因を分析する切り口は、まずはコンセプト、商品概要を整理し、定性的な口コミ情報を閲覧する

✧ヒット要因を仮説設定し、後のマーケティングリサーチに備える

第 5 章

企画を立てる

01 コンセプトは新事業の指南書

▼コンセプトを構成する４つの要素

翌週の朝、遼平は緑川からのレクチャーを受けていた。新事業戦略を立てるにはコンセプトを固めなければならない。コンセプトの構成要素やそのポイントについて学ぶ必要があったのだ。

「新しい事業戦略や新商品を企画する際には、コンセプトをまとめることが有効だ。コンセプトとは、〈概念〉〈全体を貫く基本的な概念〉と訳され、作品を作る際の意図・思い・目的を簡潔にまとめたもののことをいう」

そう言って緑川は、ビジネスで使う場合のコンセプトの基本要素を挙げた。

①ターゲット
②ニーズ
③商品・サービス
④ベネフィット

図表52-1 コンセプトを構成する4つの要素

①ターゲット	誰に対して価値を提供するのか
②ニーズ	どのような不具合、欠乏に着目するか
③商品・サービス	価値を提供する手段
④ベネフィット	結果として顧客が享受するもの、便益

「この4つの観点で、検討している事業を明確に記すのだ」

緑川はホワイトボードにポイントを書きはじめた。

「誰のどんなニーズに着目し、それをどう解決していくのか商品・サービスに落とし込むことですね」

「そうだ。結果としてどのような便益、メリットを提供できるのか、ここまで端的にまとめるのだ」

緑川は続けて企画書の話をした。

「企画書を何十枚も資料にする奴がいるが、そういう奴に限って自分の考えがまとまっていないものだ。コンセプトという必要最低限のフォーマットに分かりやすくまとめる過程には、自分の考えを整理、ブラッシュアップしていくという側面もある。枚数は少ないが、小さな文字がびっしり詰まっているものもある。企画を聞く立場からすれば、非常に大きな抵抗感を受ける。自分自身の活動方針ならばそれで良いが、会社組織で展開する新事業企画書としては、相応しくない」

「考えを端的にまとめることで、人の心を動かし、行動を促すことができるということですね。ある意味、枚数多く説明することは容易いことですからね。1枚のシートにまとめるには、情報量を絞り、言葉を厳選しなければならない。そうした作業そのものが、企画の精度を向上させるということですね」

遼平は改めて企画書というものの意義を学んだ。

「素晴らしい考え、画期的なものでも、他者に伝えることができなければ、価値を高めることはできない。マーケティングは一人でやるものではなく、組織でやるものだからだ。関わる人々全てに伝えることができ、理解してもらうことができて初めて良い企画と言える」

「緑川さん、アドバイスありがとうございました。この枠組みで議論してみます」

▼コンセプトの議論――ニーズ

昼過ぎ、3人は会議室に集まっていた。

「いよいよ新事業構想の仕上げ段階だ。これまで集めたターゲットの情報やベンチマーク商品の情報を活用してコンセプトに練り上げていく。コンセプトを考えるには、ターゲット、ニーズ、商品・サービス、ベネフット、この4点を明確にすることが重要だ」

「ターゲットしかまだ決まっていないんですね」

「そうだ。これまで得た知見を、コンセプトに集約させていくんだ。まずはターゲットのニーズについて考えていこう。ターゲットの特性やベンチマークを再度確認すると…」

そう言って遼平はこれまで分析したことを箇条書きにまとめた。

- 夫や子どもから手抜きをしていると言われたくない、少しでも手を加えて料理を作りたい
- 時短・簡単に調理できることよりも「栄養バランスや健康増進」を重視している
- 商品そのものの使い方について具体的に知りたい
- 効果が分かりやすい栄養素に飛びつきやすい
- 大手メーカー製造による効果の信頼性

「これが正しいかどうか。加えて栄養素の認知が問題だな。葵さん、栄養士のお姉さんの話はどうだった？」

「予想した通りなんですが、カルシウムは認知が高いですが、ビタミンAやビタミンB1はあまり知られていないようです。栄養指導する時にビタミンAやB1を多く摂るように言うらしいんですが、それらの栄養素にどんな機能があって、どんな食品から摂取できるのか、一から説明しているようです。それに対してカルシウムだとどんな人でもほぼ共通の認識を持てるようです」

「義姉も同じでした。栄養素入りのドリンクはママ友の間でも有名だそうです。幸い兄夫婦は身長が高く、あまり甥っ子の身長は気にしていませんでしたが…」

　と敦もヒアリング内容を共有した。

「なるほど。子どものおやつに関してはどうだった？」

「義姉は自分が日中子どもの世話をできないので、自分のお母さんに家まで来てもらっていることが多いそうなんです。おばあちゃんだから孫に甘くて、甥っ子の欲しがる甘いお菓子ばかり与えているので栄養の偏りについては気にしています」

「なるほど、少数意見だけど実際のターゲットだけに参考になるなぁ」

ベンチマーク情報、定性情報をもとにターゲットのニーズについて考える3人は、議論の結果、以下のニーズに着目することにした。

- 自分がいない時間でも、子どもにはバランス良く栄養を補給させたい
- そのまま食べても、少し手を加えてもおいしくいただける菓子を子どもに与えたい
- 摂取することによる効能や効果的な摂取方法を分かったうえで、必要な栄養素を摂取させたい

遼平はホワイトボードにまとめて言った。

「このニーズはあくまでも仮説に過ぎない。コンセプトの受容性を確認するとともに、こういったニーズが高いかどうか検証する必要がある」

「そうですね。あくまで仮説ですものね。調査する際にはこの仮説を検証しましょう」

と葵が同意した。

「なるほど、コンセプトとニーズを一度に聞いてしまうんですね。課長、外れたらどうするんですか？」

「敦、良い質問だ。そのためにもニーズについては複数考え、調査項目に入れ込んでおき、後で軌道修正していくんだ。コンセプトも同様。葵さんのお姉さんに聞いたがあくまで定性情報だから、栄養素についてもチェックしておく必要がある」

02 潜在ニーズを解決するアイデアを発想する

▼アイデア発想の方法

　ニーズの仮説ができたところで次は、それに対してどのように解決するか、アイデア発想が必要だ。そこで、遼平はアイデア発想についての話をした。

「エジソンやアインシュタインなどの偉人はどうして革新的な発明をすることができたと思う？」

　敦は答えた。

「そりゃあ天才だからでしょ。生まれ持った頭脳が我々凡人とは違うってことだと思います」

「そうだな。60点といったところだ。もともとの頭脳もあるかもしれないが、執念深く考えられるかどうかが大きな差なんだ」

「よく偉人たちの幼少期は変わっていたと聞きますね」

と葵は言う。

図表53 アイデアの質と量の関係

- 天才と言われる人はひとりでも一定時間に数多くのアイデアを一生懸命に思い浮かべる努力ができる。だから、質の高い、役に立つアイデアもそれに比例して生まれる。
- 凡人はグループになることで天才のひとり分のアイデアに相当する数を出し合って、天才に匹敵する質のアイデアを生むことができる。。

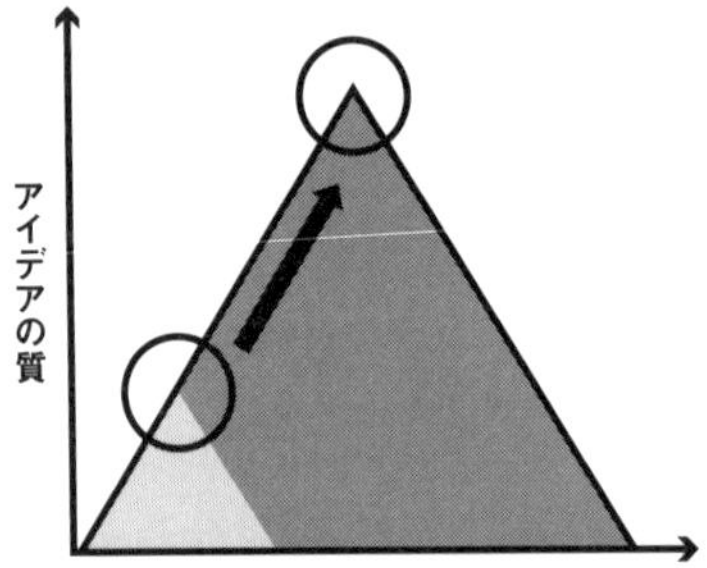

「何か考えることがあると、周囲に構わずひたすら考える努力をすることができる。それが世紀の大発明を生み出すということなんだ。どれだけ問題を解決するアイデアを出せるかどうかにかかっている。アイデアの量と革新性は相関する」

「たくさんのアイデアの中から素晴らしいアイデアが生まれるということですね」

「そうだ。じゃあ凡人はいつまで経っても良いアイデアを出せないじゃないかというと、そうでもない。凡人はグループで偉人に匹敵するアイデアの量を出すことにより、素晴らしいアイデアを生むことができる。だから皆で発想するのが有効なんだ」

「なんか楽しそうですね」

「そう、楽しみながらアイデア発想することで、長期間考えることができる。楽しく発想することは大量のアイデアを出すのに必要な要素といえる。ということで、今回はブレーンストーミングをやってみよう」

「ブレストですね。それなら前にもやったことがあります。ただ何となく世間話の延長のようで、あまり効果があるとは思わないのですが…」

と懸念するのは元広報部の葵だ。

「それは正式なブレストではなかったかもしれない。ブレストにはルールがあるんだ」

そう言って遼平はホワイトボードにルールを書き出していった。

「アイデアの量が大事だと言ったが、大量のアイデアが出るように、場作りが大事なんだ。なんでもないアイデアや、一見するとばかげていると思われるアイデアに触発されて素晴らしいアイデアが生まれることもある。だから決して人のアイデアを批判してはいけない。それを徹底しないと上手くいかない」

「そうですね。前回実施したときは部長がいたので皆遠慮して柔軟なアイデアを出しづら

図表54 ブレストのルール

■ 批判厳禁

☆ アイデアの内容を決して評価・批判してはいけない

■ 自由奔放

☆ 何でも自由に発言する

☆ 善し悪しの判断を勝手に自分でしない

☆ 奇想天外なアイデアが他のメンバーを刺激してさらに良いアイデアを生むことが多い

■ 質より量

☆ 出し惜しみせずどんどん発言する

☆ 最初から高い質を狙わず、とにかくたくさんの量を出すこと

■ 結合・改善

☆ 他人のアイデアをヒントにしたり、組み合わせることで、さらにアイデアの質を高めることができる

☆ どんどん他人のアイデアに相乗りする

い雰囲気でした」

「マーケティング課なら大丈夫ですね。自由な意見が出せそうです」

と敦は安心した。

「3人だと人数が少ないので、今日は私の営業部時代の部下2名を呼んである」

営業部員2名を加え5人で、ブレストのルールに則り早速アイデア発想をすることとなった。

午後から開始したブレストの結果、100個のアイデアを創出した。営業部の二人にお礼を言って、その日は解散となった。

1. 1日に必要なカルシウム量をおいしく摂れるチョコレート
2. ビタミンA補充　レバー串揚げカツ（駄菓子屋風）
3. みなとや通信販売限定で定期購入
4. まめまめスナック
5. 大豆イソフラボン入りビスケット
6. お菓子チーズ
7. カルシウム入りビスケット
8. ビタミンA補給ミルクビスケット
9. 冷やしておいしいビタミンゼリー（目が冴えるビタミンA／疲労回復ビタミンB1／骨が強くなるカルシウム）
10. まめまめミニカッププリン
11. 子どもの日　体育の日に特別バージョン発売
12. 部活応援隊！ビタミンB1で疲労回復、チョコピーナッツバー

……

100. 手軽にビタミン補給スムージーの素（豆乳や牛乳と混ぜて美味しくいただく）

▼アイデアの選び方

翌日、3人は再び集まってコンセプト作りの続きを行った。

「課長の言う通り、皆でブレストするとあっという間に100個のアイデアが出ましたね」

「営業部のお二人は体育会系だからビタミンB1＝疲労回復という点に着目されていました。文科系の私たちにはない発想でした。有意義でしたね」

二人はブレストの意義を再確認していた。

「そうだな。同じ所属や年齢が近い人だと同質の意見しか出ないが、いろんな属性の人がアイデアを出し合うことによって面白い化学反応が得られる。マーケティング課として手法も確立していきたいところだ。昨日は、直接的な商品アイデアから販売方法やプロモーション方法までいろいろ出たが、特に制限を設けなかったのが良かったのかもしれない。通常はもっともっと考えを深めていくのだが、今回のところはこれでいこう」

そう言って、100個あるアイデアの中から選び出す作業に入っていった。

「アイデアの絞り込みを行うにはロジカルシンキングのイシューアナリシスが活用できる。

図表55 **アイデアの評価軸**

評価軸	評価項目(例)
実現可能性	技術力 … 自社が保有する技術で解決できるか
	ブランド適合 … ブランドが目指す方向性と合致しているか
効果性	ニーズ解決度合 … ニーズに応えられるか
	ベネフィット … 便益を提供できるか(機能的・情緒的)
	インパクト … 商品特徴を最大化するインパクトがあるか
ビジネス性	対象人数 … 解決施策に合致する(響く)顧客数
	収益性 … コストに対する見返りが期待できるか(需要増加)

イシュー（Issue）とは論点・課題・問題と訳し、論理を構造化する際に、『論じるべきか』のイエス・ノーによって、その後の事態の展開が大きく左右されるような重要事項のことを言う。複数案ある際に最も重要で取り上げるべき課題を見出すやり方だ」

「イシューですか。また横文字が出てきましたね」

「イシューアナリシスは、仮説として設定したアイデアの中から、何に対して取り組むのかを結論付けることだ。評価軸をもってロジカルに選定していく」

と言いながら遼平はホワイトボードに評価軸を書き出した。

図表56 アイデアを3つの軸で評価していく

		実現可能性	効果性	ビジネス性	総合得点
1	1日に必要なカルシウム量をおいしく摂れるチョコレート	5	2	1	8
2	ビタミンA補充 レバー串揚げカツ（駄菓子屋風）	3	2	2	7
3	みなとや通信販売限定で定期購入	5	3	4	12
4	まめまめスナック	4	3	2	9
5	大豆イソフラボン入りビスケット	5	3	2	10
6	お菓子チーズ	4	5	2	11
7	カルシウム入りビスケット	5	3	4	12
8	ビタミンA 補給ミルクビスケット	5	1	1	7
9	冷やしておいしいビタミンゼリー（目が冴えるビタミンA／疲労回復ビタミンB1／骨が強くなるカルシウム）	4	5	4	13
10	まめまめミニカッププリン	2	2	2	6
11	子どもの日、体育の日に特別バージョン発売	5	3	2	10
12	部活応援隊!ビタミンB1で疲労回復、チョコピーナッツバー	5	3	5	13
⋮	⋮	⋮	⋮	⋮	⋮
100	手軽にビタミン補給スムージーの素（豆乳や牛乳と混ぜて美味しくいただく）	5	5	5	15

3人は100個のアイデアについて3つの評価軸をそろえ、それぞれ5点満点で評価していった。

「課長、実現可能性は当社開発レベルや技術レベルで判断できますが、効果性やビジネス性は実際にターゲットに聞いた方が正確じゃないですか？」

と評価しながら敦は考えた。

「そうだな。本来はそうすべきだ。ただ100個をアンケート調査で実施することは現実的ではない。だから社員や社員の家族や友人などの身内でアンケート調査を実施して、選択するというやり方がとられることが多い」

遼平は答え、まずは100個それぞれ

の評価を終わらせた。

その結果、最も総合得点が高かったのは以下の3つだ。

●冷やしておいしいビタミンゼリー（目が冴えるビタミンA／疲労回復ビタミンB1／骨が強くなるカルシウム）
●部活応援隊！ビタミンB1で疲労回復、チョコピーナッツバー
●手軽にビタミン補給スムージーの素（豆乳や牛乳と混ぜて美味しくいただく）

「結果的に絞り込まれた3つのアイデアは何となく良い感じがしますね」

3人は商品・サービスのアイデアを大方掴み、満足してその日は解散した。

葵と敦が帰った後、マーケティング課に来た緑川に、遼平はこれまでの経緯と導き出した3つのアイデアについて説明した。緑川は出されたアイデアを見ながら言った。

「大分仕上がってきたという感じだな。あとは3つのアイデアをベースにコンセプトを仕

上げていこう。その際には2次データで補強するといい。あくまでも3つのアイデアは仮説に過ぎない。それを最終アンケートで検証するのだが、事前の準備をしっかりすることによって、アンケート調査を最大限活用することができる」

「分かりました。今週中に3つのアイデアをブラッシュアップしていきたいと思います。ありがとうございました。また相談に乗ってください」

03
2次データによるコンセプトの検証とブラッシュアップ

▼アンケートをとるまでに懸念点を解消する

緑川の去った後、遼平はこれまでの議論を踏まえ、コンセプトを整理した。アイデア発想は皆で楽しく、自由に発想することができたが、その分思い込みで考えを進めている部分も無きにしも非ずだ。そこでニーズと商品・サービスの展開で論理的な裏付けのない発想に飛んでしまっている事項を抽出してみることにした。

- 栄養素とクローズアップする効用の組み合わせ（ビタミンAと「目が冴える」、B1と「疲労回復」など）
- そもそもカルシウム以外のビタミンA、B1がどれほど認知されているのか？
- 菓子で効用をどれほど訴求してもいいのか？　薬事法の関係
- ターゲットの規模（世帯数）は魅力があるのか

図表52-2 **コンセプトを構成する4つの要素　途中段階**

①ターゲット	30～50代前半の子どもがいる共稼ぎ世帯
②ニーズ	・自分がいない時間でも、子どもにはバランス良く栄養を補給させたい ・そのまま食べても、少し手を加えてもおいしくいただける菓子を子どもに与えたい ・摂取することによる効能や効果的な摂取方法を分かった上で、必要な栄養素を摂取させたい
③商品・サービス	・冷やしておいしいビタミンゼリー（目が冴えるビタミンA／疲労回復ビタミンB1／骨が強くなるカルシウム） ・部活応援隊！ビタミンB1で疲労回復、チョコピーナッツバー ・手軽にビタミン補給スムージーの素（豆乳や牛乳と混ぜて美味しくいただく）
④ベネフィット	

思い返してみるとコンセプト作成まで、ある種勢いに乗って作業を進めてきた。ベンチマーク商品に多少引っ張られてきたところもある。またプロセス毎に懸念があったものを忘却している部分もあるのではないかと思いはじめた。そこでこれまでの2次データ分析で懸念とされている事項も整理してみた。

- 大人の菓子需要
- 菓子購入チャネル

これらの事項を整理した後ベネフィットを検討することにした遼平は、翌朝葵と敦を呼び、消費者アンケートまでに検

図表57 検証すべき事項と検証手法

	検証すべき事項	検証手法
1	栄養素とクローズアップする効用の組み合わせ(ビタミンAと目が冴えるなど)	消費者調査
2	栄養素の認知度	2次データ（消費者）
3	菓子の効用訴求	広報部確認
4	ターゲットの規模（世帯数）	2次データ
5	大人の菓子需要	2次データ（消費者）
6	菓子購入チャネル	2次データ（消費者）

証すべき事項について説明した。

「コンセプトの整理ありがとうございます。分かりました。敦さんと手分けして、ひとまず2次データで検証できるかどうかネット検索、国会図書館での閲覧など実施していきます」

「私は広報に効用の確認をしておく。少し先の話になるが、必要なことだからな。敦も頼んだぞ」

「分かりました」

そうして二人は検証すべき事項と検証方法を表にして管理することにした。

葵は敦と情報収集の分担を決めた。〈2〉栄養素の認知度と〈4〉ターゲットの規模、〈5〉大人の菓子需要につい

図表58 サプリメントに関する調査

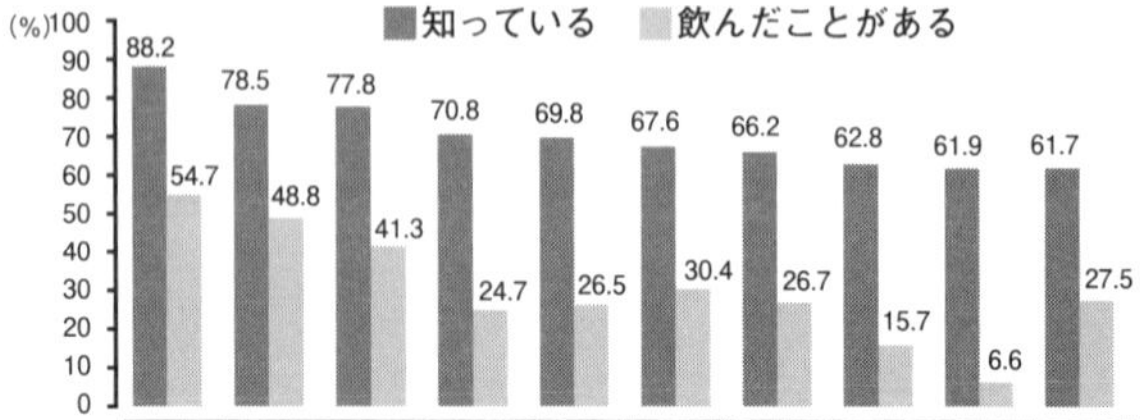

	マルチビタミン	ビタミンC	鉄分	コエンザイムQ10	カルシウム	ビタミンB群（B1、B2、B6、B12）	葉酸	亜鉛	ビタミンA	マルチミネラル
知っている	88.2	78.5	77.8	70.8	69.8	67.6	66.2	62.8	61.9	61.7
飲んだことがある	54.7	48.8	41.3	24.7	26.5	30.4	26.7	15.7	6.6	27.5

㈱バルク調べ（2015年11月）

てはインターネット検索で情報を収集することができそうだった。〈6〉菓子購入チャネルについてはネットで検索したところ、富士経済から出版されている「スイーツ市場のチャネル別需要分析調査」が適切であることが分かったのだが、詳しいデータはネットからは検索することができなかった。国会図書館の検索システム「NDL-OPAC」で検索したところ閲覧できそうだったので国会図書館へ出向くことにした。

2日後、葵と敦は、集めてきた資料について遼平に説明をした。

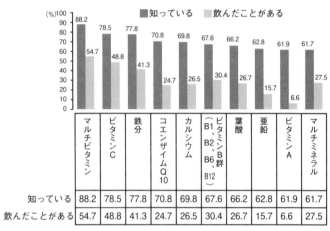

「まず〈2〉栄養素の認知度についてです。アンケートデータが、30代～40代女性（バルクルーメンバー）ということでターゲットとは若干ずれていますが、一般的な認知度として、カルシウムとビタミンB群については認知率が約70％と高率です。ビタミンAに関しても約60％の人が認知しています」

「思ったよりも高い認知率だ。6割の認知率ということは、Webサイトで成分や摂取することによる効用を伝えることによって、必要性を訴求することができるかもしれないな」

「アンケート調査で確認する必要はあると思いますが、現時点はアイデア通り子どもに必要な3種の栄養素をお菓子から取り入れるという方向性でいけますね」

とまとめた敦に、遼平と葵はうなずいた。

「続いて〈4〉ターゲットの規模についてです。ターゲットとする『30代～50代前半の子どもがいる共稼ぎ世帯』は、合計で約830万世帯あり、全世帯の15％を占めています（平成27年国勢調査より算出）。潜在的な市場、専業主婦の世帯も含めると1200万世帯を超えており、市場規模としては十分であると考えます」

図表59 共稼ぎ世帯の規模

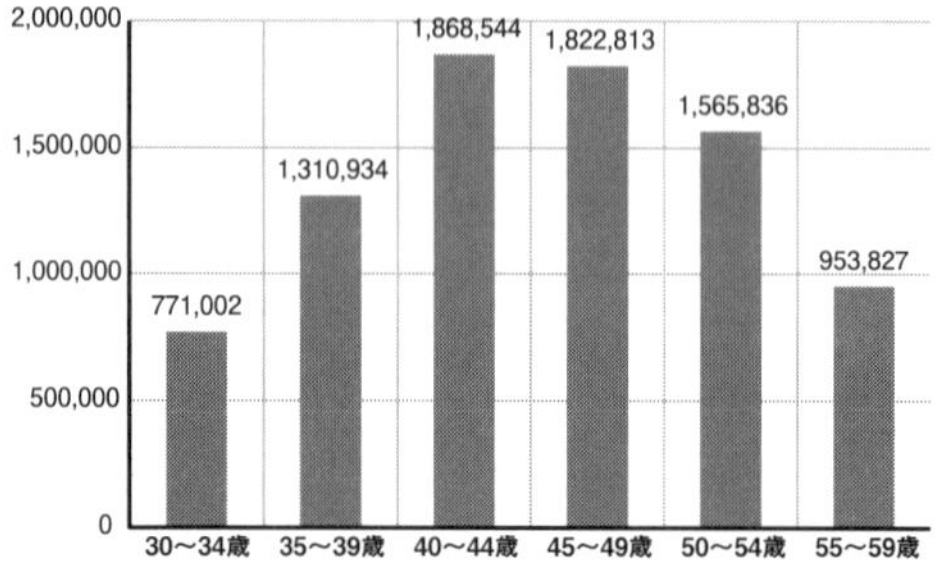

	夫婦と子ども	母子父子	子どものいる世帯計	労働力率	共稼ぎ世帯
30～34歳	1,134,016	168,352	1,302,368	59%	771,002
35～39歳	1,763,474	291,282	2,054,756	64%	1,310,934
40～44歳	2,194,186	502,125	2,696,311	69%	1,868,544
45～49歳	1,892,713	577,223	2,469,936	74%	1,822,813
50～54歳	1,580,194	556,008	2,136,202	73%	1,565,836
55～59歳	1,255,761	462,846	1,718,607	56%	953,827
合計	9,820,344	2,557,836	12,378,180		8,292,955

国勢調査の世帯数統計と労働力調査の女性の労働力率を掛け合わせて算出
（労働力率の55～59歳は、5歳刻みのデータが表示されていなかったので55～64歳の比率を代用）

と葵が言うと遼平も同意した。

「国勢調査と労働力調査の女性の労働力率を掛け合わせたのか、結構な市場規模と言えるな。ＯＫだ！」

続いて敦は〈５〉大人の菓子需要（１人当たり）について発表した。参考データは「仕事中に菓子を食べる頻度」だ。

「家計調査では大人の菓子需要が仮説として考えられましたが、こちらの調査結果から、お菓子需要を支えているのは女性と若い男性と言えます」

「女性は30代で一旦落ち着きますが、40代になると再び20代と同じ水準に戻りま

図表60 仕事中に菓子を食べる頻度

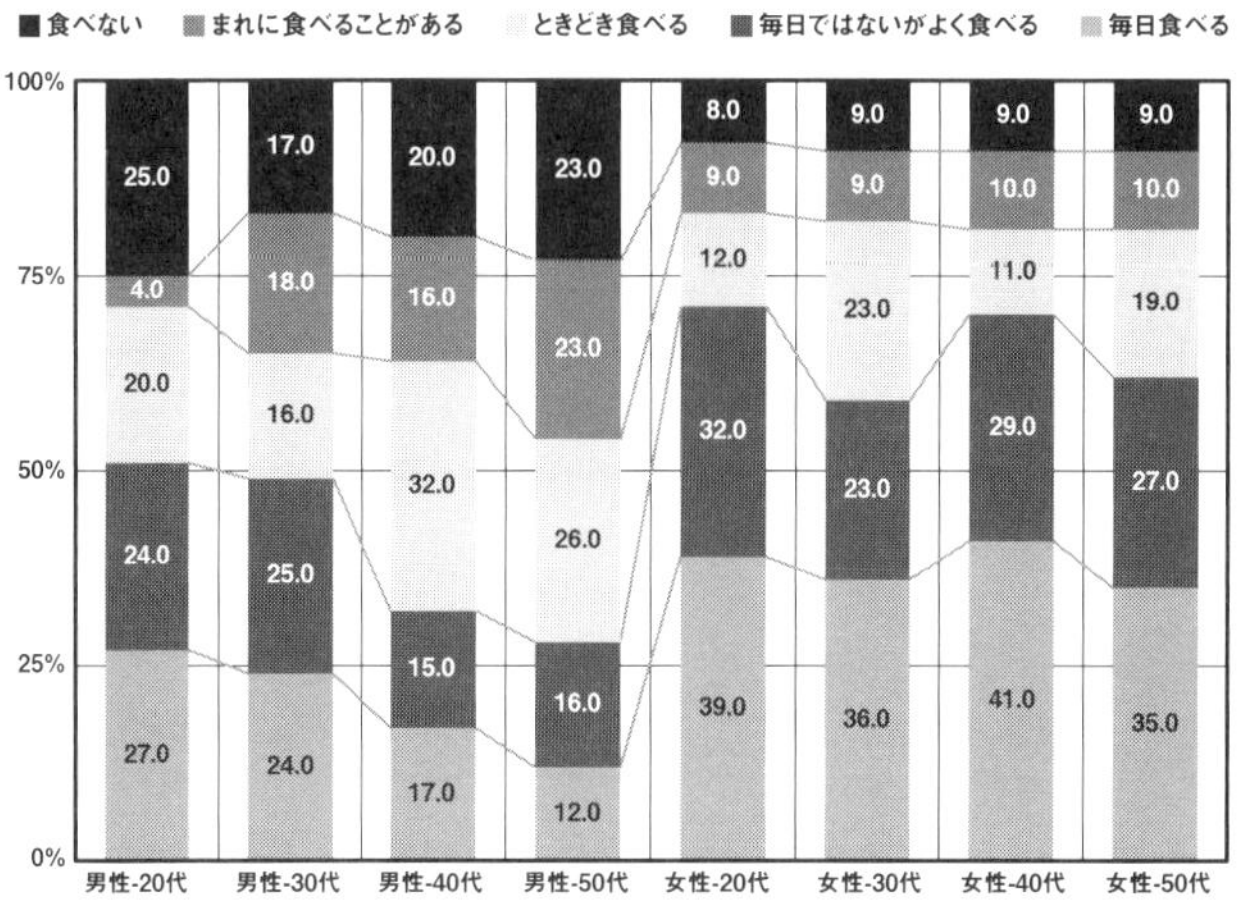

「仕事中の間食に関するアンケート」2014年11月マーシュ調べ

す」

　と葵が補足した。

「男性は見事に年齢によって菓子頻度が増減します。20代、30代はあきらかに40代、50代とは異なりますね」

「仕事中に食べるお菓子という括りでいうと、飴、チョコレート菓子が多いです。女性はチョコレート菓子、男性はガム、タブレットが上位にランクインしているのが特徴です。どちらも20代〜40代が多い。おそらく次の質問のとおり、気分転換、リフレッシュ目的でガムやタブレットを食べているのではないかと考えられます」

「女性は男性と比較して万遍なくという

図表61 仕事中に食べることがあるお菓子

（単位：%）

（複数選択）	男性-20代	男性-30代	男性-40代	男性-50代	女性-20代	女性-30代	女性-40代	女性-50代
飴（キャンディー）	57	60	63	70	69	71	76	77
チョコレート菓子	41	47	45	42	83	74	70	73
ガム	61	60	64	49	50	52	52	45
焼き菓子（クッキー、ビスケット）	28	28	33	29	64	59	63	58
タブレットミント（フリスク、ミンティア）	48	46	43	35	46	46	54	51
米菓（せんべい、おかきなど）	21	30	40	42	45	46	53	47
スナック菓子	27	31	33	26	41	37	33	36
グミ菓子	28	16	8	4	51	50	30	34
和菓子（饅頭、餅、団子など）	15	11	21	21	29	34	31	32
栄養補助食品（カロリーメイト、1本満足バー）	21	16	14	14	29	34	29	24
ドライフルーツ・ナッツ	11	10	8	4	27	33	25	22
アイス	16	13	19	9	21	25	17	20
ケーキ	9	11	5	4	19	23	14	18

「仕事中の間食に関するアンケート」2014年11月マーシュ調べ

か食べた経験のあるお菓子が多いですね。男性と比較すると焼き菓子が多いのも特徴です。20代、30代はグミ菓子が多いです」

と、葵もグラフを見ながら考えた。

「世代の差が顕著に表れている結果だな。栄養補助食品は低位だな。子ども用を狙いつつ、親世代も取り込めると思ったが、別々に考えた方が良いらしい」

と遼平は考察した。

葵は続けて3つ目の調査結果を共有した。

「最後はお菓子が食べたくなるとき、お菓子を食べる動機です。最も多いのが、小腹が空いたとき。長時間労働するとお

図表62 仕事中にお菓子を食べたくなるとき

（単位：%）

（複数選択）	男性-20代	男性-30代	男性-40代	男性-50代	女性-20代	女性-30代	女性-40代	女性-50代
小腹が空いた時	73	65	49	57	86	85	85	76
気分転換・リフレッシュしたい時	60	48	59	56	64	67	74	68
ひと休みしたい時	29	25	23	27	46	42	46	51
ストレスを感じた時	33	31	23	21	46	39	43	35
なんとなく口寂しい時	27	22	24	30	44	42	43	35
眠い時	28	16	25	22	37	32	42	36
食後のおやつが欲しい時	20	19	14	13	50	37	32	28
イライラした時	31	24	16	9	36	28	39	28
集中したい時	21	15	10	8	20	31	22	13
口臭が気になった時	19	8	15	10	17	15	13	14
タバコが吸えない時	8	2	6	9	1	7	1	3
その他	-	-	-	1	-	-	2	1

「仕事中の間食に関するアンケート」2014年11月マーシュ調べ

腹も空きますからね。男性よりも女性の方が、全般的に高比率なのが特徴です。特にひと休みしたいときやストレスを感じたときが多いです」

「若い男性もストレスを感じたときにお菓子を食べたくなると出ています。私も情報収集するようになってタブレットを買うことが多くなりました」

と言いながら、敦はちらっと遼平を見た。

「ストレスってことか？」

「あっ、すいません」

ポケットのタブレット菓子を取り出してしまう敦を見て、遼平は苦笑いした。

「なるほど、オフィスでお菓子を食べる

シーンは様々ありそうで、大人需要もサブコンセプトとして考えても良いかもしれないな」

「そうですね。オフィスグリコのチャネルも活用できそうですし」

「なんっすか？　それ」

葵は説明した。

「オフィスグリコは、オフィス向けの置き菓子のサービスのこと。お菓子ＢＯＸと貯金箱を設置して、社員は貯金箱にお金を入れて好きなお菓子をとる。料金は一律１００円。２週間に1回くらいで江崎グリコの人がお菓子の補充と貯金箱の回収を行うという仕組み。昔の富山の薬売りシステムね」

「オフィスグリコは他社商品も品揃えしていることもあるから、チャネルとして活用できるかもしれないな」

そのまま〈6〉菓子購入チャネルの話題になった。

「菓子購入チャネルについて国会図書館で調べてきました。図書館のパソコンでデータ検索したところ科学技術経済室の書架にあるとの表示で、少し迷いましたが係員さんに尋ね

図表63 市販用チャネル別販売動向

	量販店		CVS		ドラッグストア		その他		合計
チョコレート（チョコレート菓子含む）	139,800	46%	68,700	23%	14,800	5%	77,500	26%	300,800
米菓	135,250	63%	29,350	14%	9,800	5%	38,700	18%	213,100
ビスケット・クッキー	78,700	53%	36,800	25%	15,750	11%	18,000	12%	149,250
ガム	28,450	32%	35,300	40%	14,000	16%	10,050	11%	87,800
豆菓子	43,600	52%	20,200	24%	10,000	12%	10,000	12%	83,800
ハードキャンディ	38,400	55%	19,000	27%	3,150	5%	9,000	13%	69,550
口内清涼菓子	6,600	15%	23,050	53%	4,400	10%	9,250	21%	43,300
ミント系錠菓	4,650	13%	19,250	53%	3,900	11%	8,700	24%	36,500
玩具・雑貨菓子	27,100	80%	4,600	14%	600	2%	1,600	5%	33,900
グミキャンディ	13,500	41%	12,200	37%	2,650	8%	4,300	13%	32,650
ソフトキャンディ	15,800	49%	8,500	26%	1,200	4%	7,000	22%	32,500
のど飴	16,550	54%	8,450	28%	1,750	6%	3,850	13%	30,600
半生ケーキ	18,400	63%	6,600	23%	2,000	7%	2,300	8%	29,300
かりんとう	8,550	48%	950	5%	2,000	11%	6,150	35%	17,650
菓子パイ	11,900	73%	3,100	19%	550	3%	800	5%	16,350
プレッチェル	8,150	64%	3,650	29%	650	5%	300	2%	12,750
甘納豆	2,350	23%	700	7%	400	4%	6,650	66%	10,100
クラッカー	6,900	69%	1,600	16%	800	8%	750	7%	10,050
ドライフルーツ	8,150	82%	500	5%	450	5%	900	9%	10,000
ウエハース菓子	3,000	34%	700	8%	3,250	37%	1,800	21%	8,750
レトルト素材菓子	4,200	55%	2,750	36%	350	5%	400	5%	7,700
スナック梅	1,800	30%	2,450	41%	500	8%	1,200	20%	5,950
ゼリー菓子	3,170	67%	100	2%		0%	1,430	30%	4,700
合計	598,470	50%	287,750	24%	88,950	7%	217,280	18%	1,192,450

食品マーケティング便覧 2016年 富士経済

て何とか『スイーツ市場のチャネル別需要分析調査』にたどり着くことができました。ただ内容を見ると、弊社の検討している菓子はいわゆる流通菓子というジャンルのようで、今一つ適切なデータはありませんでした。関連する書籍が書架にあったので眺めていると、同じ富士経済から出している『食品マーケティング便覧』に市販用チャネル別販売動向を見つけました。これがパソコンに転記したデータです」

そう言って葵はデータを見せた。

「なるほど、流通菓子、いわゆる市販されている菓子は、概ねスーパーマーケットなどの量販店が全体の5割を占めているのか」

「そうですよね。やっぱりお菓子はお母さんが買ってきてくれるものっていうイメージですもん」

「みなとやが販売しているチョコレートやビスケット・クッキーはコンビニも多いけど、やはり量販店、スーパーマーケットが多いわね。一応各カテゴリー別にチャネルのシェアを算出、グラフ化しておきました」

「このようにグラフ化すると傾向が見えてくるな。菓子パイやクラッカー、ビスケットな

図表64 市販用菓子チャネル別販売動向

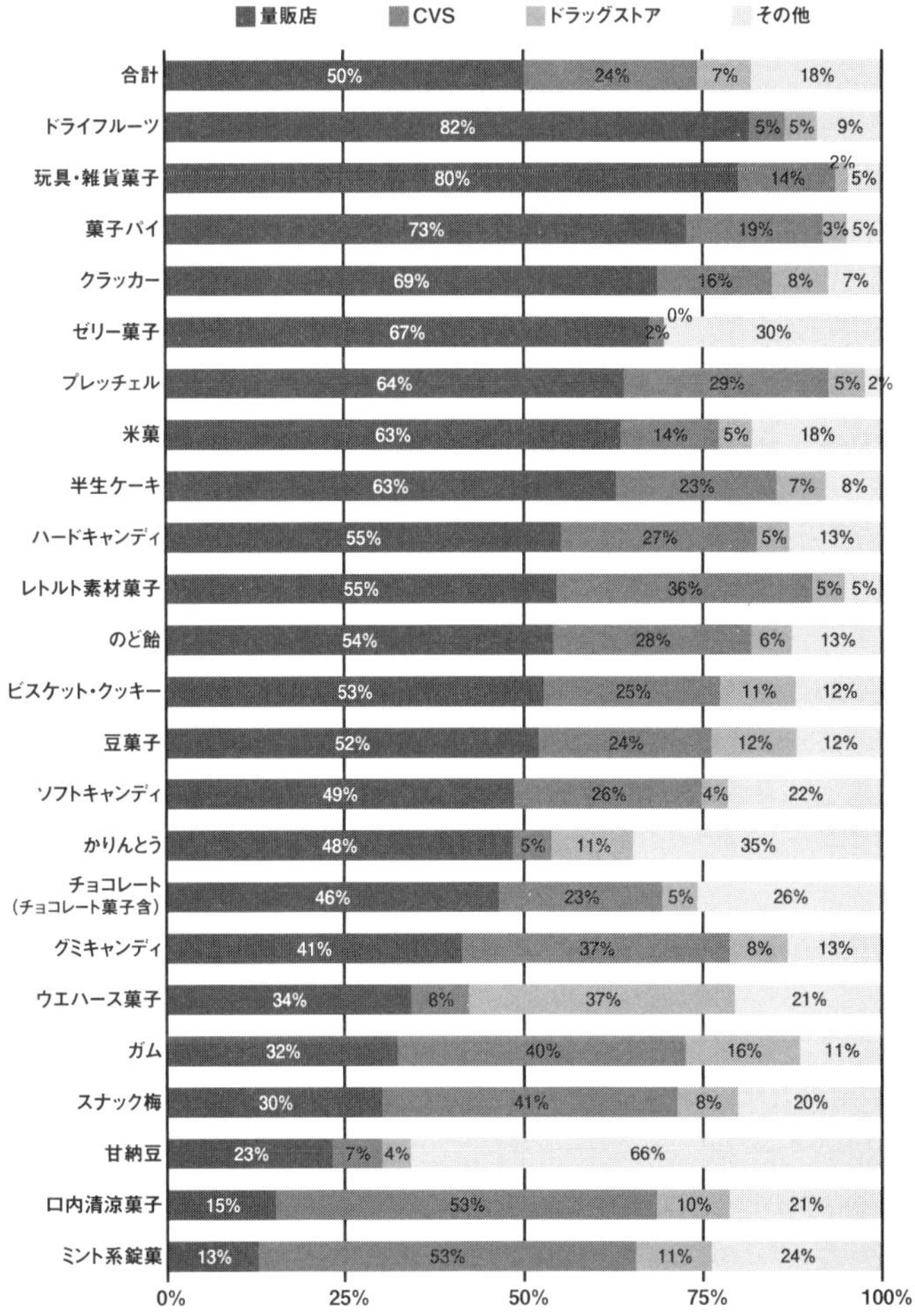

食品マーケティング便覧2016年 富士経済

ど、家で子どもと食べる菓子は量販店が多い」

「そうですね。ざっくり考えると量販店がシェア5割を超えるカテゴリー（豆菓子まで）は、ファミリー用と言えますね。それ以下はコンビニ主体の商品が多くなります」

と葵が言うと、敦も重ねた。

「グミキャンディはオフィスで若い女性が食べているという統計を見つけました。オフィスで食べる菓子はコンビニですね。ガムや口内清涼菓子やミント系もそうですね。ファミリー用に対して個人用ってことですね」

「既存の流通チャネルを使った場合には、量販店とコンビニ、ドラッグストアなど広げて考えたいが、目的とターゲットの特性を考えて、重点チャネルを検討すべきだな」

大まかに考えていた構想だが、少しずつ輪郭が見えてきた。

「今回、メインは子どもの栄養を考える有職主婦ですから、スーパーマーケットですかね」

「そうだな。オフィス近くのコンビニでは買わんだろうな。ONモードのときにあまり子どもの栄養について考えないだろうから、やはり土日、平日の夕方にスーパーマーケットという購買シーンを狙うべきだろうな。あとはメーカー直販サイトで展開するか…。いずれにしても販売チャネルについてはＷｅｂアンケートで検証してからだな」

「さっき挙がっていたサブのコンセプト、オフィスで食べる菓子ならコンビニメインですね」

　葵がそう言ったところで、懸念点については一旦クリアになり、続いてベネフィットの整理に入っていった。

▼ベネフィットを創造する

「そもそもベネフィットってなんでしたっけ？」

　敦が聞いた。

「その商品を得ることによる便益、平たく言うと〝ごりやく〟ね」

「おいしく継続することができる、とかそういうことですかね」

「そうだな。ベネフィットには子どものベネフィットと親のベネフィットがあるよな」

　遼平のコメントに葵が反応する。

「親だと、日中世話をすることができない子どもの栄養管理を徹底することができる、とかですかね」

「子どものことを考える時間を節約できるというのもあるかもな。主婦の悩みとして大きいのはその日の献立を考えるのが負担という話を聞いたことがある」

遼平は3人で話した内容をまとめ、コンセプトの表を完成させた。

図表52-3 コンセプトを構成する4つの要素　完成

①ターゲット	30～50代前半の子どもがいる共稼ぎ世帯
②ニーズ	・自分がいない時間でも、子どもにはバランス良く栄養を補給させたい ・そのまま食べても、少し手を加えてもおいしくいただける菓子を子どもに与えたい ・摂取することによる効能や効果的な摂取方法を分かった上で、必要な栄養素を摂取させたい
③商品・サービス	・冷やしておいしいビタミンゼリー（目が冴えるビタミンA／疲労回復ビタミンB1／骨が強くなるカルシウム） ・部活応援隊！ビタミンB1で疲労回復、チョコピーナッツバー ・手軽にビタミン補給スムージーの素（豆乳や牛乳と混ぜて美味しくいただく）
④ベネフィット	【親のベネフィット】自分がいない間でも安心して、子どもの栄養バランスを整えることができる 【子どものベネフィット】おいしいお菓子を食べるだけで、偏りがちな食生活を補足し丈夫な身体をつくることができる

04 ベンチマークを活かしてビジネスモデルを検討する

▼ビジネスモデルを考えるにあたって

「ふ〜。いよいよアンケート調査ですね」

やっと準備が整ったと一息ついた敦に、遼平は言った。

「アンケートをとる前に、もう1つある。今回のテーマはみなとやの社風を改善する新事業というお題だから、ビジネスモデルを考えなくてはならない。これまでの取り組みはどちらかというと既存のビジネスモデルに則った新商品企画という位置づけに過ぎない」

「よく分からないのですが、ビジネスモデルって何ですか？　何となくＩＴを活用した取り組みのようなイメージを持っているのですが…」

「確かにビジネスモデルは、２０００年初めのＩＴバブル時代から使われるようになったキーワードで、ＷｅｂシステムやＩＴを活用したものが多いが、それに限ったことはないんだ」

遼平はビジネスモデルについてのレクチャーを始めた。

「ビジネスモデルは、戦略と比較されることが多い。戦略は『有限の経営資源の有効活用するための計画』のように表現されることが多いが、ビジネスモデルは、戦略を含めてどのようなプロセスで運用していくのか、社内だけに留まるのではなく社外も含めて検討する運用モデルのことを言う」

「なるほど。だからＩＴに限らず、どう収益を上げていくのかを具体的に考えるということですね」

葵も納得し、遼平はビジネスモデルの代表的な型について説明した。

「アンバンドルは、バンドル（別々の商品を組み合わせ、一式にして販売すること）の反対だからセットになっている事業を分割して事業展開すること。例えばＱＢハウスはシャンプーやシェービングを行わずにカットのみで１０００円という安価な価格設定で事業を成功させている。これまでの理髪店のサービスを細分化して整髪に特化したサービスを行っている。ロングテールで有名なモデルはamazonだ。求めている顧客が少ない書籍でも取り扱うことによって多くの顧客を囲い込むことが可能になる。マルチサイドプラットフォームは、２種類の顧客から収益を上げるというやり方だ。クレジットカード会社は消費

図表65 ビジネスモデルの代表的な型

	アンバンドル	ロングテール	マルチサイド プラットフォーム	フリー戦略	オープンビジネスモデル
概要	顧客ビジネス、製品ビジネス、インフラビジネスを分社化する	多くのものを少しずつ販売することで少数のベストセラーの売上を凌ぐ	複数の顧客グループをつなぎ合わせ、グループ同士の交流により価値を創造する	基本サービスを無料で提供し、効率的に多数の顧客を獲得。高度な機能や特別な機能を有償提供	外部パートナーとコラボして価値を創造。外部を取り入れるアウトサイド・イン、休眠資産を外部へ提供するインサイド・アウトがある
成功要因	3つのビジネスタイプがトレードオフ（利益相反）の関係にある	少量のニッチ商品を求める多くの顧客を集客するプラットフォームと物流システム	プラットフォーム上に他の顧客グループが同時に存在する	無料サービスが魅力的、利用しやすく、有料サービスの優位性がはっきりしている	外部の知見を内部に取り入れ活用できるだけの研究開発のレベル

者から年会費やリボ払い利息を徴収するのと、小売店から加盟店料を徴収し、二方向から収益を上げている。フリー戦略は、サービスの利用当初は無料であるが、より高度なサービスを利用する場合に課金されるビジネスモデルだ。短期間に顧客の間口を広げることが可能となる。そしてオープンビジネスモデルは、外部パートナーとのコラボレーションだ。他社の研究開発部門と共同で価値創造をしていく」

「フリー戦略など面白いですね。私もアプリで遊んでいます。お金は一切使っていないですが…ただ物販だとあり得ないですよね…」

と言う敦に遼平が言った。

「そんなことはない。全くの無料ではないが、応用展開として有名なカミソリと替刃モデルがある。敦は電気カミソリか？」

「いえ、手動のやつでお風呂に入ったときに剃っています」

「じゃあ理解しやすいだろう。カミソリの新商品が出ると、最初に購入するときは割安で手に入れることができるが、替刃が異常に高いということはなかったか？」

「そうそう。柄というかカートリッジというか刃以外の部分と3枚くらいの替刃がセットになっているやつですよね。そうでした。最初は買いやすいのでジェルが出るやつとか、ついつい買ってしまいます。でも数カ月後に替刃だけ買おうとすると結構いい値段がするので店頭で驚いた経験があります」

「女性の私にはカミソリは分からないけど、プリンターも同じ理論ですよね。インクとかトナーなどの付属品が結構高いですよね。あとカプセル式コーヒーも同じですよね。キャンペーンで機械はタダでもらえるやつ」

「そうだ。結構いろんなメーカーが活用しているモデルだよ。カプセル式コーヒーも機械はタダだけど何年かはメーカー直販サイトからカプセルを購入するのが条件だったりして、収益モデルをしっかりと構築している」

「そう考えると、メーカー直販チャネルって良いかもしれませんね」

と葵は想像してみた。

「そうだな。ネット通販であれば中間マージンもかからないから割安で提供できるし。ただウチの最大の弱点は、悲しいかな、大手メーカーほど知名度や信頼度が高くないことだ。信頼性を増すためにもオープンビジネスモデルで栄養士協会などとコラボできると良いかもしれないな」

「そうですね〜。ビジネスモデルはいつ頃つめますか?」

「そうだな。今回の企画が単なる新商品企画ではなく、事業としてのモデルを提案するものだから最終企画書作成時に詳細を検討しよう。まずは骨格となる商品コンセプトを確立するために消費者アンケートを実施することに専念するとしよう」

こうしてコンセプトがある程度固まった。次はいよいよ消費者アンケートだ。

プロフェッサー緑川幹夫の教え　その5

▼**コンセプトを作成することで構想を整理せよ**

✧コンセプトの構成要素は
①ターゲット、②ニーズ、③商品・サービス、④ベネフィット

✧コンセプトの各項目を確認し、論理性をチェックする

▼**アイデア発想は質より量を心掛けよ**

✧凡人はグループで助け合いながらアイデアを発想する

✧決して他人の意見を否定してはいけない

▼**アイデアは論理的に絞り込め**

✧イシューアナリシスで①実現可能性 ②効果性 ③ビジネス性を評価する

▼当初の分析を振り返りコンセプトをブラッシュアップせよ

✧アイデアは自由に発想し、絞り込んだのちに検証課題を抽出する

✧アイデアに関するFactを2次データから抽出する

▼ビジネスモデルを検討し、核心的な事業を構想せよ

✧ビジネスモデルは事業運用モデル。どのように収益を上げるか整理することで着実な運用が可能となる

第6章
仮説検証のためのアンケート調査

01 アンケート調査の最大の弱点は「聞いたことしか分からない」

▼マーケティングリサーチの種類と使い分け

仮説検証の消費者アンケートにあたって、3人は会議室に集まった。

「再来週を目途に仮説検証のための消費者アンケートを実施していきたいと考えている」

「いよいよこれまで構築してきた仮説を検証する段階ですね。ワクワクするわ」

「面白いですね。自分達の考えがターゲットにどの程度届くか見えるんですからね。テストみたいです」

二人は楽しそうな、それでいて緊張感のある様子で言った。

「リサーチにもいろいろな手法がありますが、今回はどのような手法をとりますか?」

「え、すみません。リサーチに種類ってあるんですか?」

「敦、勉強不足だな。しょうがない、特別に教えてやろう。マーケティングリサーチには大きく定量調査のアンケート調査と、定性調査のインタビュー調査がある」

「はい、それは分かります。アンケートは、紙やネットで回答しますよね」

図表66 アンケートとインタビューのメリット・デメリット

	アンケート	インタビュー
メリット	● サンプル（回答者）を数多く、幅広く収集できる ● データの信頼性が高い ● 回答結果を数値化できる ● 仮説をデータで検証できる	● 現状についての等身大の理解が得られる ● 問題の広がりや範囲がわかる ● 理由の追跡が可能 ● キーワード抽出が容易
デメリット	● 質問が構成的・固定的 ● 回答者の実際の顔が見えない ● 理由の深堀りが困難 ● 虚偽の回答を防止することが困難	● 少人数の意見に引っ張られがち ● 1件あたりの情報収集コストが高い ● 定量的な測定が困難 ● サンプル抽出が困難

◎ アンケートとインタビューは互いの弱みを補完し合うことができる

「グループインタビューなどのインタビュー調査もマーケティングではよくやる手法ですね」

と葵が補足した。

「そうだ。アンケートとインタビューそれぞれにメリットとデメリットがある。この2つは互いの弱みを補完し合う関係にある。どちらかだけで十分というわけではない。目的と状況に応じて使い分けるんだ」

遼平はレジュメを二人に差し出した。

「今回は仮説設定プロセスでニーズ抽出まで終えてしまっていますから、この段階ではアンケートですかね」

と葵が聞いた。

「今回のようなコンセプトテストは可能な限り定量的に結果を導きたい。このようなリサーチは社内の関心を引くことが多いから、データが独り歩きしてしまっても良いようにな」

「グループインタビューで10名に聞くよりも、アンケートで100人に聞いた方が説得力も増しますね」

「そうだ。インタビューは仮説がなかなか立てられないときや、顧客の状況が見えづらいときに有効だ。今回は葵さんの姉さんや敦の義姉さんにも協力してもらっているので、定性調査は割愛することができる」

「勉強になります。ありがとうございます。で、アンケートはどのように?」

▼アンケートの種類と使い分け

敦の質問に遼平は様々な手法を提示した。

「それぞれにメリット・デメリットがある。予算、納期、調査の目的から手法を検討する

図表67 **アンケートの種類**

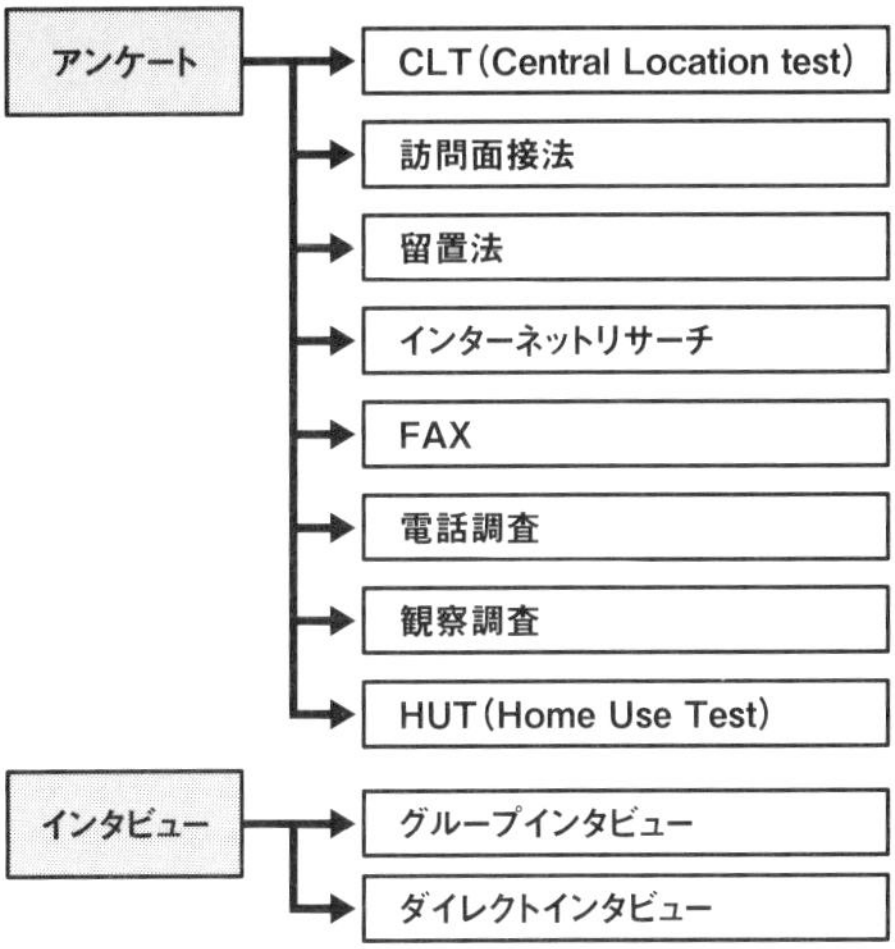

ことが重要だ。今回は、予算、調査スピードからインターネットリサーチが適切と言える。情報漏洩することによるデメリットがある場合には調査資材が流出しにくいＣＬＴや留置法が有効だが、今回はまだ仮説検証が主要な調査テーマだから、短時間、低予算で実施できるインターネット調査が適切ということだ」

「なるほど。そうと決まったらアンケート項目を考えましょう！」

自分に似て急ぎ足の敦に、遼平は待ったをかけた。

「待て待て！　いいか、この段階でアンケート項目を考えると、間違いなく失敗する。得るモノの少ない調査となってしまうぞ」

「そんなぁ～失敗なんて…」

▼アンケートリサーチの手順

「リサーチは逆ルートで展開するべきなんだ。肝に銘じておいてほしいんだが、【アンケートは聞いたことしか分からない】

これが非常に重要だ」

「馬鹿にしないでくださいよ～。それくらい分かっていますって。ＡＩじゃないんですから…」

「皆そう言うんだが、調査項目を考える、いわゆる調査設計から始めると、必ずと言っていいほど後から『あれも聞けば良かった、こう聞けば良かった』という声が聞かれる」

経験がある葵は苦笑いしながら言った。

「よくありますね。どうしてそうなっちゃうんでしょうね？」

「人はそれほど論理的に行動できないということだと思う。これまでの仮説設定やアイデア発想の苦労を忘れて目の前の仕事（いわば作業）に没頭してしまう。せっかく考えた仮

図表68 アンケート調査の順と思考の順番は逆になってしまう

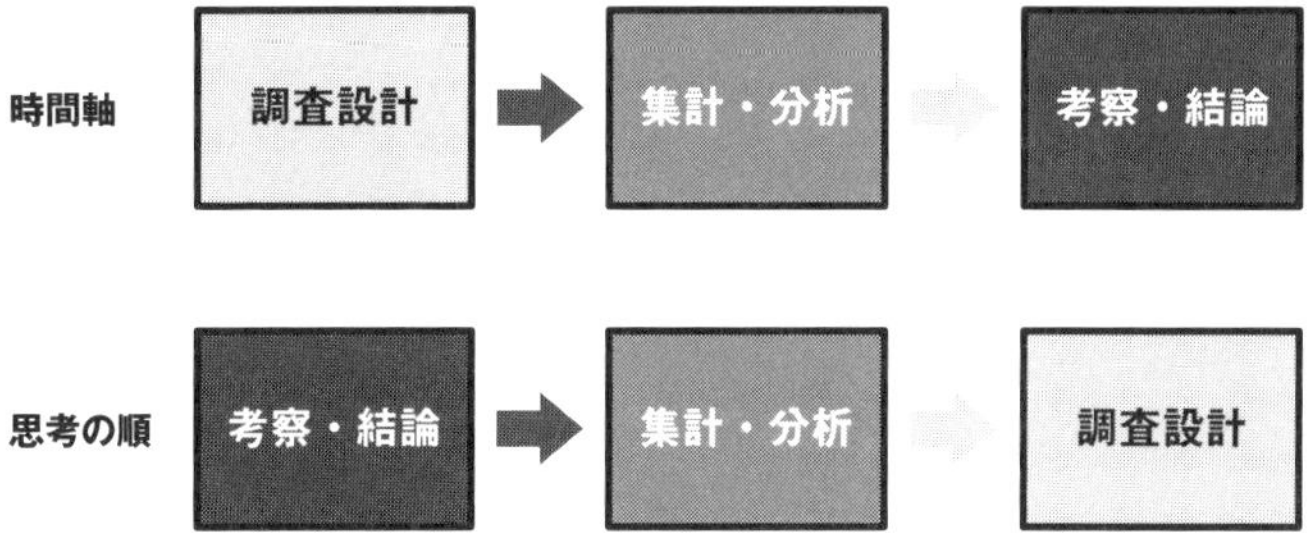

説をどう検証したら良いのか設問を考える段階では忘れてしまうんだ」

「なるほど〜。このチャートですね。思考の順か〜。まずはどのように考察したら良いか、結論を導いていけば良いかを先回りするってことですね」

「そうだ！　ここが一番大事だ。予定調和のように思えるかもしれないが、まずは最終結論をどのように導くかを考えておくってことだ。そしてその結論をどのような分析で導くかを検討するんだ」

遼平は力強く言った。

「そうですね。やりたい分析が後から出てきて、設問や回答方法が適切でないということはよくありますものね」

「そう。だから　考察➡分析➡設計　という順で考えていくんだ」

二人の会話に必死についていこうとする敦は尋ねた。

「またまた素人で申し訳ありません。設計とは…」

「どのような調査手法で行うか、誰に調査するかを決める作業のことよ」

「ありがとうございます。誰に、というのは30～50代前半有職主婦・子どもありじゃないんですか？」

「そのとおりだが、どのような分析を行うかによって、集める調査対象者の属性が異なることがある。例えば、有職といってもフルタイムの人もいれば、パートタイムの人もいる。その軸で分析するとしたら、勤務形態まで指定して調査対象にする必要があるだろう」

「たしかに…見逃してしまいそうですが、そういった設計が必要ですね」

02 調査の設計

▼調査企画書を作る

遼平は、レクチャーを続けた。

「いくら実際の調査を調査会社が担うといっても、丸投げでは良い結果を得ることができない。こちらが何を知りたくて、その後どのような分析をするのかをしっかりと伝えることが、良いリサーチを行うポイントとなる。調査会社とのやりとりには調査企画書を作成しておくと、こちらの意図を分かって作業を進めてもらうことができるんだ」

「前に一度広報部でリサーチを実施したんですが、設計をしているうちに『あれも聞きたい』『これも聞くべきだ』と様々な人々や部門から要望が挙がってきてしまい、混乱してしまった経験がありました。でも、こうした企画書にまとめておけば、どんなに要望されても設問に加えるかどうか判断する基準となりますね」

「そうだな。本来の調査目的をしっかりと認識し、ブレのない、価値のあるリサーチとするためには、調査企画書を作成し、それに基づいてリサーチを進めていくことが必要なん

図表69-1 調査企画書の項目

- マーケティングリサーチは、設計をしているうちに、「あれも聞きたい」「これも聞くべきだ」と様々な人々や部門から要望が挙ってきます。
- 本来の目的をしっかりと認識し、ブレのない、価値のあるリサーチとするためには、リサーチ企画書を作成し、企画に基づきリサーチを進めていくことが必要となります。

I. 調査の位置づけ	1.マーケティング課題	そもそもマーケティングの目的がどこにあるのか。新商品企画がマーケティング目的であるのならばその課題はどのようなものかを記載する。消費者ニーズに合致したコンセプト開発がマーケティング課題となる。
	2.調査目的	マーケティング課題を解決する上での調査目的を設定する。 消費者の潜在ニーズ仮説の検証などが調査目的となる。
	3.マーケティング仮説	マーケティング課題を解決するための消費者の潜在ニーズに関する仮説や、有効な施策に関する仮説を記載する。
II. 調査概要	4.調査手法	調査目的を遂行するためにはどのような調査手法が適切であるのかを検討する。 グループインタビュー、アンケート調査などの具体的な調査手法を記載する。
	5.調査対象	調査の対象者、対象者の属性とサンプルサイズとリクルート条件(割付)を記載する。
	6.標本抽出	調査対象者を選定する抽出法を記載する。 層化二段無作為抽出法などの標本抽出法を記載する。
	7.調査項目	具体的にどのような事項を調査するのか?調査項目を大項目レベルで記載する。 当該ブランド認知率・購入理由など箇条書で記載する。
	8.分析計画	どのような分析をするのか予め設定をしておく。特にマーケティング仮説をどのように検証するのかを明記しておく。購買頻度別にクロス集計をするなど。
III. 調査の運営	9.スケジュール	大まかな調査スケジュールを記載する。
	10.費用	概算予算
	11.調査機関	外部にアウトソースする場合は会社名を記載

だ」

遼平は、調査企画書の項目を説明した上で、葵と敦に調査企画書を作成するように指示をした。

翌日、葵と敦は出来上がった調査企画書を遼平に報告した。

「良くできているね。これまでの経緯が分かって良いと思う。調査目的にあるように、今回は新事業ということに留意しなければならない。調査項目にビジネスモデルに関する項目を入れることを忘れないようにしないといけないな」

「そういえば、これを作っているときに

図表69-2 今回の調査企画書

I. 調査の位置づけ	1.マーケティング課題	これまでの事業とは一線を画した新規事業を開発し、将来の収益基盤を確立する。 論理的な思考プロセスによって新規事業を成功させることによって 硬直化した組織を改革する。
	2.調査目的	新規事業開発のための仮説を検証し、新規事業の成功確率を高める。
	3.マーケティング仮説	30～50代の子どもがいる共稼ぎ世帯の主婦は以下のニーズが強い。 ● 自分がいない時間でも子どもにはきちんと栄養補給させたい ● そのまま食べても、少し手を加えてもおいしくいただける菓子を子どもに与えたい ● 摂取することによる効能や効果的な摂取方法を分かったうえで、必要な栄養素を摂取させたい
II. 調査概要	4.調査手法	インターネットリサーチ
	5.調査対象	● 30代～50代の有職主婦　合計300サンプル ● 30代（フルタイム50パート50）/40代（フルタイム50パート50）/ 50代既婚（フルタイム50パート50）
	6.標本抽出	調査会社の保有するモニターによる
	7.調査項目	● ニーズ仮説の検証 ● コンセプトに対する受容性 ● 栄養素に対する認知、効用に対する理解度 ● 有職主婦の意識行動特性（仕事・子育て・菓子など）
	8.分析計画	● 属性比較（年代別・勤務種類別クロス集計） ● ニーズ検証・コンセプト受容性
III. 調査の運営	9.スケジュール	● 調査設計・準備：2017年8月1日～4日 ● 実査：8月4日～6日 ● 集計分析：8月7日～10日
	10.費用	300,000円（消費税別）
	11.調査機関	株式会社マーシュ

思い出したんですが、菓子の効用訴求に関して広報部の確認どうでしたか？」

さすが、葵は抜け漏れがない。

「そうだ！　それだ！」

「課長、珍しく焦っていますね」

「そんなことはないんだが…。医薬品と違い、食品では直接的な効能をパッケージ等で謳い、医薬品的な効能効果を標ぼうすることはできないと薬事法で定められているんだ。だからビタミンゼリーの『冷やしておいしいビタミンゼリー（目が冴えるビタミンA／疲労回復ビタミンB1／骨が強くなるカルシウム）』のカッコ内は削除だな」

「それなら『部活応援隊！ビタミンB1

で疲労回復、チョコピーナッツバー』の疲労回復もダメですね」

「そうだな。直前ですまないが、そのようなカタチで頼む」

03 分析計画　比較分析と相関分析

▼ターゲットの中の誰の意見を重要視するか

遼平は、調査企画書を眺めていた。

「分析計画のところに、年代別、勤務種類別とあるが、フルタイム・パート別に受容性を確認しようということか？　ただこれだけでは不十分だ。実際にどんな分析をするのか詰めておかないと後からマズイことになる。分析計画書を作成してみよう」

と言って、作成したシートを二人に見せた。

「ターゲットって？　30代〜50代前半の子持ち有職主婦じゃなかったですか？」

「それではまだ浅い。我々は有職主婦へ新商品を提供したいのだが、全てのターゲットに価値を訴求できるわけじゃない。伝達スピードにも差がある。イノベーション普及理論というものだ」

「大分昔の理論ですが、今でも活用されていますよね」

図表70-1 分析計画書の項目

検討事項	内容	具体例
Who (ターゲット詳細)	ターゲットの中でも誰の意見をもとに意思決定するか	アーリーアダプター ● 発売後初期に購入してくれて(購入時期) ● 価値を分かってくれる(関与度)
What (分析課題)	ニーズ検証 コンセプト受容性	● 想定したニーズが実際存在するか ● コンセプトを評価するか
How (検証方法)	どのように分析をして仮説検証するかの算出	● 5段階評価のトップボックスの構成比 ● ニーズとコンセプトの相関係数の算出

と葵が言った。

「そうだ。新商品が発売されると、関心の高いイノベーターやアーリーアダプターから購入し出す。この2つの顧客層に購入してもらい、満足してもらえるかどうかでその後の売れ行きが決まってくる」

「最初に新しいものを購入する人に気に入ってもらえるかどうかってことですね」

と敦も理解をした。

「そうね。様子を見ていて後から購入する人に気に入ってもらえても、すぐには普及しないものね。アーリーアダプターが重要ってことね」

図表71 イノベーション普及理論

対象者　ターゲット：顧客特性 ＋ 買ってもらいたい人（アーリーアダプター）

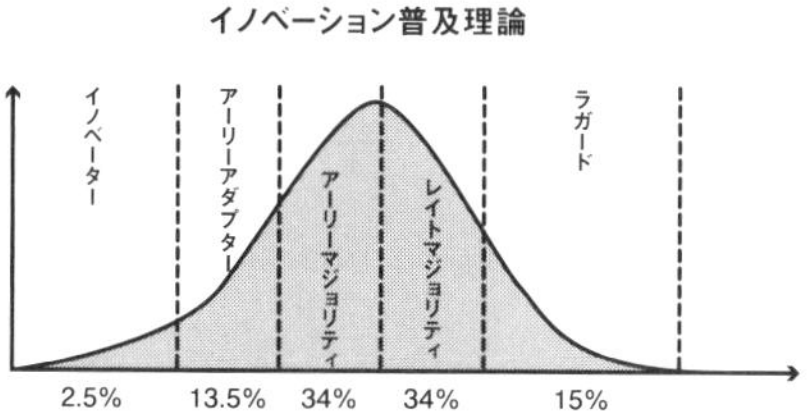

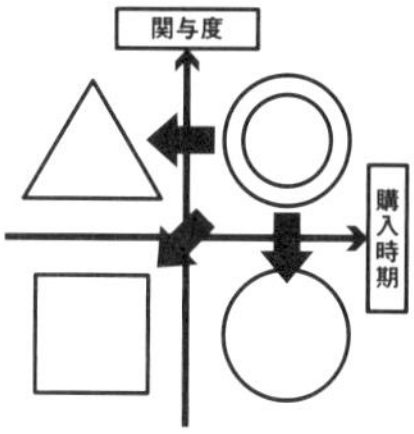

イノベーター（革新的採用者）	冒険的で、最初にイノベーションを採用する
アーリーアダプター（初期採用者）	自ら情報を集め、判断を行う。マジョリティから尊敬を受ける
アーリーマジョリティ（初期多数採用者）	購買に比較的慎重。アーリーアダプターに相談する。追随的な採用行動を行う
レイトマジョリティ（後期多数採用者）	うたぐり深く、世の中の普及状況を見て模倣的に採用する
ラガード（採用遅滞者）	最も保守的・伝統的で、最後に採用する

「この層の抽出の仕方にはいろんな方法があるが、関与度と購入時期でアーリーアダプターを見極めて、その評価を以って、良いコンセプトかどうかを決めるのが良さそうだ」

「購入時期は新商品が発売して直ぐに買うかどうかってことですね。もうひとつの関与度ってなんですか？」

と尋ねた敦に遼平が答えた。

「その商品カテゴリーのことを人よりもよく知っているとか、こだわりがあるとかってことだ」

「なるほど～」

「分かりました。調査項目を作成するときにはそれらも入れておきますね」

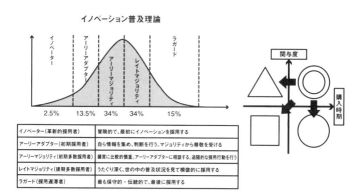

図表72 比較分析の手順

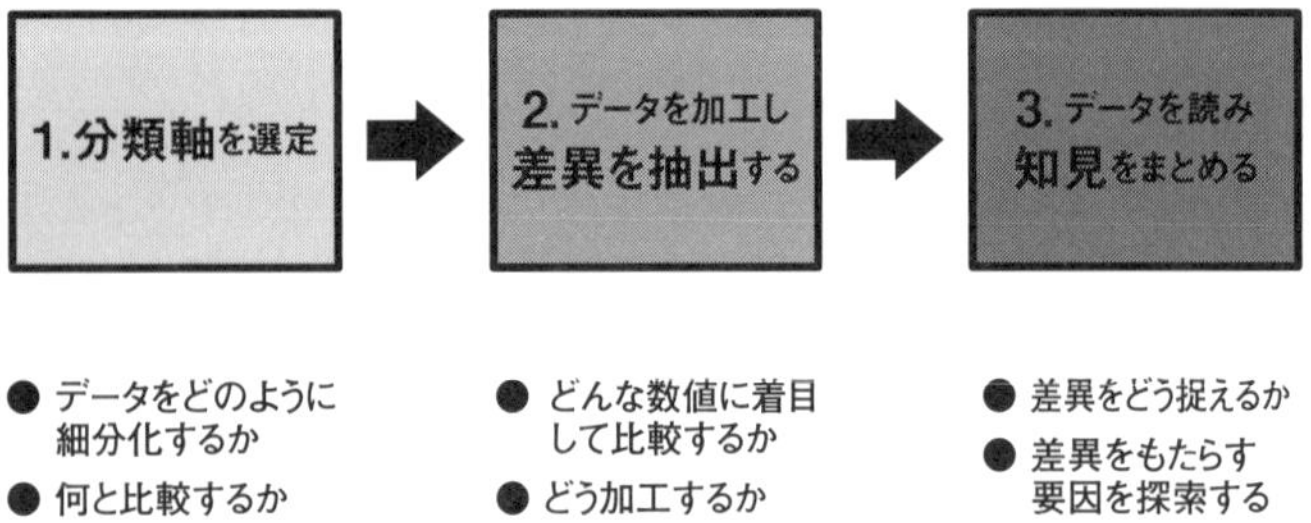
1.分類軸を選定
2.データを加工し差異を抽出する
3.データを読み知見をまとめる
● データをどのように細分化するか
● 何と比較するか
● どんな数値に着目して比較するか
● どう加工するか
● 差異をどう捉えるか
● 差異をもたらす要因を探索する

と言い、葵はメモをした。

▼確かめたいことを的確に評価する

ターゲットの議論が終わったところで、次はWhat（分析課題）だ。

「分析課題とは、何を明らかにするかってことだ。今回の場合はコンセプトが受け入れられるかどうかがポイントになる。その際にはどんなデータを収集してどのように比較するかが重要になる、というのは分かるな？」

すかさず葵が答えた。

「アンケートからどのような数値を収集するかってことですね。5段階評価でいいんじゃないですか？」

図表73 アンケートの回答と意思

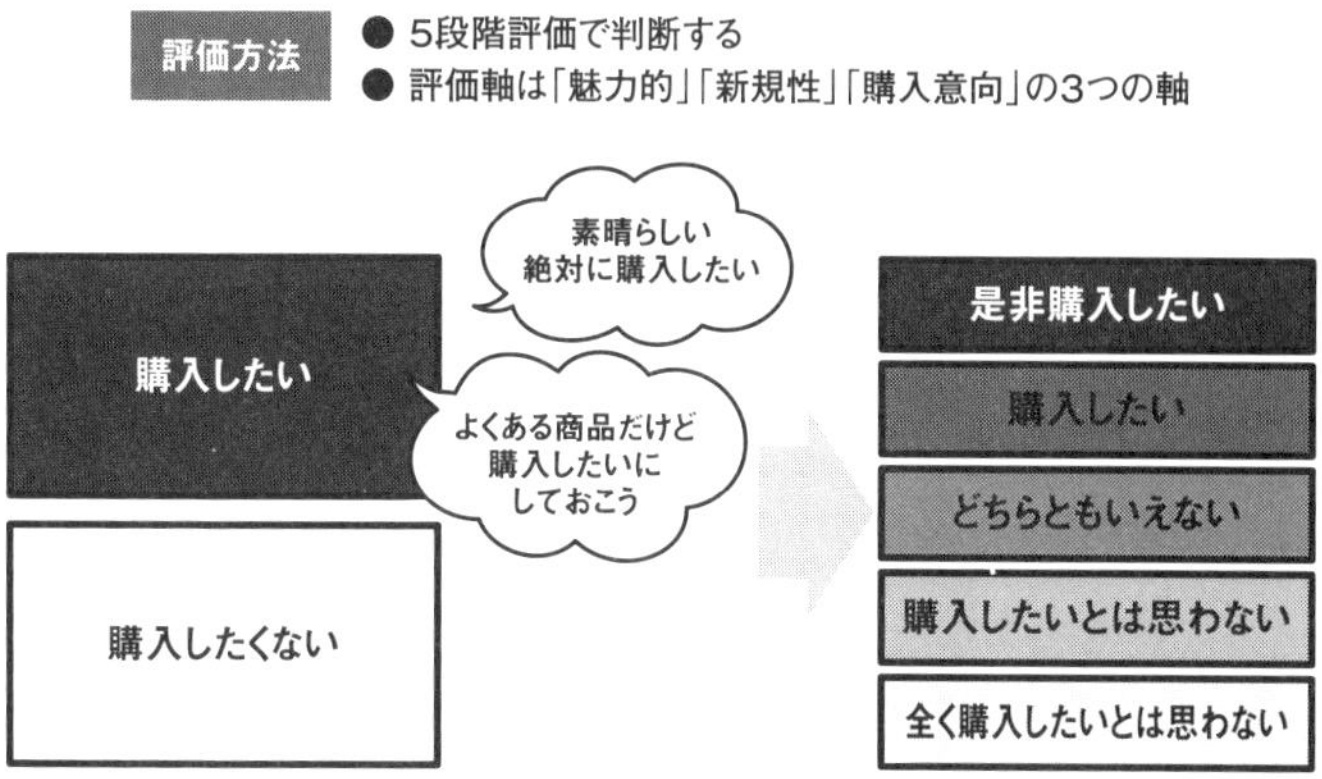

「5段階評価をどんな比率で意思決定したら良いと思う？」

「前にやったときは、トータルポジティブで評価しました」

「トータルポジ…？？？」

敦は目を丸くして言った。

「『大変購入したい』、と『購入したい』と回答した人の比率を足したものを言うのよ」

「うん。トータルポジティブでも良いんだが、なんか自己の主張を正当するための裏技だな」

「裏技？　そんな解釈の仕方になっちゃうんですか…」

「重要な意思決定はトップボックスで比

図表74 トータルポジティブのパーセンテージは同じでもトップボックスが大きく異なる場合もある

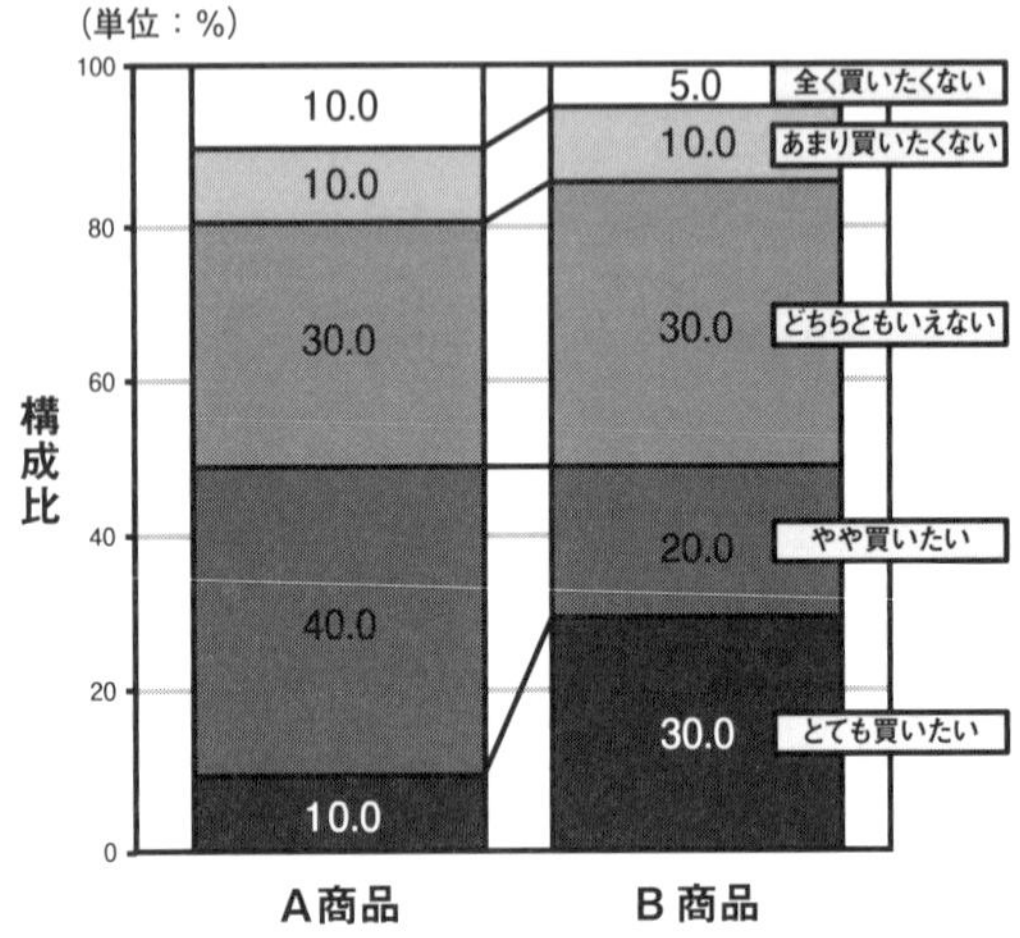

較するべきなんだ。『とても買いたい』『かなり良い』『大変満足』などの一番良好な反応のものをいう。日本人は白黒はっきり伝えることが苦手だ。だから少しでも肯定的な『やや買いたい』『やや満足』に評価をつけがちだ。そんな意味の『やや買いたい』『やや満足』を含めたトータルポジティブは、実態に即した正確な評価とは言い難い」

「では、トップボックスは何%だと有効とみるべきなんですか？」

「一般的には20%。堅めにみると30%で設定している場合が多くみられる。今回はみなとやの重大意思決定事項になるから30%を基準に置いた方が良いと考えている。参考情報だが、『とても買いたい』と回答した人の70％は実際に購入するが、『やや買いたい』と回答した人は30％に留まる、という追跡調査の結果もある」

「そうなんですね。そうなると、たしかに今回のような調査では慎重になるべきですね。勉強になります」

葵はこれもしっかりとメモをとった。

▼回答結果を適切に検証する

「最後はＨｏｗ、検証方法ですね。つまりはどうやって分析するかってことか。トップボックスの構成比についてはさっきの話ですよね。また分からないキーワードが…相関係数ってなんですか？」（図表70－1参照）

困り顔の敦に、遼平は新たな資料を見せた。

「この例示に拒否反応を示してしまうのですが、これは営業実績ですか？」

「さすがだな、敦。そうだ。左側の表が営業実績の一覧で、各人の月間売上高と顧客訪問回数のデータだ」

「それを散布図にプロットしたときに、訪問回数が多い人ほど売上高が高いという関係が

図表75 相関関係の例

	売上高	訪問回数
A	80	3
B	160	11
C	100	7
D	200	16
E	120	10
F	130	9
G	140	10
H	150	12
I	110	6
J	180	15
K	220	15
L	90	5

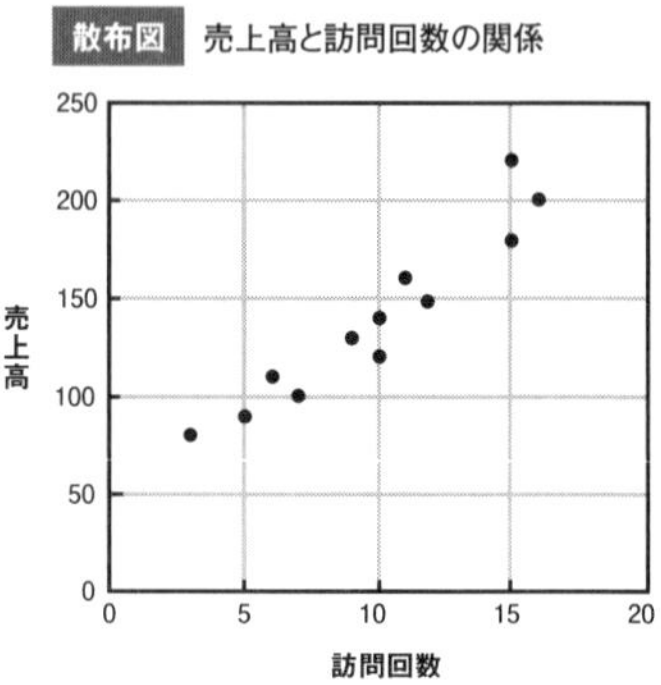

見られます。このような場合に相関関係があるとみるんですね」

と葵は言った。

「その通り。2変数（データ）の関係で片方が増えれば、もう一方が増えるというような直線的な関係がある場合は相関関係があると言う。相関度合を測るのに相関係数を使用するんだ。相関係数はrで表し、-1≦r≦1となる。rが1（プラス1）に近づくと右肩上がりの直線状にデータが集まり、rが-1（マイナス1）に近づくと左肩上がりとなる」

「相関関係と相関係数についてはよく分かりましたが、これをコンセプトテスト

図表76 相関係数

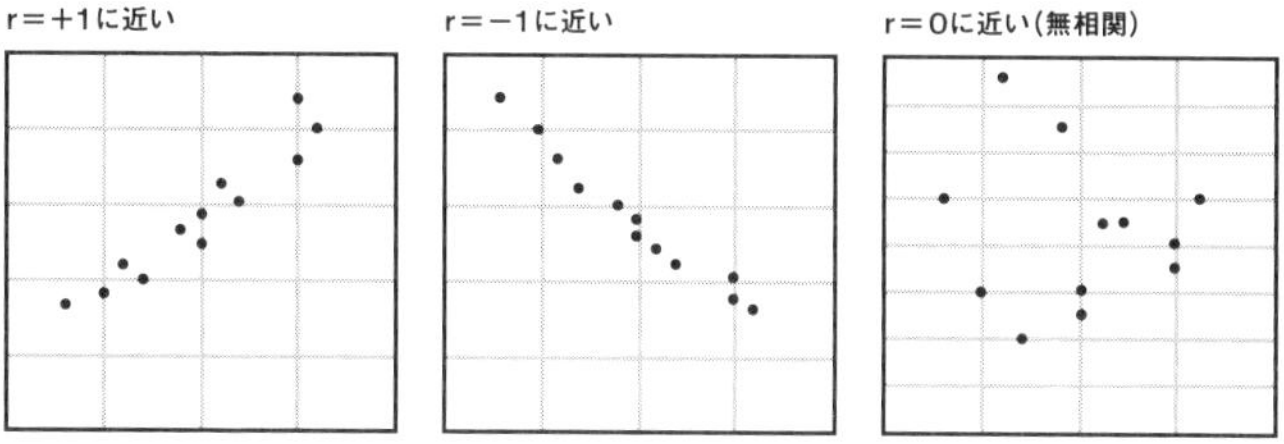

Rの数値（絶対値）
- ● 強い相関……………………1.0≧r≧0.7
- ● やや強い相関がある………0.7≧r≧0.4
- ● 弱い相関……………………0.4≧r≧0.2
- ● ほとんど相関がない………0.2≧r≧0

に応用するんですか？」

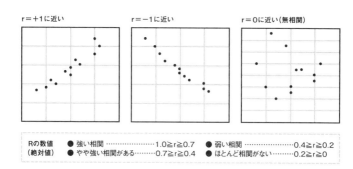

「そうなんだよ、葵さん。我々は有職主婦のニーズを解決するために新商品を開発し、新たなビジネスモデルを構築しようとしている。だから単に新商品の受容性が高ければ良しということにならない。ニーズとコンセプトの関連が高いことが求められるということだ」

「コンセプトの評価が高く、かつニーズとの相関がある商品コンセプトがＯＫということですね」

と理解する葵に対し、敦は言った。

「そんなことってあるんですか？　ニーズには合致しないが、コンセプトは気に入ったって？……（しばらく考え込み）あ

図表70-2 **本調査での分析計画書**

検討事項	本調査での実施事項
Who (ターゲット詳細)	アーリーアダプター ● 食品や菓子の新商品が発売されると直ぐに購入する ● パッケージされた食品や菓子に対して詳しい
What (分析課題)	● 有職主婦のニーズに対して当てはまる ● コンセプトに対して魅力に感じる、新規性を感じる、購入してみたいと思う
How (検証方法)	● ニーズ、コンセプトについてトップボックス比率を算出し仮説検証を行う ● ニーズとコンセプトの関連を検証することで、ニーズを解決する価値のあるコンセプトであるのかを検証

りますね。全く別のことをイメージして、欲しいと評価するかもしれませんね」

「だから相関分析できるようにニーズ、コンセプトともに5段階で聞いておく必要があるんだ」

葵は遼平からレクチャーを受けた内容をホワイトボードにまとめ、分析計画も完成させた。

04 調査票の作成

▼調査フローシートで意思疎通を図る

「いよいよ調査票の作成ですね」

　待ちに待ったという様子で敦が言った。

「アンケート調査の調査票を作成する前に調査フローシートを作成し、大まかな調査の方向性を検討すると良い。今回は調査会社に依頼するから、この調査フローシートを渡せば意思疎通が容易になるだろう」

　そう言って遼平は空白の表を二人に手渡した。

「このフローシートを、調査企画書、分析計画書をもとに二人で作ってみてくれ」

「久しぶりの無茶振りですね〜」

「バカ言うな。無茶振りとはできない人間に振ることをいうんだ。葵さんなら楽勝だろう！」

図表77-1 調査フローシート

調査フローシート

商品カテゴリー		想定ターゲット	

大項目	No	調査項目	設問	回答形式

「なんか良いように持ち上げられたような…」

「じゃ、明日午前中までによろしくな」

「丸投げ？　とも違いますかね…」

葵の小さな抵抗も空しく遼平は去っていった。

葵は敦と会議室に残り、ホワイトボードを使って調査フローシートを作成した。

「このホワイトボードをまとめれば終わりっと」

「分かりました。じゃああとは僕がパワーポイントに転記しておきます」

「大分自分の役割が分かってきたみたいね。でもそのまま入力したのではあまり

図表77-2 二人が作成した調査フローシート

大項目	No	調査項目	設問	回答形式
1. 同居している子どもについて	1	属性	子どもの年齢(学年)小1～高校3年	MA
2. お子さまのおやつについて	2	おやつ状況	子どものおやつの準備	SA
	3		子どものおやつで意識していること	MA
3. 栄養素に対する認識	4	前提知識	以下に挙げる栄養素についてどの程度知っていますか？	栄養素毎に5段階
	5	〃	子どもに必要と思われる栄養素を3つ選んでください	LA
4. 子育て・菓子に対する意識	6	消費者意識	菓子の新商品が発売されるとすぐに購入する	5段階
		〃	菓子に対して詳しい。いろいろと知っている	〃
		〃	菓子について他人より早く情報を入手する方だ	〃
		〃	インターネットなどで情報を収取し、周囲に情報提供することが多い	〃
		〃	必要な栄養がとれているか、不安に思うことがある	〃
		〃	家族のために健康に気をつけた食事を心掛けている	〃
		〃	忙しいが、仕事と家事・子育て上手くやっていると思う	〃
		〃	健康ドリンク、サプリメントなどをよく利用する方だ	〃
		〃	インターネットで食品を買うことに抵抗はない	〃
		〃	学者や有名人が推奨する食品を信用して購入することがある	〃
		〃	食品を購入する際には、安さよりも利便性を重視している	〃
		〃	大手メーカーの菓子は信頼できる	〃
5. ニーズの当てはまり度	7	ニーズ調査	子どもの栄養やお菓子に関する考え方について、どのように考えますか	5段階
6. コンセプト受容性	8	魅力度	以下の菓子に対してどの程度、魅力に感じますか	〃
	9	新規性	以下の菓子に対してどの程度、新規性を感じますか	〃
	10	購入意向	以下の菓子に対してどの程度、購入してみたいと思いますか	〃
FACE			①性別 ②年齢 ③職業(フルタイム or パートタイム)4 世帯年収	

※ SA：シングルアンサー　選択肢の中から該当するものを1つ選択する回答形式
※ MA：マルチプルアンサー　選択肢の中から該当するものをいくつでも選択する回答形式
※ LA：リミテッドアンサー　指定した個数の選択肢を選択する回答形式

進歩がないわよ。内容を読み返して文章や聞き方がおかしい場合にはその都度修正していくことが重要よ」

「分かりました。頑張ります。じゃ、明日課長とのミーティングまでに葵さんにメールしておきますので、ご確認いただいてもいいですか？」

葵は了承し、その日は帰宅した。

▼アンケートの発注

葵によって微修正された調査フローシートを遼平に確認し、調査会社の実査担当者へフローシートをメールした。

1時間後、担当者より葵宛に電話があった。

「この度はご発注ありがとうございました。調査シートをもとにアンケート調査票（Ｗｅｂ画面）を作成しますので、後ほどご確認いただきたいと思います」

「ありがとうございます。調査画面のご案内ですが、ＣＣで仁科と佐藤にもお願いします」

しばらくして、担当者よりＷｅｂ画面のアンケート調査票が送られてきた。問題ないことを確認し、アンケート調査は翌週末の金・土・日で実施することとなった。

図表78-1 アンケート調査票（Web画面）

★Q1.
現在同居されているお子さまの学齢を教えてください。（それぞれ1つずつ選択）
※上から学齢順になるようお選びください。

ヨコに回答→	学齢
1人目	▼▼▼選択して下さい▼▼▼
2人目	▼▼▼選択して下さい▼▼▼
3人目	▼▼▼選択して下さい▼▼▼
4人目	▼▼▼選択して下さい▼▼▼
5人目	▼▼▼選択して下さい▼▼▼

★Q2.
平日お仕事に出ている際のお子さまの「おやつ」は、どのようにされていることが多いですか。（1つ選択）

- ○ 一食分を取り分けて準備している
- ○ 決まった場所にしまっており、子供が自由に食べられるようにしている
- ○ おやつ代（お金）を渡している
- ○ 特に準備はしていない

★Q3.
お子さまの「おやつ」について意識していることを教えてください。（1つ選択）

- □ あまり食べ過ぎないようにおやつの量を制限している
- □ 栄養バランスが偏らないように注意している
- □ 既成のお菓子だけでなくフルーツや手作りのデザートなどを食べさせるようにしている
- □ 子供が好きなおやつを買い与えている
- □ 特に意識はしていることはない

図表78-2 アンケート調査票（Web 画面）

★Q4.
以下に挙げる栄養素についてどの程度知っていますか。（それぞれ１つずつ選択）

ヨコに回答→	知らない	名前は知っているがどのような効果・効能があるのか知らない	効果・効能について理解しているが特に気にしていない	効果・効能を理解しており、積極的に摂取するようにしている
コエンザイムQ10	○	○	○	○
ビタミンC	○	○	○	○
亜鉛	○	○	○	○
鉄分	○	○	○	○
ビタミンＢ１	○	○	○	○
カルシウム	○	○	○	○
アミノ酸	○	○	○	○
ビタミンA	○	○	○	○

★Q5.
子供に必要と思われる栄養素を３つ選んでください。（3つ選択）

- □ コエンザイムQ10
- □ ビタミンC
- □ 亜鉛
- □ 鉄分
- □ ビタミンＢ１
- □ カルシウム
- □ アミノ酸
- □ ビタミンA
- □ 特に必要とは思わない

★Q6.
以下の文章についてどのように感じますか。
ご自身の感覚に近い選択肢を選んでください。（それぞれ１つずつ選択）

ヨコに回答→	大変当てはまる	当てはまる	どちらともいえない	当てはまらない	全く当てはまらない
菓子の新商品が発売されるとすぐに購入する	○	○	○	○	○
菓子に対して詳しい。いろいろと知っている	○	○	○	○	○
菓子について他人より早く情報を入手する方だ	○	○	○	○	○
インターネットなどで情報を収集し、周囲に情報提供することが多い	○	○	○	○	○
必要な栄養がとれているか、不安に思うことがある	○	○	○	○	○
家族のために健康に気をつけた食事やおやつを心掛けている	○	○	○	○	○
忙しいが、仕事と家事・子育て上手くやっていると思う	○	○	○	○	○
健康ドリンク、サプリメントなどをよく利用する方だ	○	○	○	○	○
インターネットで食品を買うことに抵抗はない	○	○	○	○	○
学者や有名人が推奨する食品を信用して購入することがある	○	○	○	○	○
食品を購入する際には、安さよりも利便性を重視している	○	○	○	○	○
大手メーカーや名の知れたブランドのお菓子は信頼できる	○	○	○	○	○

図表78-3 アンケート調査票（Web画面）

★Q7.
子供の栄養やお菓子に関する考え方について、どのように感じますか。
ご自身の感覚に近い選択肢を選んでください。（それぞれ１つずつ選択）

ヨコに回答→	大変当てはまる	当てはまる	どちらともいえない	当てはまらない	全く当てはまらない
自分がいない時間でも子供には、きちんと栄養補給させたい					
そのまま食べても、少し手を加えてもおいしくいただけるお菓子を子供に与えたい					
摂取することによる効能や効果的な摂取方法を分かったうえで、必要な栄養素を摂取させたい					

★Q8.
日常、子供に与えるお菓子として以下の商品に対してどの程度、魅力に感じますか。（それぞれ１つずつ選択）

ヨコに回答→	大変魅力に感じる	魅力に感じる	どちらともいえない	魅力に感じない	全く魅力に感じない
冷やしておいしいビタミンゼリー（ビタミンA／ビタミンB１／カルシウム）					
部活応援隊！ビタミンB１チャージ,チョコピーナッツバー					
手軽にビタミン補給スムージーの素（豆乳や牛乳と混ぜて美味しくいただく）					

★Q9.
日常、子供に与えるお菓子として以下の商品に対してどの程度、新規性を感じますか。（それぞれ１つずつ選択）

ヨコに回答→	とても新しく感じる	新しく感じる	どちらともいえない	新しく感じない	全く新しく感じない
冷やしておいしいビタミンゼリー（ビタミンA／ビタミンB１／カルシウム）					
部活応援隊！ビタミンB１チャージ,チョコピーナッツバー					
手軽にビタミン補給スムージーの素（豆乳や牛乳と混ぜて美味しくいただく）					

★Q10.
日常、子供に与えるお菓子として以下の商品に対してどの程度、購入してみたいと思いますか。（それぞれ１つずつ選択）

ヨコに回答→	是非購入したい	購入したい	どちらともいえない	購入したいと思わない	全く購入したいと思わない
冷やしておいしいビタミンゼリー（ビタミンA／ビタミンB１／カルシウム）					
部活応援隊！ビタミンB１チャージ,チョコピーナッツバー					
手軽にビタミン補給スムージーの素（豆乳や牛乳と混ぜて美味しくいただく）					

05

調査結果の読み取りとコンセプトのブラッシュアップ

▼アンケート調査結果のデータの取り扱い

アンケート実施の翌週、調査会社からデータが届いた。葵と敦は、遼平に報告する前に予めデータを読み込み加工しておくことにした。

「ローデータと基本集計表がある。基本集計表は今回の調査対象者のリクルーティング条件で指定した年代と勤務形態のクロス集計となっているから、まずはこれから読み込みましょう」

「ローデータ」が何だか分からない敦に、葵は説明する。

「ローデータはアンケート回答者毎に、各設問についての回答結果を入力したものを言うの。表頭には設問、表側には回答者がプロットされているの」

「ひょうとう?」

「はいはい。表頭《ひょうとう》とは表や Excel 画面の上部分、そして左側の部分を表側《ひょうそく》と言うのよ」

図表79　ローデータ

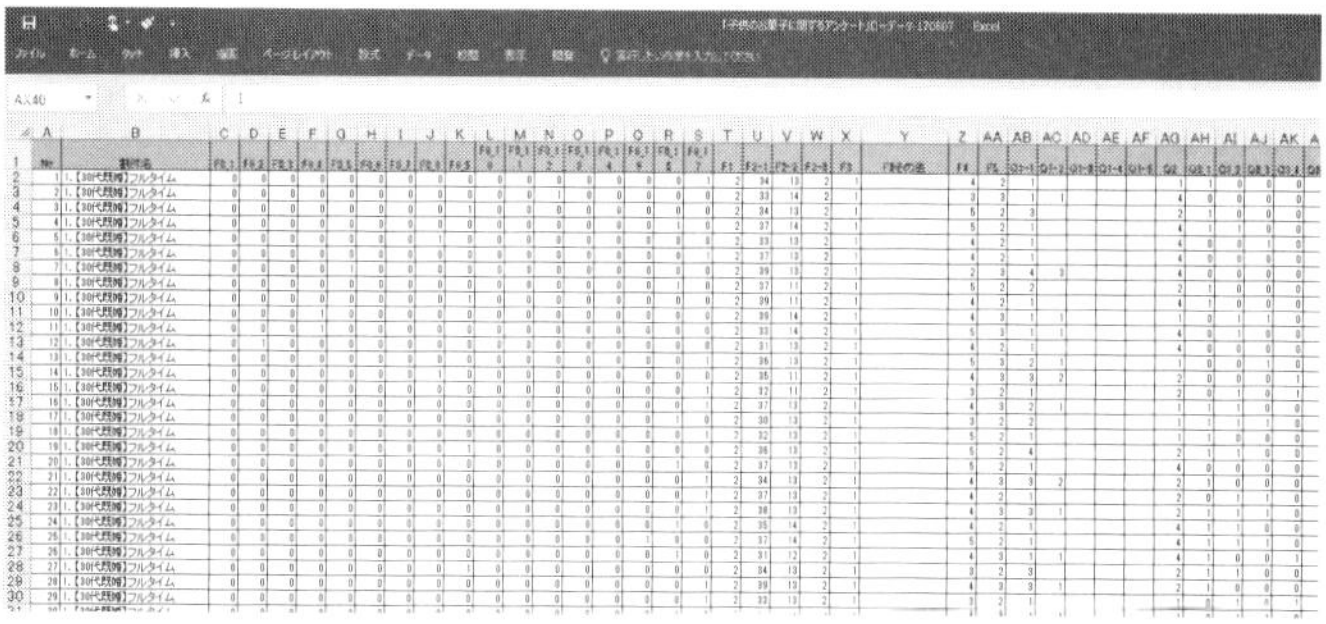

「あと、クロス…」

「クロス集計表とは、表頭に属性、表側に各設問を配置して、横に見ていくのよ。属性別にどのように回答したのかを比較することができるの。では、二人で基本集計表を読み込んで、気になる点を出し合いましょう」

「分かりました」

初めての生のデータに不安と楽しみな気持ちを抑えながら、敦は答えた。

2時間後、二人は互いの意見を一通り交換した。

「読み通りで一安心ね」

「そうですね。我々の仮説通りの点がい

図表80 クロス集計表

	A	B	C	D	E	F	G	H	I
1									
2			合計(300)	30代フルタイム(50)	40代フルタイム(50)	50代フルタイム(50)	30代パートタイム(50)	40代パートタイム(50)	50代パートタイム(50)
3	F4 世帯年収	250万円未満	1.7%	0.0%	0.0%	0.0%	2.0%	4.0%	4.0%
4		250万円～500万円未満	13.0%	6.0%	10.0%	6.0%	22.0%	22.0%	10.0%
5		500万円～750万円未満	23.0%	14.0%	14.0%	14.0%	52.0%	22.0%	22.0%
6		750万円～1000万円未満	28.7%	42.0%	26.0%	34.0%	12.0%	26.0%	32.0%
7		1000万円以上	24.0%	32.0%	40.0%	32.0%	4.0%	16.0%	20.0%
8		わからない/答えたくない	9.7%	4.0%	10.0%	14.0%	8.0%	10.0%	12.0%
9		合計	100.0%	100.0%	100.0%	100.0%	100.0%	100.0%	100.0%
10	F5 同居子供人数	いない	0.0%	0.0%	0.0%	0.0%	0.0%	0.0%	0.0%
11		1人	47.0%	62.0%	42.0%	54.0%	36.0%	42.0%	46.0%
12		2人	43.3%	36.0%	44.0%	36.0%	52.0%	48.0%	44.0%
13		3人	7.7%	2.0%	12.0%	4.0%	12.0%	8.0%	8.0%
14		4人	1.7%	0.0%	2.0%	4.0%	0.0%	2.0%	2.0%
15		5人以上	0.3%	0.0%	0.0%	2.0%	0.0%	0.0%	0.0%
16		合計	100.0%	100.0%	100.0%	100.0%	100.0%	100.0%	100.0%
17	Q1_1 学齢1	乳幼児	19.3%	64.0%	16.0%	0.0%	36.0%	0.0%	0.0%
18		小学生1年～3年	12.3%	12.0%	16.0%	0.0%	30.0%	16.0%	0.0%
19		小学生4年～6年	13.0%	14.0%	16.0%	6.0%	22.0%	16.0%	4.0%
20		中学生	10.0%	6.0%	10.0%	10.0%	12.0%	20.0%	2.0%
21		高校生	11.3%	4.0%	28.0%	8.0%	0.0%	20.0%	6.0%
22		大学生	15.7%	0.0%	14.0%	32.0%	0.0%	12.0%	36.0%
23		社会人	17.7%	0.0%	0.0%	42.0%	0.0%	16.0%	48.0%
24		無職	0.7%	0.0%	0.0%	2.0%	0.0%	0.0%	2.0%
25		合計	100.0%	100.0%	100.0%	100.0%	100.0%	100.0%	100.0%
26	Q1_2 学齢2	乳幼児	23.9%	68.4%	27.6%	0.0%	40.6%	13.8%	0.0%

くつかありました。ニーズに対する反応も確認できましたし、40代フルタイムのコンセプトに対する受容性も確認できましたね」

二人はそのままクロス集計表で意見を出し合い、グラフを作成し、後日遼平と3人で話し合いを持つことにした。

▼アンケート結果のまとめ方と仮説のすり合わせ

「課長、我々の読み通りの結果でしたよ」

はやる気持ちを抑えきれず、葵はグラフを見せながら続けた。

「まずは栄養素の認知状況についてです。

図表81　調査結果①　**栄養素の認知**

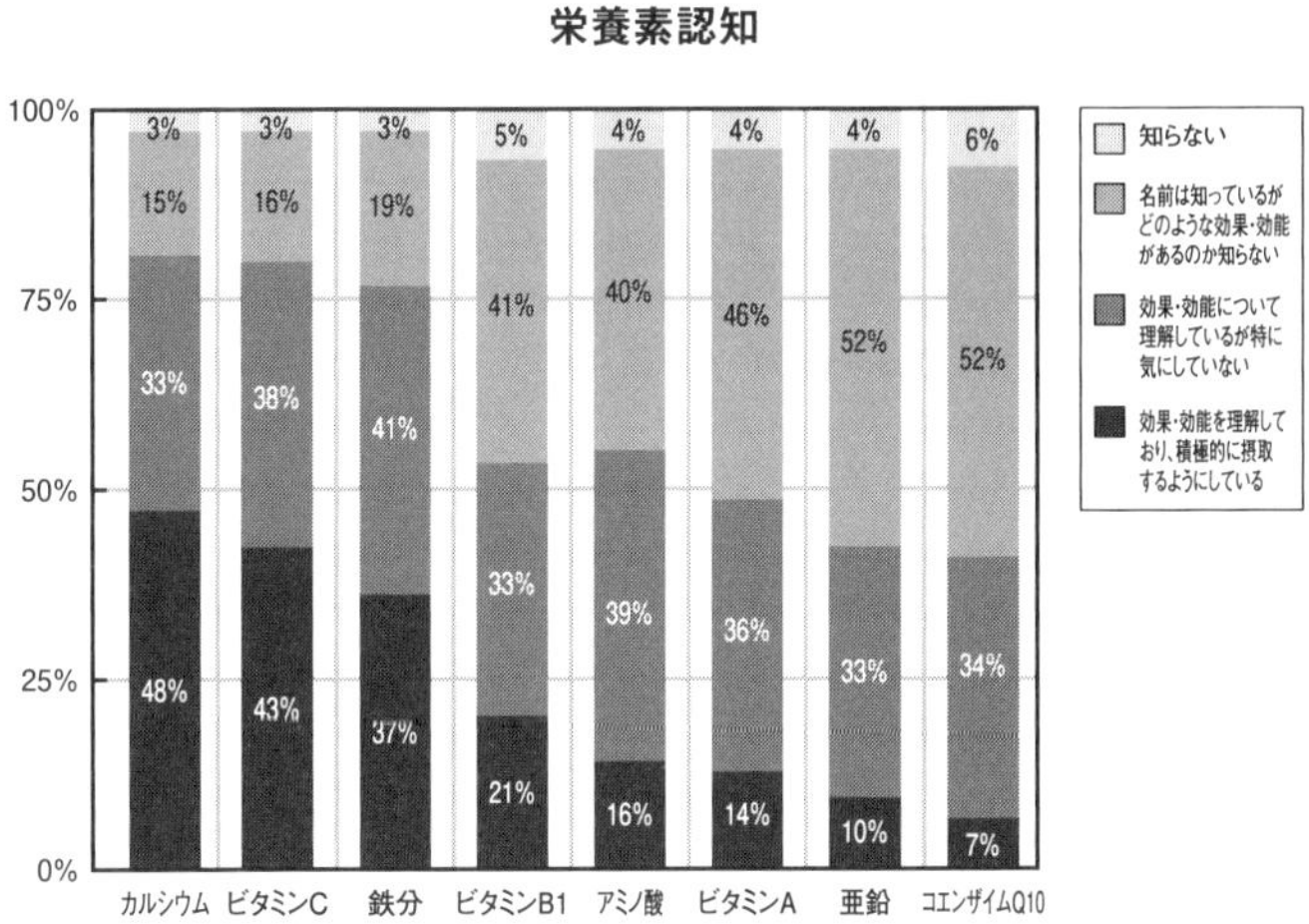

単純な認知率ではほとんど全ての栄養素で95％を超えています。効果・効能まで知っている栄養素で高いのは、カルシウム（81％）、ビタミンC（81％）、鉄分（78％）がベスト3です。我々の注目しているビタミンB1とビタミンAについては、名前は知られています。しかし、効果・効能までは知らないという人がおよそ半数という状況です。積極的に摂取しているという人もビタミンB1で21％、ビタミンAで14％となっています。

「そうか。認知はしているが、効果・効能までは知られていないか…これまで他社があまり手掛けていないのも頷ける。効果が分かっているビタミンCやカルシ

図表82 調査結果② 子どもに必要だと思う栄養素

	合計(300)	30代フル(50)	40代フル(50)	50代フル(50)	30代パート(50)	40代パート(50)	50代パート(50)
カルシウム	90%	82%	92%	82%	92%	94%	96%
鉄分	75%	80%	86%	58%	72%	76%	76%
ビタミンC	50%	38%	42%	44%	54%	68%	52%
ビタミンB1	24%	20%	26%	24%	28%	20%	28%
アミノ酸	20%	28%	24%	30%	10%	14%	16%
ビタミンA	16%	12%	14%	22%	16%	12%	18%
亜鉛	10%	14%	8%	8%	8%	10%	14%
コエンザイムQ10	2%	8%	2%	2%	2%	0%	0%

ウム、鉄分は栄養素を訴求するだけで購入意欲を高めることができるが、ビタミンB1やビタミンAは効果効能や必要性から説明して認識されなくてはならないということだ。とはいえ、他社が訴求していないだけに効能認知が広がればウチの受ける恩恵は大きくなる。いずれにしても興味深い結果だ。次にいってくれ」

「続いて、子どもに必要だと思う栄養素についてです」

と言って敦が説明を始めた。

「効能認知の高い3栄養素と同様の結果ですが、ベスト3は カルシウム、鉄分、ビタミンCでした。ベスト3以降は急激

図表83 調査結果③ -1 母親のニーズ

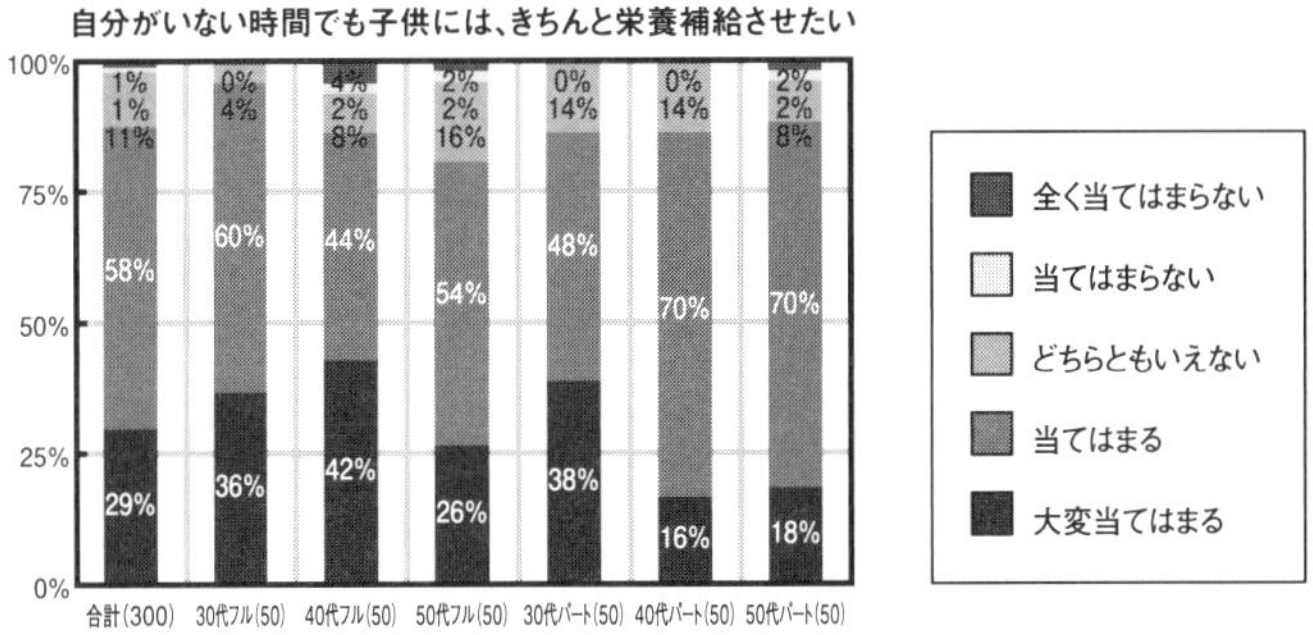

に低下します。ビタミンB1は4位、ビタミンAは6位です」

「そうか、子どもに必要だと思う栄養素となるとさらにハードルが上がるってことだ。誰でも知っている栄養素で競合と戦うか、これから市場を開拓していくかの意思決定をしなければならないな」

「次は母親としてのニーズについて説明します」

葵が続ける。

「30〜50代の有職主婦で最も高いニーズは、『自分がいない時間でも子どもには、きちんと栄養補給させたい』でした。全体の約3割、40代フルタイムで42％が

図表84 調査結果③ -2 母親のニーズ

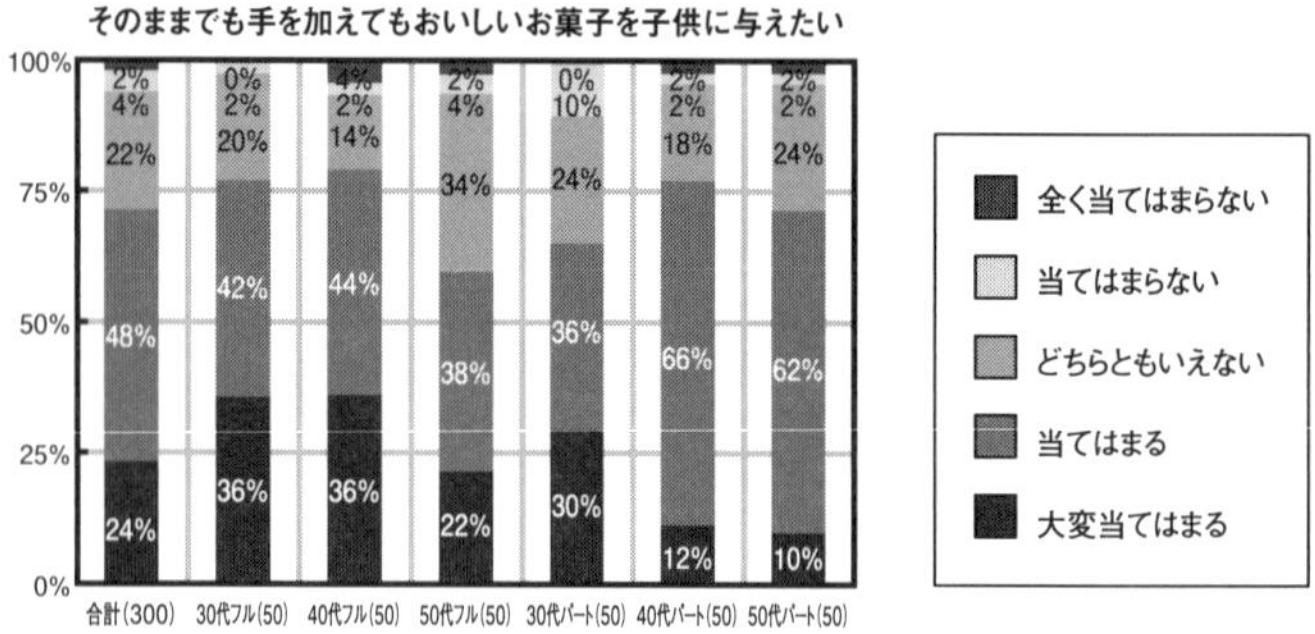

図表85 調査結果③ -3 母親のニーズ

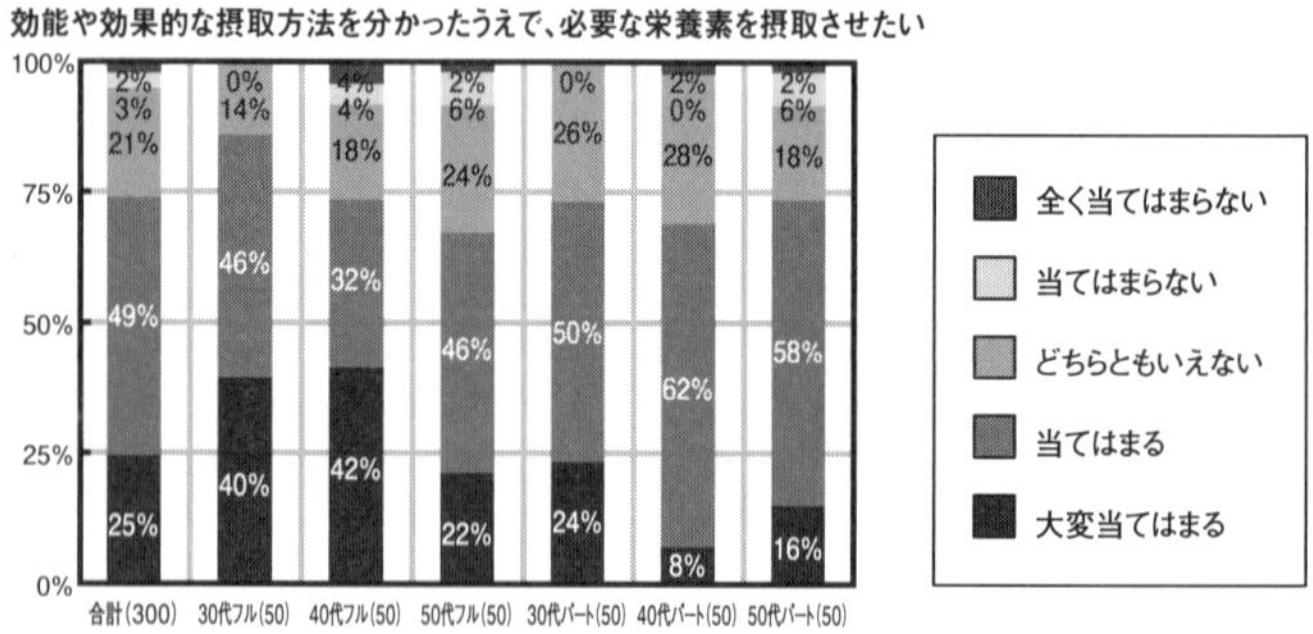

図表86-1 菓子の魅力度

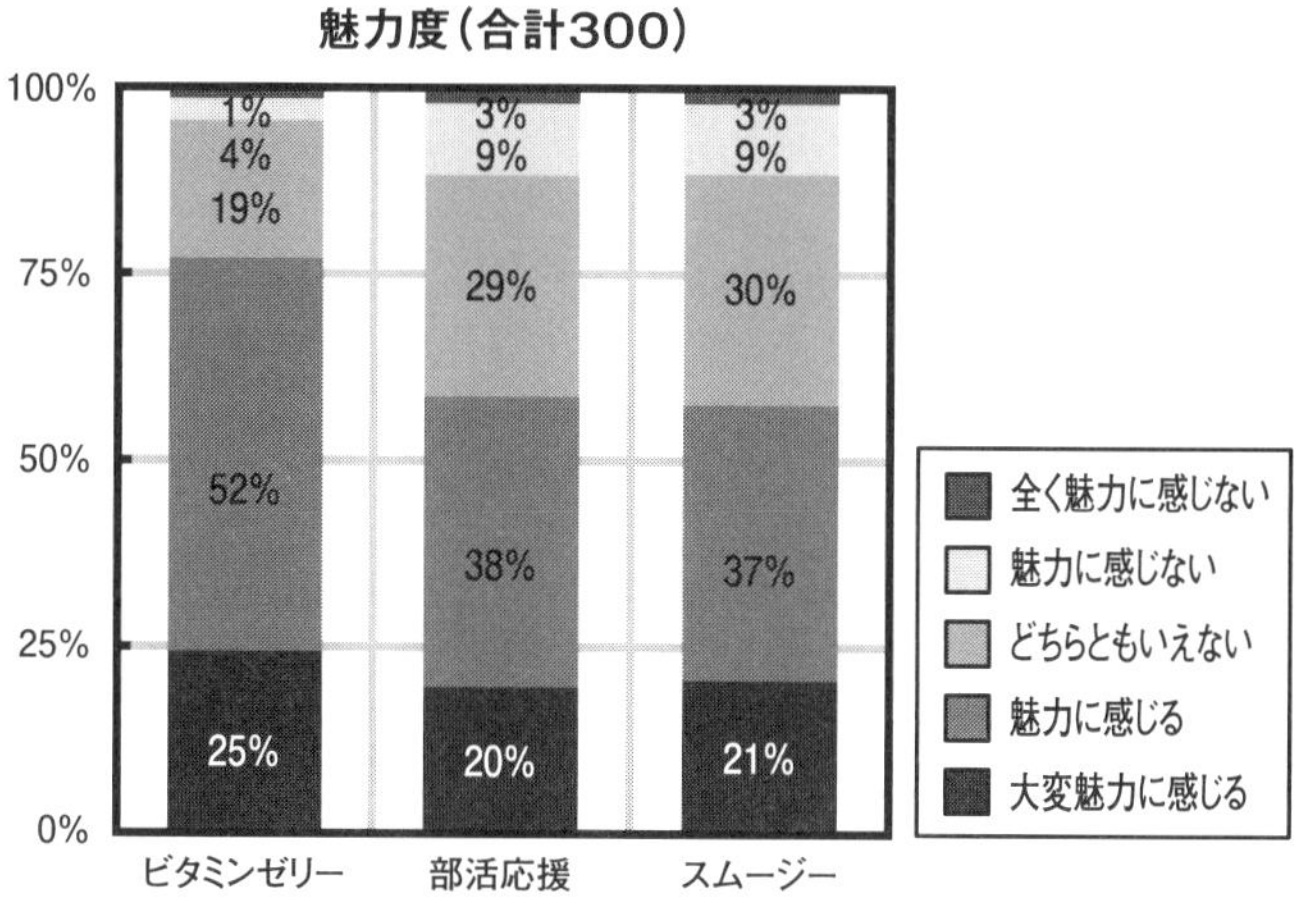

『大変当てはまる』と回答しています。他2つのニーズについても40代フルタイムは高いニーズと言えそうです」

「傾向としてはパートタイムよりもフルタイムの有職主婦の方が高いニーズと言えるな。ターゲットをより細かくフルタイムとした方が、エッジが立つかもしれないな」

「最後はメインの設問です。コンセプトに対する受容性です」

と言い、敦はグラフを見せた。

「魅力度で最も高かったのはビタミンゼリーですが、新規性はやや少ない比率となっています。結果、購入意向で最も高

図表86-2 菓子の新規性

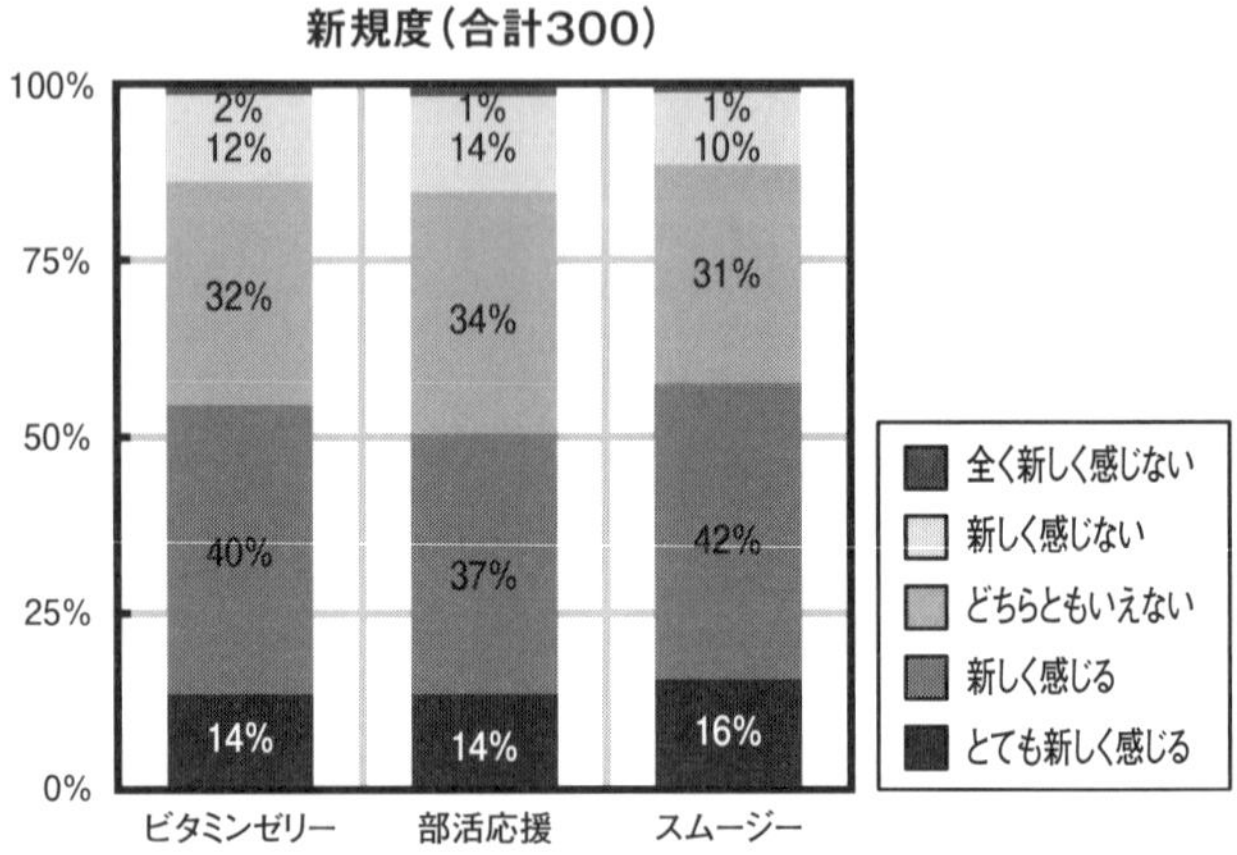

図表86-3 菓子の購入意向

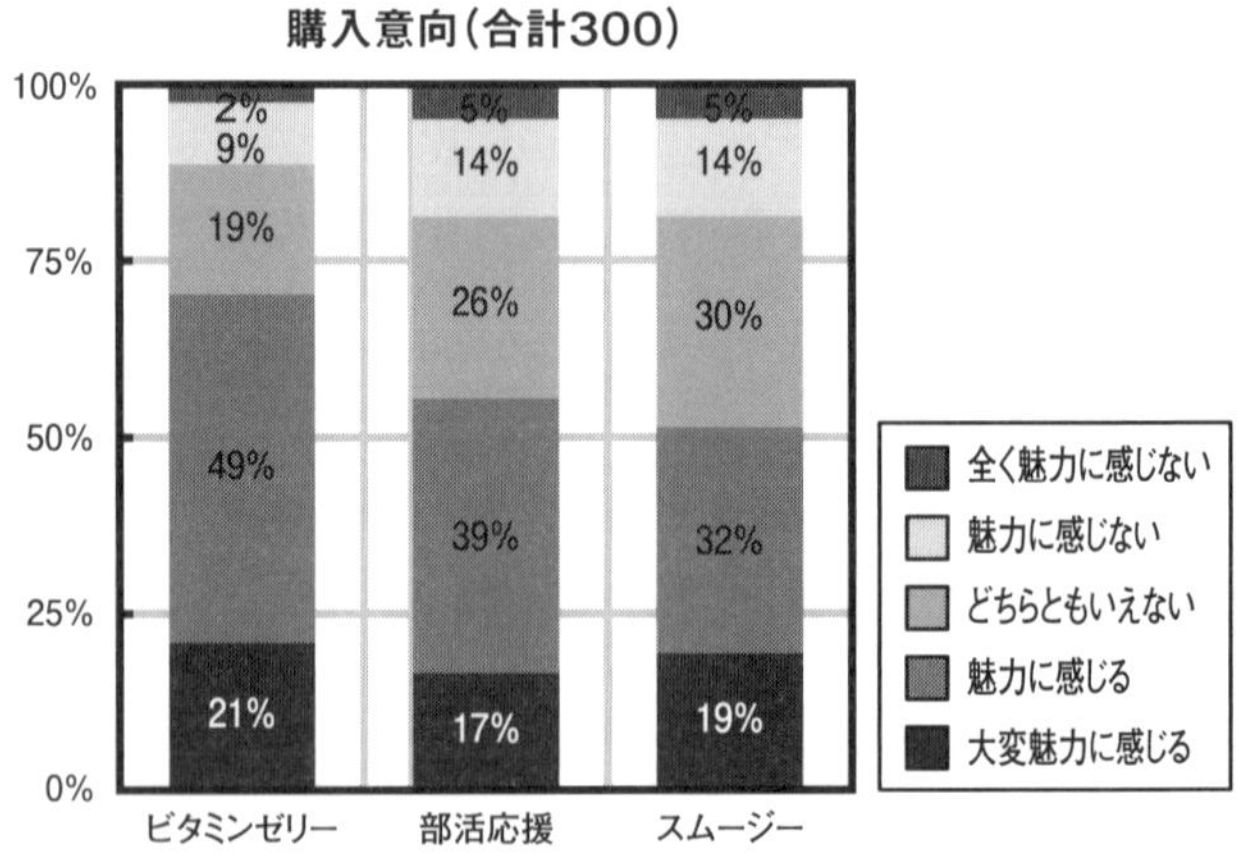

図表87 属性別ビタミンゼリーの購入意向

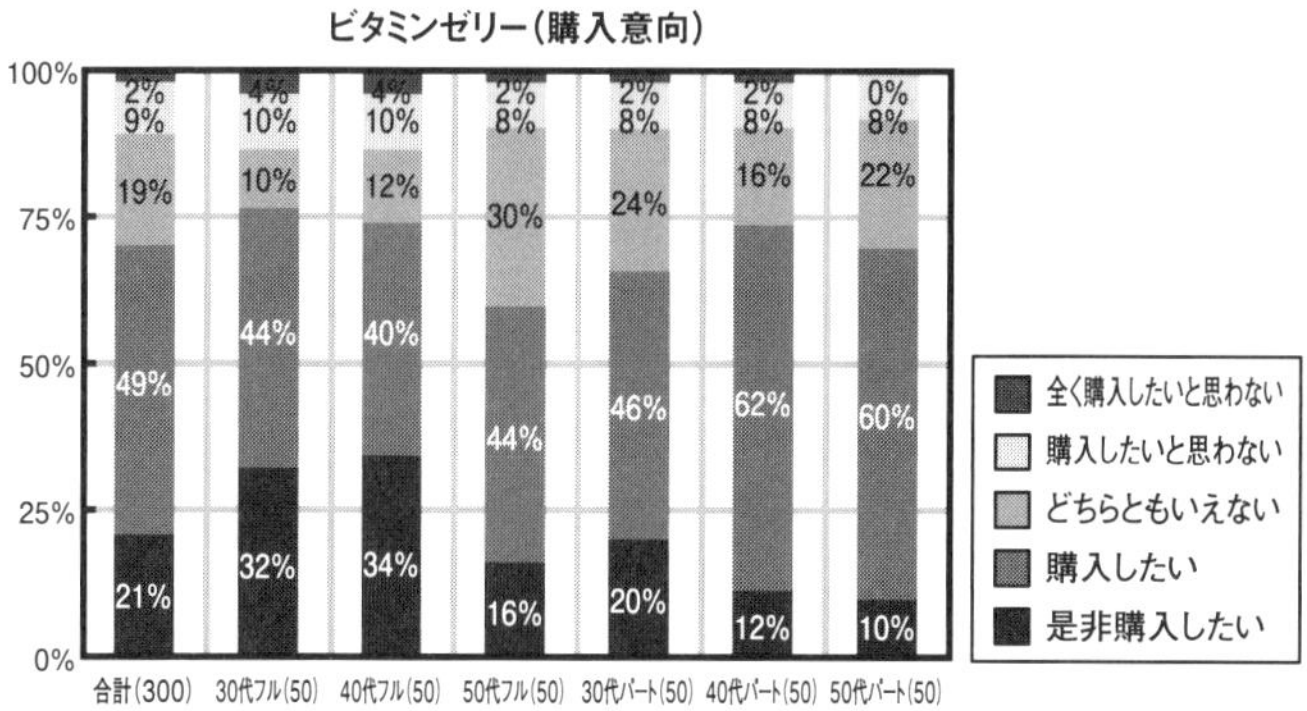

かったのはビタミンゼリーとなりました。トータルで2割を超えています。やや低い受容性ですが、まずは合格点ではないでしょうか。属性別に細分化すると、40代フルタイムで34％で、当初のトップボックス30％以上の設定は超えていますので、ターゲットには受容されると考えます」

遼平がグラフを眺めていると葵が続けた。

「また、ニーズとコンセプトの相関関係も出してみました。ビタミンゼリーが各ニーズとの相関係数が最も高く、ニーズをくみ取ったコンセプトと言えそうです」

図表88 ニーズとコンセプトの相関係数

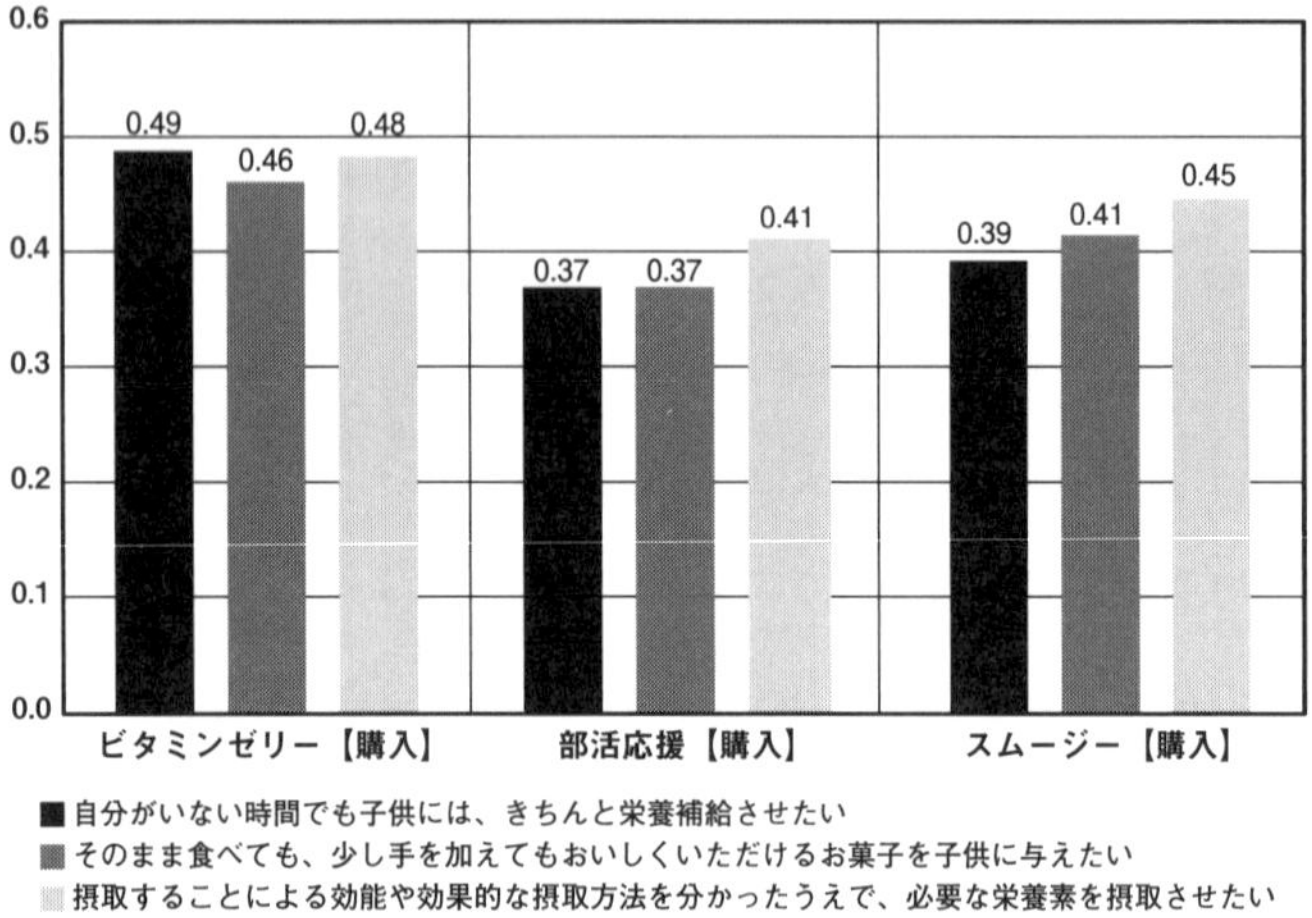

「なるほど。ただ、最も高い『自分がいない時間でも子どもにはきちんと栄養補給させたい』でも0・49か。少し低いな」

「そうですね…」

「では、属性別に相関係数を求めてくれ。もしかしたら高い相関係数が出るかもしれない」

「分かりました。深掘りしてみます」

「それと、当初の分析計画にあるように、これらの回答者の中からアーリーアダプターを抽出して、アーリーアダプターの受容性を見出してみよう」

それならば、と葵は説明を始めた。

▼より詳細のターゲットを検証する

「いろいろと回答の傾向を見たのですが、アーリーアダプターの基準は、意識ベースとしてはやはり栄養に対する意識が良いんじゃないかと思います。行動ベースでは、菓子の新商品をすぐに購入するかというのが良いのではないかと思いますが、いかがでしょう」

「そうだな。栄養を気にするが菓子には関与が低いというのは、マーケティング的に魅力は少ない。やはり栄養素を気にして、かつ行動も早い人たちに最初に購入してもらいたいな。そういう人たちはきっと周囲に対する影響力もあるだろうからな」

「ありがとうございます。セグメンテーションはまだ実施していないのですが、サンプルサイズ的にはこんな感じだと思います」

「トータルポジティブで見て、意識、行動ともに高い人で77サンプルか」

「若干少ないとは思いますが、あとは結果数値によるかと思います」

「そうだな。他のセグメントとさほど差がなければ説得力は低くなるが、圧倒的な違いが見えれば77サンプルでも誤差を吸収できる。よし、この分類でクロス集計をとろう」

「分かりました」

二人は返事をし、一旦席に戻った。

図表89 アーリーアダプターになり得る回答総数

		Q6−1 菓子の新商品が発売されるとすぐに購入する				
		大変当てはまる	当てはまる	どちらともいえない	当てはまらない	全く当てはまらない
		度数	度数	度数	度数	度数
Q6−6 家族のために健康に気をつけた食事やおやつを心掛けている	大変当てはまる	14	14	3	2	4
	当てはまる	9	40	35	22	14
	どちらともいえない	1	18	31	23	13
	当てはまらない	1	2	10	22	4
	全く当てはまらない	1	1	2	1	13

「じゃあ敦、やってみて」

「はい（ドキッ！　あれ、いつの間にか呼び捨てにされてる…なんか新鮮）」

二人は数々の作業の間に距離が縮んでいたようだ。

「セグメンテーション完了しました。ネーミングもしてみました。意識行動ともに高いグループを『アーリーアダプター』としました。全体の4分の1、77サンプルあります。意識は低いが行動は高いグループは、『新しもの好き』です。8％、24サンプルでした。意識は高いが行動は低いグループは、『行動慎重派』です。27％、80サンプルでした。そして、

図表90 セグメンテーション

	度数	構成比
アーリーアダプター	77	26%
新しもの好き	24	8%
行動慎重派	80	27%
低関与	119	39%
合計	300	100%

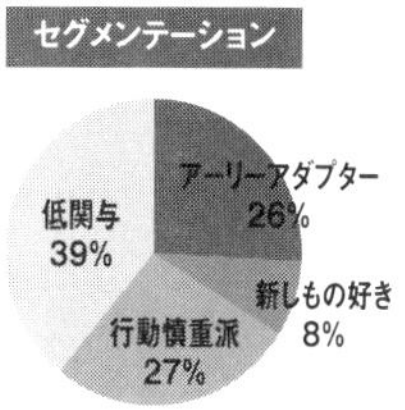

意識、行動ともに低いのは、『低関与』としました。こちらが39%、119サンプルでした」

「新しもの好きが少ない気がするけど、これでクロス集計までやってみて。終わったら私グラフ作ってみるから」

敦がクロス集計を終えると、葵は主要な設問についてグラフを作成した。その後、遼平を交えて考察していった。

「先日のセグメントに基づいて、クロス集計した結果をグラフ化してみました」

「アーリーアダプターのニーズは非常に高いです。どのニーズも5割を超えています。特に『自分がいない時間でも子ど

図表91-1　セグメント別クロス集計結果

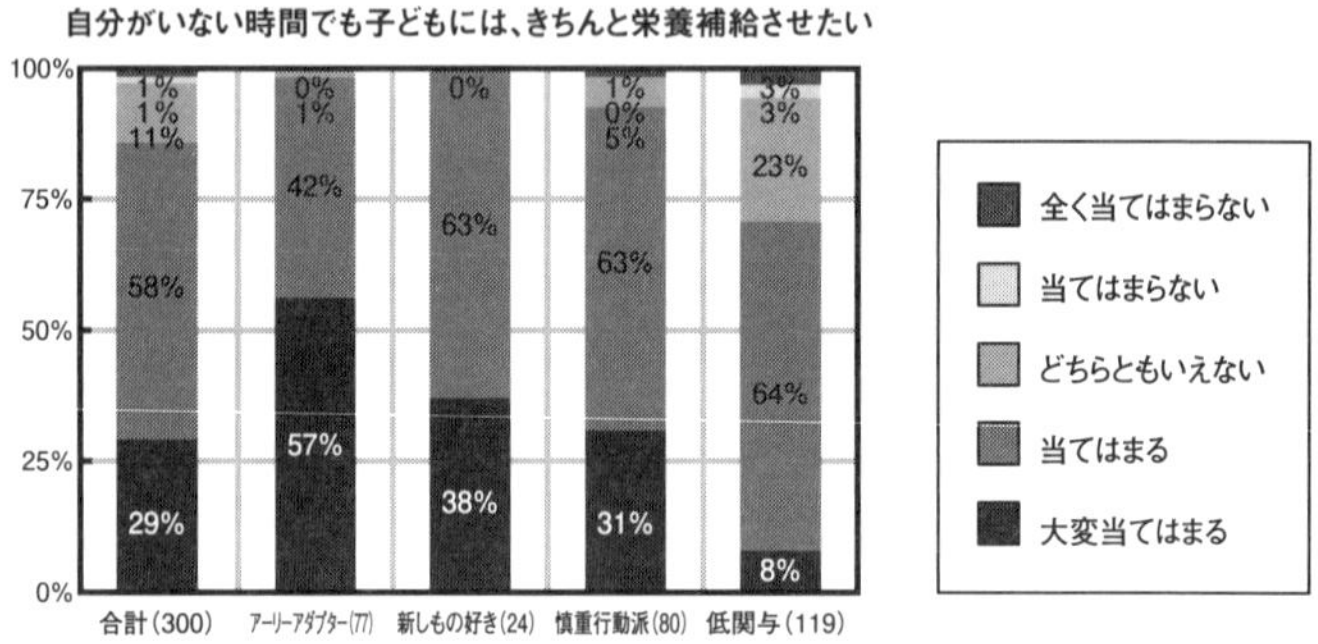

もには、きちんと栄養補給させたい』は6割近くの57%となっています

「素晴らしい！　トップボックスでこれだけの開きがあれば、アーリーアダプターに対して十分な訴求となるだろう」

「そして購入意向ですが、こちらも顕著にアーリーアダプターの反応が高いことが分かります」

「どれも高い受容性ですが、ビタミンゼリーとスムージーが拮抗しています。トップボックスではほぼ同率ですが、スムージーの方が1ポイント高く、トータルポジティブで言えば、ゼリーが93%、スムージーが82%ですからビタミンゼリーに軍配が上がるといったところです。さ

図表91-2 セグメント別クロス集計結果

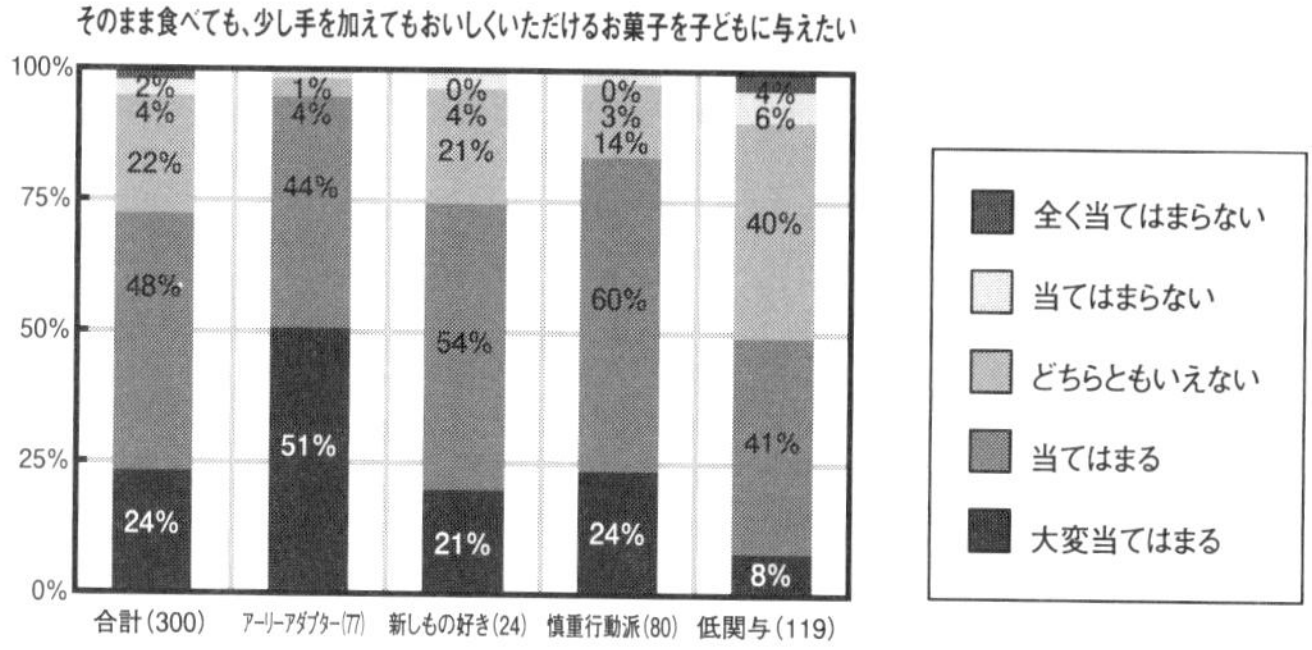

図表91-3 セグメント別クロス集計結果

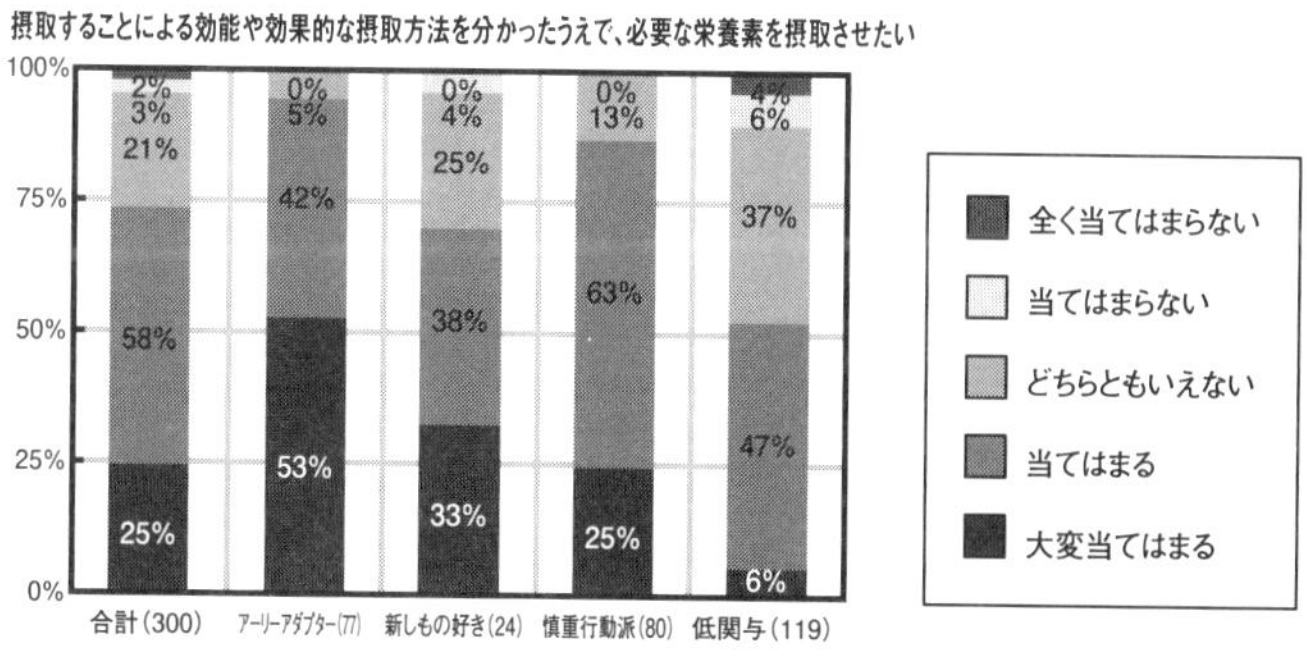

図表92-1 セグメント別クロス集計結果(ビタミンゼリーの購入意向)

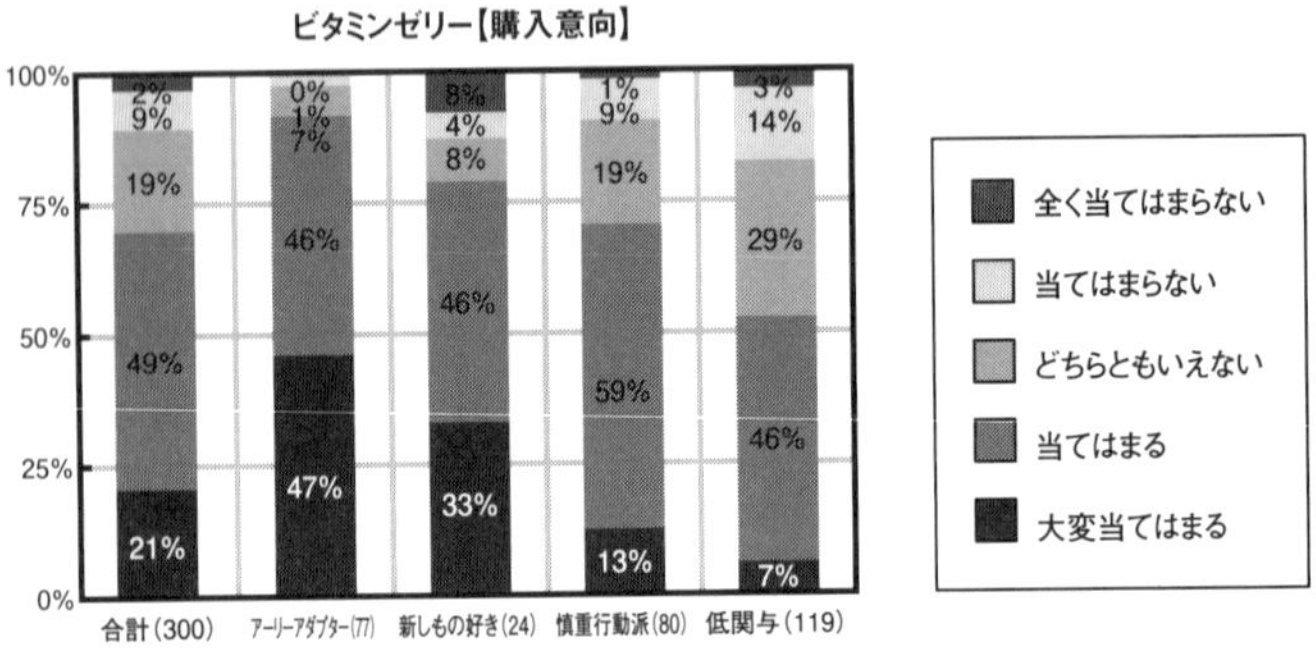

らにニーズとコンセプトの相関係数でみても、ビタミンゼリーの方がニーズをくみ取ったコンセプトと言えそうです」

「なるほど。細かな分析、ご苦労様。さすが葵さんだね。たしかに、フルタイム勤務の40代の『自分がいない時間でも子どもには、きちんと栄養補給…』とビタミンゼリーの相関係数は0・74と強い相関と言えるな」

「はい。この点からもコンセプトはビタミンゼリー、ターゲットは40代フルタイムを中心とした有職主婦で良いと思います」

「結果は十分だな。一応各セグメントの属性やおやつに対する意識項目について

図表92-2 セグメント別クロス集計結果(部活応援の購入意向)

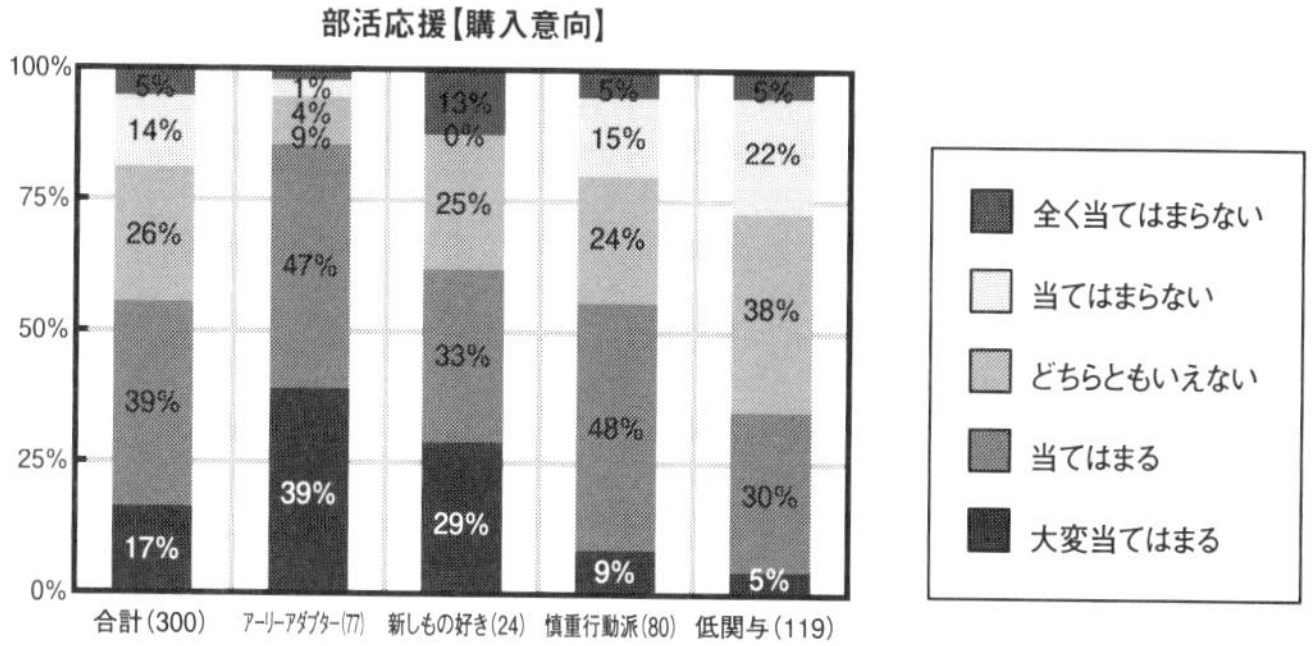

図表92-3 セグメント別クロス集計結果(スムージーの購入意向)

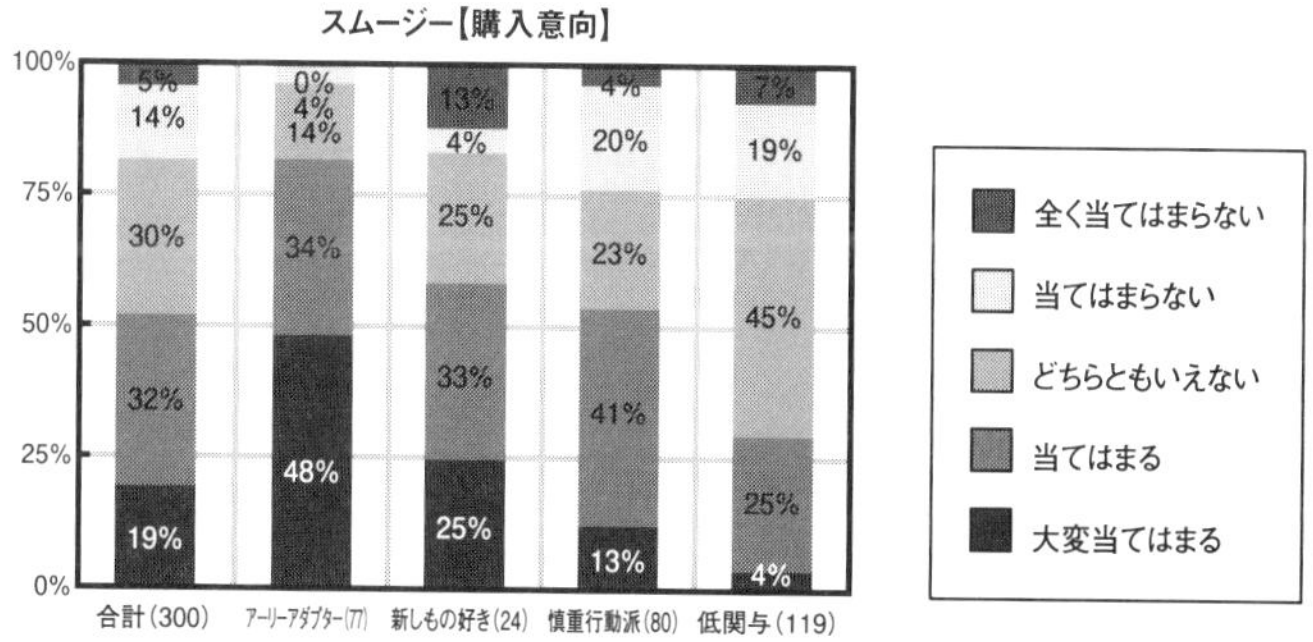

図表93 属性別ニーズとコンセプトの相関係数

			ビタミンゼリー	部活応援	スムージー
フルタイム	30代	自分がいない時間でも子供には、きちんと栄養補給…	0.33	0.22	0.22
		そのまま食べても、少し手を加えても…	0.46	0.46	0.46
		摂取することによる効能や摂取方法を分かったうえで…	0.41	0.47	0.58
	40代	自分がいない時間でも子供には、きちんと栄養補給…	0.74	0.58	0.58
		そのまま食べても、少し手を加えても…	0.51	0.38	0.40
		摂取することによる効能や摂取方法を分かったうえで…	0.57	0.45	0.49
	50代	自分がいない時間でも子供には、きちんと栄養補給…	0.56	0.38	0.50
		そのまま食べても、少し手を加えても…	0.54	0.41	0.51
		摂取することによる効能や摂取方法を分かったうえで…	0.61	0.40	0.51
パートタイム	30代	自分がいない時間でも子供には、きちんと栄養補給…	0.32	0.30	0.31
		そのまま食べても、少し手を加えても…	0.54	0.41	0.44
		摂取することによる効能や摂取方法を分かったうえで…	0.48	0.37	0.45
	40代	自分がいない時間でも子供には、きちんと栄養補給…	0.40	0.19	0.18
		そのまま食べても、少し手を加えても…	0.26	0.05	0.13
		摂取することによる効能や摂取方法を分かったうえで…	0.40	0.17	0.06
	50代	自分がいない時間でも子供には、きちんと栄養補給…	0.41	0.36	0.30
		そのまま食べても、少し手を加えても…	0.31	0.38	0.43
		摂取することによる効能や摂取方法を分かったうえで…	0.35	0.53	0.38

も整理しておいてくれ」

「こちらですね。クロス集計といったら私の出番です」

と得意気に敦が言った。

「合計よりも5ポイント以上高いセルを色付けしています。アーリーアダプターは子どものおやつに対する意識で色付けしたセルが多いです。お菓子関与が高いことが裏付けられます」

「世帯年収も高めだな。750万円以上あれば余裕のある生活といえるだろう。商品コンセプトについては、大分いい感じだが、ビジネスモデルについてはどうだった？」

図表94 **各セグメントの属性と意識**

		合計(300)	アーリーアダプター(77)	新しもの好き(24)	行動慎重派(80)	低関与(119)
属性	30代フルタイム	17%	23%	25%	14%	13%
	40代フルタイム	17%	22%	25%	11%	15%
	50代フルタイム	17%	14%	25%	13%	19%
	30代パートタイム	17%	17%	21%	14%	18%
	40代パートタイム	17%	8%	0%	25%	20%
	50代パートタイム	17%	16%	4%	24%	15%
子供の「おやつ」の準備	一食分を取り分けて準備している	16%	20%	21%	15%	14%
	決まった場所にしまっており、子どもが自由に食べられるよう	42%	52%	50%	39%	36%
	おやつ代(お金)を渡している	2%	3%	2%	1%	3%
	特に準備はしていない	40%	26%	29%	45%	47%
子供のおやつに対する意識	あまり食べ過ぎないようにおやつの量を制限している	41%	51%	29%	48%	32%
	栄養バランスが偏らないように注意している	18%	35%	21%	18%	8%
	既成のお菓子だけでなくフルーツや手作りのデザートなどを	19%	35%	17%	28%	3%
	子供が好きなおやつを買い与えている	15%	22%	13%	18%	9%
	特に意識はしていることはない	41%	20%	38%	35%	59%
世帯年収	250万円未満	2%	3%	0%	1%	2%
	250万円～500万円未満	13%	9%	8%	14%	16%
	500万円～750万円未満	23%	21%	33%	23%	23%
	750万円～1000万円未満	29%	36%	29%	33%	21%
	1000万円以上	29%	25%	25%	25%	23%
	わからない / 答えたくない	10%	7%	4%	5%	16%

▼もう1つのアンケート調査の目的を達成する

「生活全般の意識のクロス集計から加重平均値を算出、Excelのデータバー機能を使って比較してみました」

Excelの使い方を少しずつ習得してきた敦も補足する。

「大変当てはまるを2点、当てはまるを1点、どちらともいえないを0点、当てはまらないを-1点、全く当てはまらないを-2点としています」

「インターネットで食品を買うことに抵抗がないのは、フルタイムの方が圧倒的に高い比率となっています」

「そうだな。ネット販売のみで展開する

図表95 生活全般の意識に関する質問とその回答分析

	合計 (300)	30代フル (50)	40代フル (50)	50代フル (50)	30代パート (50)	40代パート (50)	50代パート (50)
インターネットで食品を買うことに抵抗はない	0.55	0.80	0.82	0.60	0.58	0.12	0.38
必要な栄養がとれているか、不安に思うことがある	0.54	0.84	0.54	0.24	0.94	0.38	0.28
大手メーカーや名の知れたブランドのお菓子は信用できる	0.52	0.48	0.54	0.34	0.72	0.54	0.52
家族のために健康に気をつけた食事やおやつを心掛けている	0.40	0.60	0.48	0.24	0.32	0.20	0.54
忙しいが、仕事と家事・子育て上手くやっていると思う	0.33	0.42	0.50	0.36	0.18	0.10	0.44
食品を購入する際には、安さよりも利便性を重視している	0.10	0.38	0.06	0.20	0.02	−0.06	−0.02
菓子の新商品が発売されるとすぐに購入する	−0.13	0.28	0.00	0.00	−0.06	−0.72	−0.28
菓子に対して詳しい。いろいろと知っている	−0.20	0.20	−0.18	−0.08	−0.14	−0.74	−0.28
健康ドリンク、サプリメントなどをよく利用する方だ	−0.20	0.08	−0.04	−0.08	−0.16	−0.70	−0.32
学者や有名人が推奨する食品を信用して購入することがある	−0.25	0.04	−0.22	−0.10	−0.22	−0.70	−0.32
インターネットなどで情報を収取し、周囲に情報提供することが多い	−0.28	0.24	−0.08	−0.32	−0.22	−0.68	−0.64
菓子について他人より早く情報を入手する	−0.31	0.10	−0.28	−0.30	−0.24	−0.78	−0.38

というビジネスモデルもフルタイム勤務の主婦であればいけそうだ」

「『必要な栄養がとれているか、不安に思うことがある』も30代、40代の有職主婦には気になるところのようです」

　と敦が告げると、さらに話が進んだ。

「…とすると何が必要な栄養素であるのかWebサイトで解説し、そのままネット販売へ展開するというアプローチでいけそうな気がするな。よし企画書にそのあたりを反映させてみよう」

　アンケート調査から自分たちの仮説の検証を深められた3人は、満足気に議論を終えた。

プロフェッサー緑川幹夫の教え　その6

▼調査手法のメリットとデメリットを認識し、適切な方法を採用する

✧アンケートは仮説検証に向いている

✧インタビューはターゲットのニーズや使用方法など、具体的で深い情報を入手できる

✧調査は、結論から先に考える

▼考えていることを整理して調査の設計をする

✧調査の位置づけ：調査によって明らかにしたい実施目的や仮説を整理する

✧調査概要：調査方法、対象者、主な項目について箇記する

✧調査の運営：スケジュールや費用などを整理する

▼どのような分析をするのか予め想定しておく

✧Ｗｈｏ ターゲット：どのような被験者をもとに意思決定するのか

✧Ｗｈａｔ 分析課題：調査によって何を導きたいのか

✧Ｈｏｗ 検証方法：どのように仮説検証するのか

▼調査票の作成は、人任せにしない

✧フローシートを作成して調査の流れを整理する

✧調査会社からのアウトプットを確認する

▼調査結果を読み取り、コンセプトをブラッシュアップする

✧デモグラフィックのクロス集計で全体を俯瞰する

✧仮説検証のための分析を行う

✧アーリーアダプターなど影響度の高いセグメントに着目してコンセプトをブラッシュアップする

調査協力　株式会社マーシュ

第 7 章

新事業企画の提案

01 新事業企画書を作成する

▼事業企画の核を決める

材料の揃った遼平はプロジェクトの中間報告を行うべく、新事業企画書の作成に取りかかろうとしていた。まずは、これまでのマーケティング課の取り組みを緑川へ説明し、総仕上げのアドバイスを求めることにした。マーケティングリサーチの説明を一通り終えたところで緑川は切り出した。

「仮説検証を繰り返し、なかなか良い線に仕上がっているな。最後はビジネスモデルとして新事業に相応しいかどうかを整理してプレゼンに臨むと良いだろう。相談役が納得できるロジックを構築しておかなければならない。相談役のハードルは高いぞ。そして役職の高い人程、人の話を聞くのが苦手だ。回りくどい説明ではペケをくらう。端的に自分の考えをまとめる必要がある」

そう言い終えると、ビジネスモデルのフレームワークを提示した。

図表96-1 ビジネスモデルのフレームワーク

1	顧客価値	→	顧客は誰か？ 提供価値は何か？
2	業務プロセス	→	顧客価値を支えるための業務オペレーションの 基本構造をどのようにするか
3	競争優位	→	競合は誰か？ どのように優位性を持つか？
4	収益	→	誰から、どのように収益を得るのか

↑

5	外部環境	→	何故、このビジネスモデルが有効であるのか？ 前提条件

「顧客価値は、誰に対してどんな価値を提供するのか、事業企画の基本的な考えだ。業務プロセスは、顧客価値を構築するためにどのように業務を進めていったら良いかということだ。そして大事なのは競争優位。競争優位に立たなければ自社が選ばれることはないからだ。収益はどう儲けるかということ。そして企画を支える大前提としてどのような環境変化要因を前提とするのかということ、それが外部環境だ。以上を簡記するんだ」

「ありがとうございます。考えをフレームワークにまとめれば自分達の考えも整理できますね。あと商品の詳細としてコンセプトシートを作成したいと思いますが、①ターゲット特性、②ターゲットのニーズ（顕在・潜在）、③商品名（案）、④商品概要（形状・価格・使用方法など）、そして⑤ベネフィットで考えていますが、いかがでしょうか？」

「基本的に項目はそれで良いと思うが、商品の提供方法やプロモーション、チャネル展開も合わせてまとめておくと良いと思う」

「そうですね。今回はネット通販をメインチャネルとして考えているのですが、プロモーションについてもロジックを整理しておいた方が良いですね」


遼平は緑川からのアドバイスを受け、葵と敦を招集し、企画書作成に取り掛かった。

「いよいよ新事業企画プロジェクトの取りまとめだ。来週社長と相談役へ中間報告としてプレゼンしに行く。お忙しい二人だから、端的にこちらの意見をまとめてみたいと思う。これから作成するのは事業企画概要（ビジネスモデル）とコンセプトの2枚だ」

「それだけですか？　これまで大変な思いで作成したグラフや表はお蔵入りですか？」

と、これまで頑張った葵は驚いた。

「付属資料として添付するから心配するな。そうした資料は実務展開する際に商品企画部や広告宣伝部とのやりとりで活用していく。まずはトップの了解をとらねば先へは進めんよ」

「良かったです。てっきり課長止まりかと思いました。じゃ、事業企画概要から始めましょう」

ほっとした葵は切り替えが早い。遼平は緑川から教えてもらったビジネスモデルのフレームワークを用いて一つ一つ協議していった。

「まずは顧客価値だが、顧客の定義付けをしよう」

「受容性テストの結果では、有職主婦の30代と40代の反応が良かったですが、特に40代のフルタイムをコアなターゲットとすべきと思います」

「そうだな、敦。フルタイムで朝から夕方まで働く女性ほど子どもの栄養に対するニーズも高く、コンセプト受容性も高かったからな」

「アーリーアダプターとしなくては良いですか？」

葵が聞いた。

「そこまでの細かさは現段階ではまだ不要だと思う。具体的な広告や、プロモーション展開で必要だから、そのときに資料をまとめていこう。次は提供価値だ」

「子どもの栄養管理が毎日のお菓子で簡単にできるってところでしょうか？」

「いいね。それでいこう。考えを文章にすることは難しい。文章表現の上手な葵さんがいてくれて助かるよ」

葵は照れながらまんざらでもない顔つきで続けた。

「業務プロセスには、忙しい主婦の買い物の手間を軽減させるために、ネット通販であることですね」

「あと栄養素の必要性も訴求したいですよね。著名な栄養士の説明用の動画なんかあったら良いですよね」

と敦が言った。

「うん。そうなんだが、現段階ではそうした具体的な手法ではなく、業務プロセスだから栄養素必要性の訴求というレベル感で良いと思う。質問されたらYouTube動画を考えていると口頭で補足する」

「分かりました。まだですね具体策は。どうも気が早くて」

「来週のプレゼンで大事なのは社長と相談役の合意を取り付けることだ。あまり細かいことで指摘をされていたのでは先へ進めない」

3人はプレゼンの目的を改めて認識し、話を進めた。

「競争優位は何でしょう。技術的な優位性もありますが、ビタミンB1やビタミンAといった他社で着目していない栄養素をいち早く取り入れた先行者利益ですかね」

「そうだな。コンセプトの妙だな」

「外部環境の変化要因として大きいのは、有職主婦の増加ですね」

という敦に葵が続いた。

「あと子どもの栄養素の偏りも！」

「核家族化が進展している中で有職主婦が増加し、長時間子どもだけで過ごすことが多いというのが前提となる。昔のように三世代家族であればおばあちゃんがいるからな」

遼平が補足しているうちに、いつの間にか葵がプロジェクタにシートを映し出した。

「ではこんなのでいかがでしょうか?」

「速いっすね。葵さん」

「葵さん、ありがとう。あとで私にメールで送っておいてくれ。最終の仕上げをしておく」

これで、事業企画の核は決まった。続いてコンセプトをまとめる。

図表96-2 **フレームワークに当てはめた今回の事業企画**

1	顧客価値	→	【ターゲット顧客】フルタイムで働く40代主婦 【提供価値】仕事で子どもと接する機会が少なくとも、毎日のおやつできちんと子どもの栄養管理ができる
2	業務プロセス	→	●インターネット通販によるダイレクトチャネル ●Webページによる栄養素必要性の訴求
3	競争優位	→	【競合】健康食品メーカー、菓子メーカー 【優位性】訴求する栄養素の新規性
4	収益	→	有職主婦からの直接購買 ダイレクトチャネルによる収益増加が期待できる

⬆

5	外部環境	→	有職主婦の増加 子どもの栄養素の偏り

▼プレゼン用のコンセプトをシートにまとめる

「プレゼン用のコンセプトはこんなチャートを使おうと考えている」

「また新しいフレームワークですね」

「そうだが、これまで考えてきたことを整理するだけだ。簡単に説明しよう。まずターゲットの欄には、①デモグラフィックや②意識特性、③生活スタイルなどの特性を記入する。ニーズはターゲット顧客の顕在ニーズと潜在ニーズを記入する。特に重要なニーズだけで良い。使用シーンは大丈夫だよな。ターゲット顧客が本コンセプトで使用するシーン（時間・場所・状況）についてだ。商品概要

図表97-1 コンセプトのフレームワーク

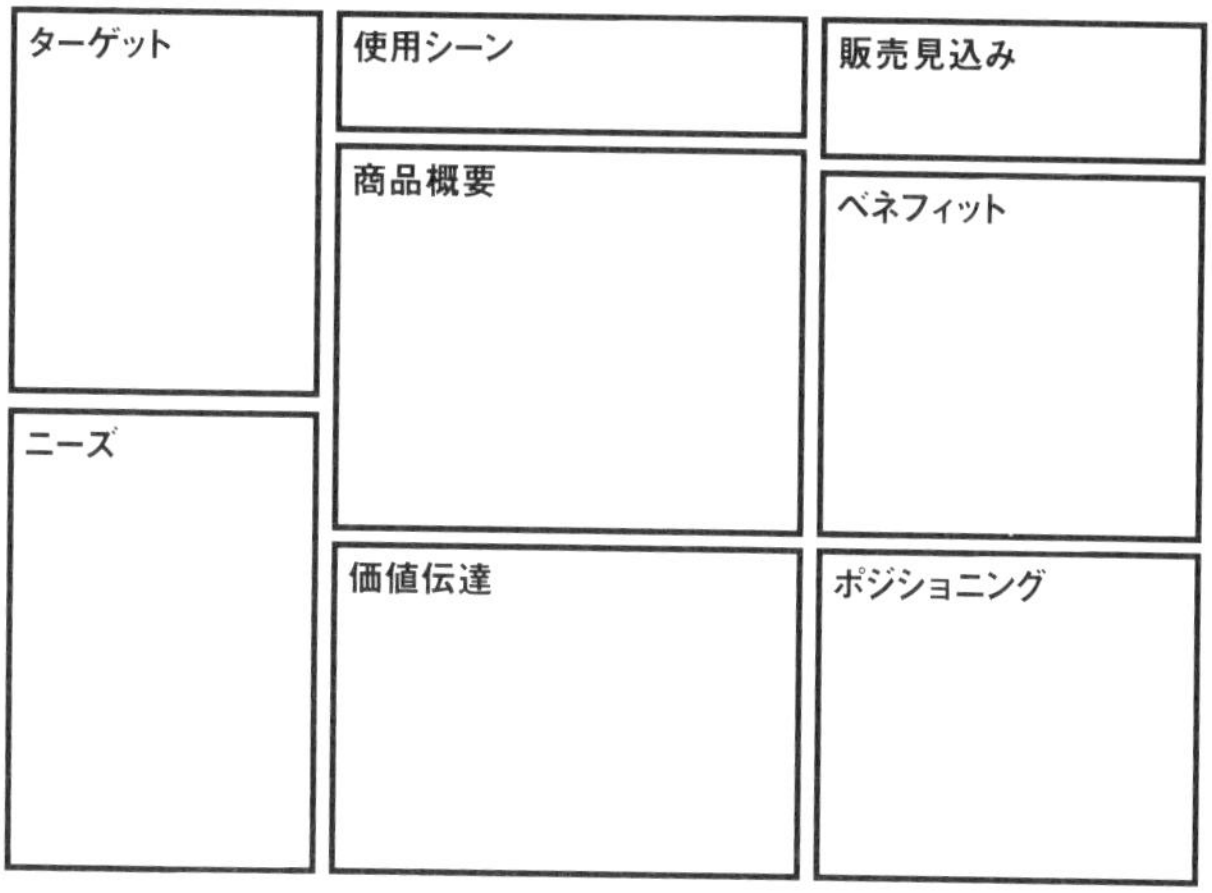

は、ターゲット顧客のキーニーズをどのように解決、解消するのか、基本機能、イメージ機能、付随機能、価格について記入する。価値伝達は、商品価値を顧客に対して、どのように伝達するかを記入する。プロモーションとチャネル展開についての簡記で良いだろう。

ベネフィットは、本商品を購入、使用することによって得られるベネフィットを記入する。①実用的なベネフィットと②感情的なベネフィットに分けて検討しよう。ポジショニングは、ターゲット顧客に対して本商品をどのように位置づけたいのかを明記する。最後に販売見込みは、本商品企画での販売見込金額を記入する。売上試算だな」

「ありがとうございます。分かりました。では私と敦でたたき台を作ってきますので、微調整を課長にお願いしたいと思います。明日の夕方お願いしてもいいですか？」

「振られる前に自分から言い出すとは、葵さん、成長したな」

「はい！　動かない課長のもとで鍛え…」

「なんか言った？」

3人は葵の冗談に笑い合った。


翌日、葵と敦は、遼平の描いたコンセプトチャートを見ながら、各要素について検討していった。そして夕方、葵は会議室にて、それを遼平に説明した。

「敦と二人で考えました。いかがでしょう」

「初年度1000万個、売上5億円か、インパクトとしてはまあまあだな。ロジックは？」

「当社のこれまでの商品と比較しました。当社のヒット商品基準が年間1000万個だったもので、今回はビジネスモデルが変わりますが、それを言い訳に目標を下げるというのも…と思いまして」

図表97-2 今回のコンセプト

コンセプトシート

ターゲット

- フルタイムで働く40代主婦
- 世帯年収は750～1000万円
- 子どもを持ち、仕事と家事に毎日忙しい
- 家族に、必要な栄養がとれているか気にしている

ニーズ

- 自分がいない時間でも子供にはきちんと栄養補給させたい
- そのまま食べても、少し手を加えてもおいしくいただける菓子を子供に与えたい
- 摂取することによる効能や効果的な摂取方法を分かったうえで、必要な栄養素を摂取させたい

使用シーン

- 平日の子どものおやつ

商品概要

冷やしておいしいビタミンゼリー（ビタミンA／ビタミンB１／カルシウム）

- 毎日のおやつで子どもに不足しがちな栄養素を簡単チャージ
- インターネット通販で手軽に購入できる。定期購買すれば買い忘れなしで安心
- １個50円（税別）定期購買セットとして30個入りのお徳用パックは1200円（税別）

価値伝達

- 栄養素理解促進の為のWebサイトで価値訴求
- 子育てサイトとのジョイント企画や、ＳＮＳ広告、経済誌へのパブリシティ展開など
- 栄養士等の専門家とのコラボ企画
- 販売チャネルはメーカーダイレクトチャネル

販売見込み

- 初年度1,000万個
（定期購買17,000セット）

ベネフィット

- 【親のベネフィット】自分がいない間でも安心して、子供の栄養バランスを整えることができる
- 【子供のベネフィット】おいしいお菓子を食べるだけで、偏りがちな食生活を補足し丈夫な身体をつくることができる

ポジショニング

- 子どもに不足しがちな栄養素（カルシウム、ビタミンB1、ビタミンA）を美味しいおやつで補給
- 家事に仕事に忙しい私でも簡単に家族の栄養管理ができる

「分かった。あとは私が検討してみる。それ以外は良い線いっていると思うが、課題は価値伝達、プロモーションがしっかりできるかどうかだな。現状では少し弱い気がする」

「そうですね。当社には生活者に安心感を与えられるほどのブランド力があるかどうか…ですね」

「マーケティング費用をそこまでかけられないから、パブリシティやWeb、SNSでの広告で地道に展開していくという方向性だな。価値さえ訴求できればいけるんだが、これまで手掛けたことのないダイレクトチャネルだから、そこがポイントになるな」

02 役員プレゼン

▼プレゼンテーションの組み立て

「いよいよ明日だな。社長と相談役へのプレゼン」

緊張した面持ちの遼平に緑川が言った。

「そうなんですよ。とても緊張しています」

「よし、じゃあお前への最後のレクチャーだ。プレゼンでのポイントをレクチャーしてやろう」

「ありがとうございます。よろしくお願いします」

「まずは発信者と受け手の意識の違いを認識することから始めないといけない。社長命令でのプロジェクトということで甘えてはいけない。基本的に考えている方向が異なっている。まずは発信者、つまりプレゼンする方、こちらはこれまでの長い道のりで苦労したことを全て話したいという欲求が強い。しかし、社長や相談役はそんな時間はないんだ。読み聞かせじゃないからな。ビジネスでは結論をまず先に言うこと。そして相手の興味関心

図表98　発信者と受け手は考えていることが異なる

のある効果を早い段階で提示することだ」

「なるほど～。ロジカルに話を展開していかないといかんですね」

「そもそも発信者と受け手には意識のギャップがあるってことだ。これを解消するには、3つの要点をまとめること」

①テーマ：何の話をするのか？　ビジネスではニーズや課題になる

②提　案：課題解決のための方策。受け手に何をしてもらいたいのか

③効　果：実施した場合の効果。受け手の一番の興味関心事

「これらをしっかりと押さえることだ。合わせて話のストーリー展開を考えておくことが必要だ。いきなり本論に入っても相手も緊張している。ウォーミングアップが必要だ。アイスブレイクといってお互いの緊張を解きほぐす会話から入った方が良い。あまり時間はかけなくて良いがな。少し場が和むような話題だ。例えば、マーケティング課に来てからの意識の変化や、生活習慣、ものの見方の変化などから入るのも良いかもしれない。そして本日のメニューを紹介する。テーマ、提案、効果のサマリーを簡単に言えるようにしておくんだ」

必死にメモをとる遼平だが、緑川は容赦なしに続ける。

「序論で場が温まった後は、いよいよ本論。ここで活発な議論が出るように進めていくのも大事なポイントだ。質疑をまとめて最後に時間をとるパターンも良いが、良好な場を維持するにはざっくばらんに意見交換できる方が良いと思う。最後が大事だ。で、結局何をしてもらいたいのかを明示すること。最後の締めくくりだな」

①序論：本論を要約する。興味や関心の誘発

②本論：具体的なイメージにより理解を促す。主張の裏付けを提示し説得力を高める

図表99 プレゼンの流れ

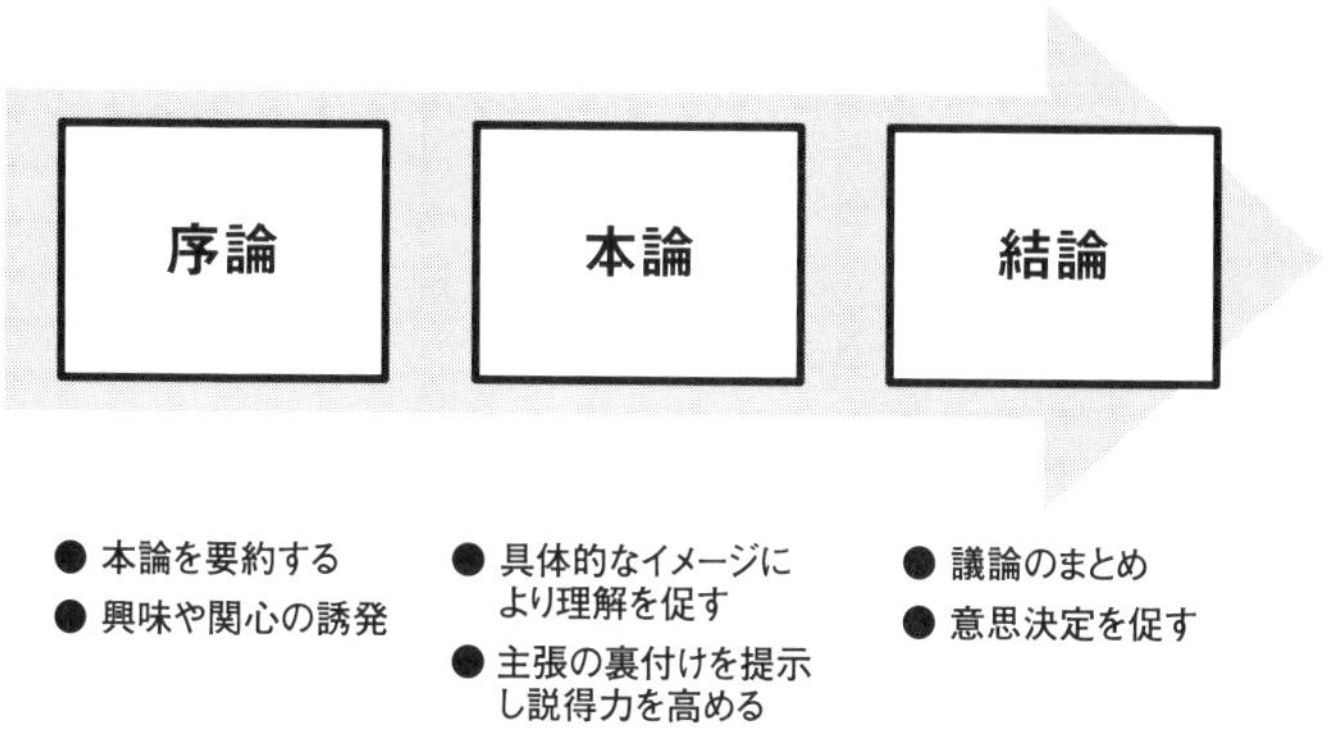
序論
本論
結論
● 本論を要約する
● 興味や関心の誘発
● 具体的なイメージにより理解を促す
● 主張の裏付けを提示し説得力を高める
● 議論のまとめ
● 意思決定を促す

③結論：議論のまとめ。意思決定を促す

「最後にプレゼンテーションの組み立てをまとめる。話の展開とポイントをマトリクスにして、それぞれ何を話すのか考えておくのだ。ポイントは、序論で『おお！』と思わせて、興味関心を高める。本論で詳細の説明をして、最後結論で締めくくる。実際に何を話すのか考えておくんだな」

「ありがとうございます！　もう一度整理して、明日に備えます。これまで本当にありがとうございました」

「成功を祈っているよ。ただ、一度に全

図表100-1 プレゼンテーションの組み立て

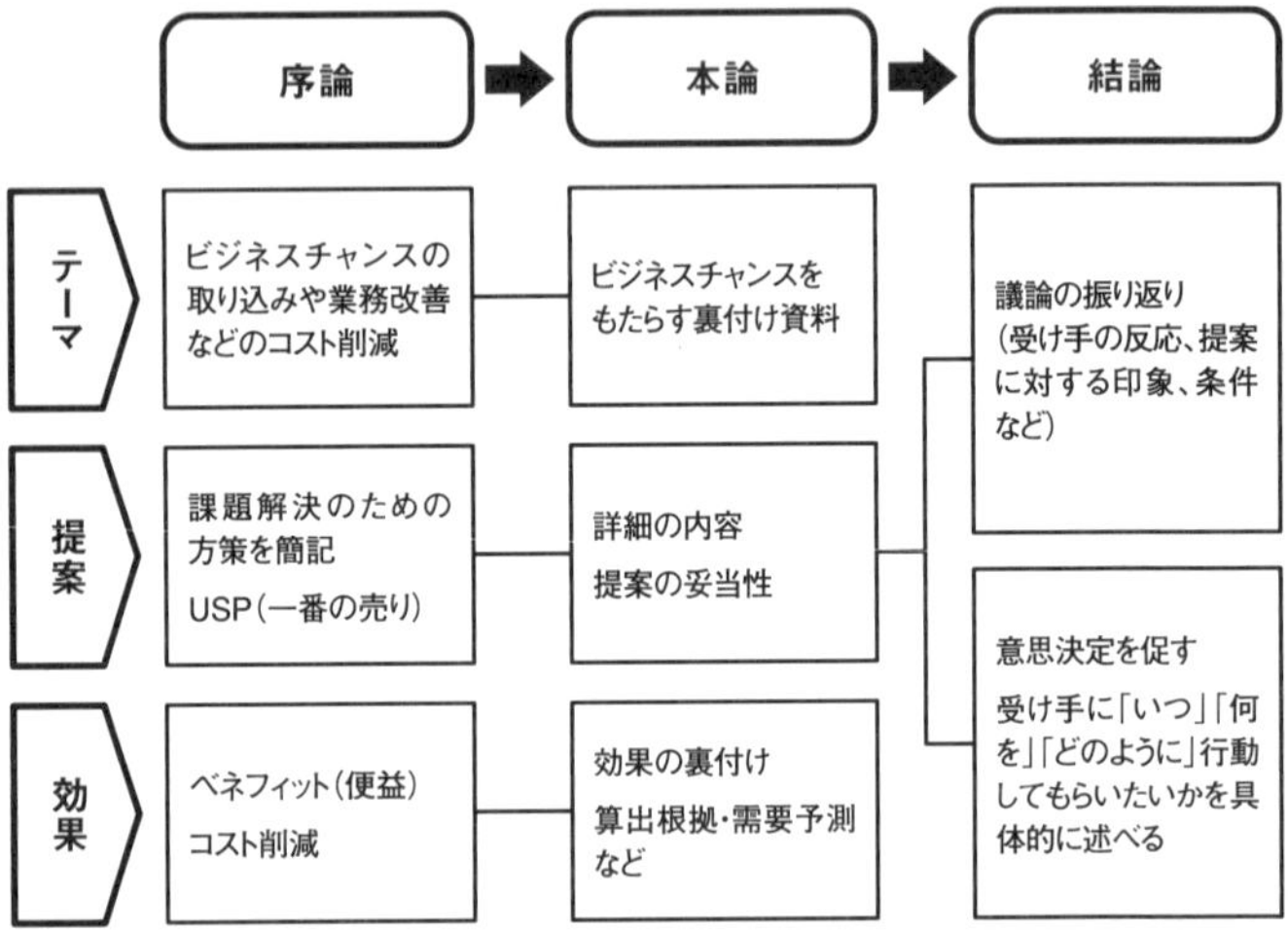

て了解を取れると思うな。組織は様々な観点から協議することに意義があるんだから粘り強く、投げずにな」

「はい、ありがとうございます。肝に銘じておきます。丁寧に説明したいと思います」

緑川が退出し、遼平はフレームワークに則ってプレゼンテーションの組み立てを始めた。「やはり、収益目標のロジックを考えなければならないな。あとは企画書の形式にしてこの流れをもとにしてパワーポイントを作成しておいた方がいいな」とひとり考え、作業を進める。時間が経つのは早く、終電ギリギリまで作

図表100-2 プレゼンテーションの組み立て（遼平作）

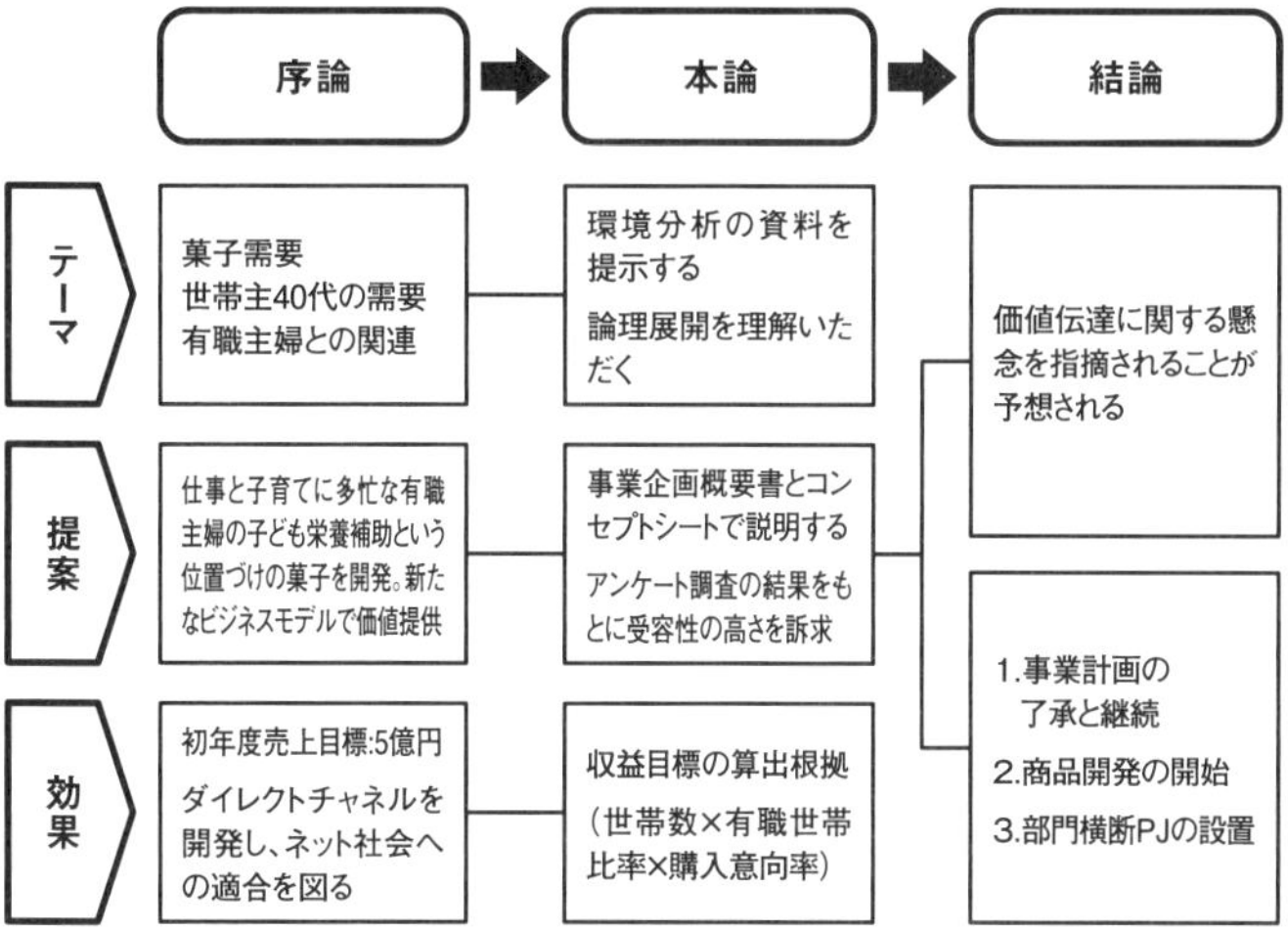

業は続いた。

▼プロジェクトの可否を決めるプレゼンテーション

「課長、おはようございます。昨日は遅かったんですね」

「ああ、最後の総仕上げだ。君らの頑張りを無にはしないぞ」

「いつの間にか企画書形式になってる～。課長、パワーポイントできるんですね」

「ああ、君らの作ったグラフやフレームワークを整理して、プレゼンの順に入れ替えたりした」

　敦の茶化しに真面目に返答するほど、遼平は緊張していた。

「課長はやはりすごいですね。全体が見えているから指示が的確なんですね」

と葵は尊敬の眼差しだ。

「おだてても何も出んぞ〜」

「え〜出ないんですか〜。せめて祝杯ぐらい…」

「まだ早いが、良い結果が得られたら今日は一杯行くか？」

「やったー！　私たちの分まで頑張ってください」

社長室に入った遼平は、企画書をプロジェクタへ映し、いよいよプレゼンテーションを行った。

図表101　遼平が作成した企画書

新事業開発 企画書

2017年8月15日

営業本部　マーケティング課　課長　仁科遼平

事業企画概要

- 本日は貴重なお時間をいただき、誠にありがとうございます。
- かねてよりマーケティング課で取り組んで参りました「新事業開発プロジェクト」の中間報告をさせていただきます。

【ビジネスチャンス】

- 有職主婦の増加
- 世帯主４０代世帯の旺盛な菓子需要

【事業テーマ】

- 仕事と子育てに多忙な有職主婦の子ども栄養補助という位置づけの菓子を開発。新たなビジネスモデルで価値提供

【新事業の効果】

- 初年度売上目標：５億円
- ダイレクトチャネルを開発し、ネット社会への適合を図る

1

ビジネスモデル

1	**顧客価値**	→	【ターゲット顧客】フルタイムで働く40代主婦 【提供価値】仕事で子どもと接する機会が少なくとも、毎日のおやつできちんと子どもの栄養管理ができる
2	**業務プロセス**	→	● インターネット通販によるダイレクトチャネル ● Webページによる栄養素必要性の訴求
3	**競争優位**	→	【競合】健康食品メーカー、菓子メーカー 【優位性】訴求する栄養素の新規性
4	**収益**	→	有職主婦からの直接購買 ダイレクトチャネルによる収益増加が期待できる

5	**外部環境**	→	有職主婦の増加 子どもの栄養素の偏り

コンセプトシート

ターゲット

- フルタイムで働く40代主婦
- 世帯年収は750～1000万円
- 子どもを持ち、仕事と家事に毎日忙しい
- 家族に、必要な栄養がとれているか気にしている

ニーズ

- 自分がいない時間でも子供にはきちんと栄養補給させたい
- そのまま食べても、少し手を加えてもおいしくいただける菓子を子供に与えたい
- 摂取することによる効能や効果的な摂取方法を分かったうえで、必要な栄養素を摂取させたい

使用シーン

- 平日の子どものおやつ

商品概要

冷やしておいしいビタミンゼリー（ビタミンA／ビタミンＢ１／カルシウム）

- 毎日のおやつで子どもに不足しがちな栄養素を簡単チャージ
- インターネット通販で手軽に購入できる。定期購買すれば買い忘れなしで安心
- １個50円（税別）定期購買セットとして30個入りのお徳用パックは1200円（税別）

価値伝達

- 栄養素理解促進の為のWebサイトで価値訴求
- 子育てサイトとのジョイント企画や、ＳＮＳ広告、経済誌へのパブリシティ展開など
- 栄養士等の専門家とのコラボ企画
- 販売チャネルはメーカーダイレクトチャネル

販売見込み

- 初年度1,000万個
（定期購買17,000ｾｯﾄ）

ベネフィット

- 【親のベネフィット】自分がいない間でも安心して、子供の栄養バランスを整えることができる
- 【子供のベネフィット】おいしいお菓子を食べるだけで、偏りがちな食生活を補足し丈夫な身体をつくることができる

ポジショニング

- 子どもに不足しがちな栄養素（カルシウム、ビタミンB1、ビタミンA）を美味しいおやつで補給
- 家事に仕事に忙しい私でも簡単に家族の栄養管理ができる

付属資料

菓子市場は微増ながら拡張している

全日本菓子協会「菓子類推定生産高」よりグラフ化

世帯主年齢40代の世帯で菓子購入額が旺盛

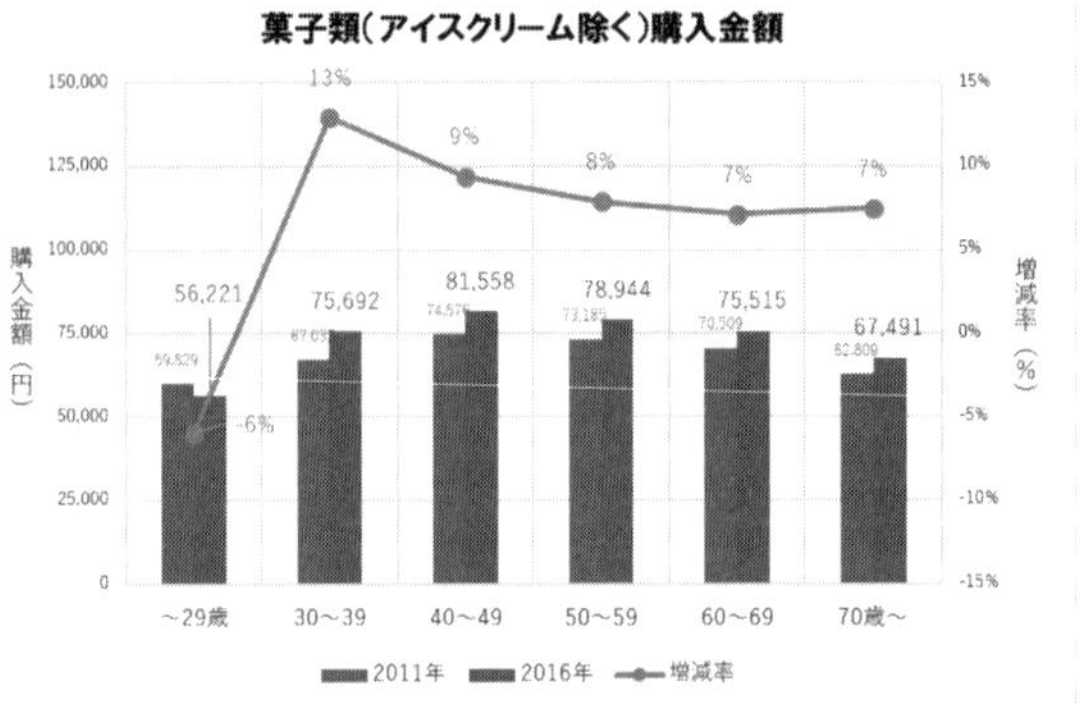

総務省「家計調査年報」より

40代世帯は、スナックやビスケット、ゼリーの購入が特徴的

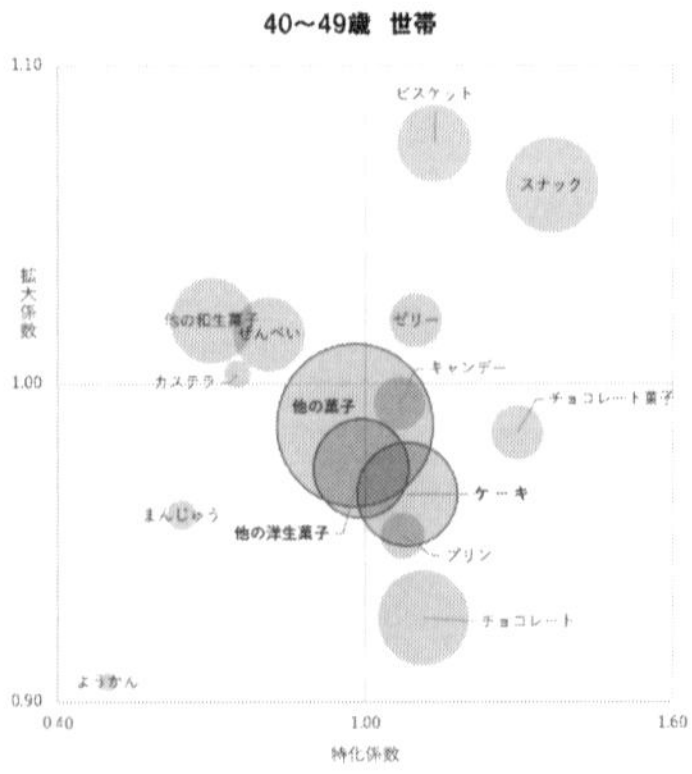

総務省「家計調査年報」より

40代世帯は有職主婦率が高く子どものおやつ需要に影響を与えている

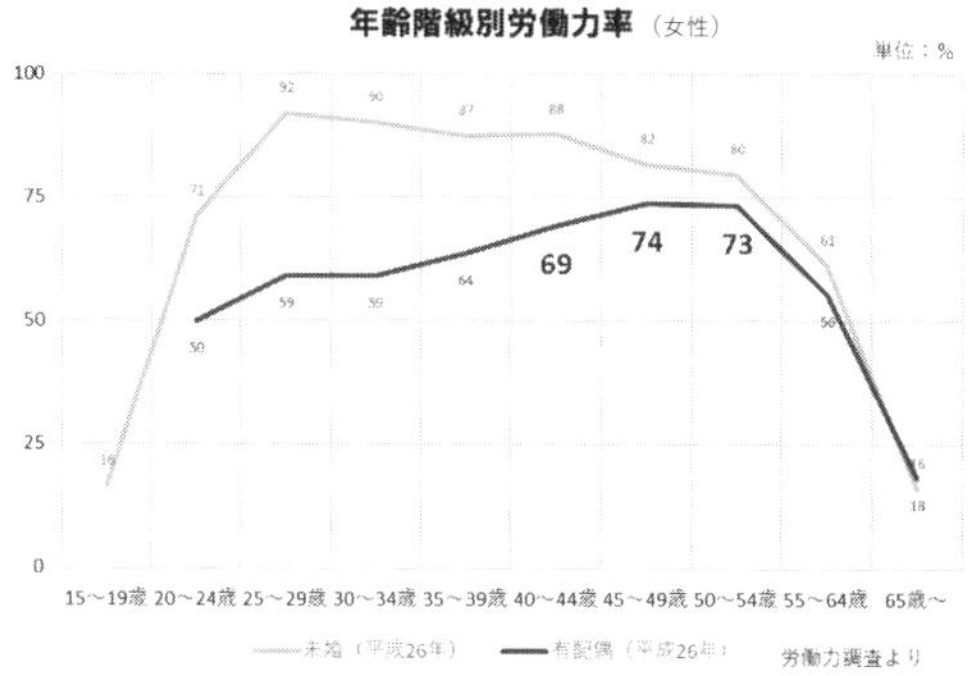

40代有職主婦(フルタイム)のニーズが高い

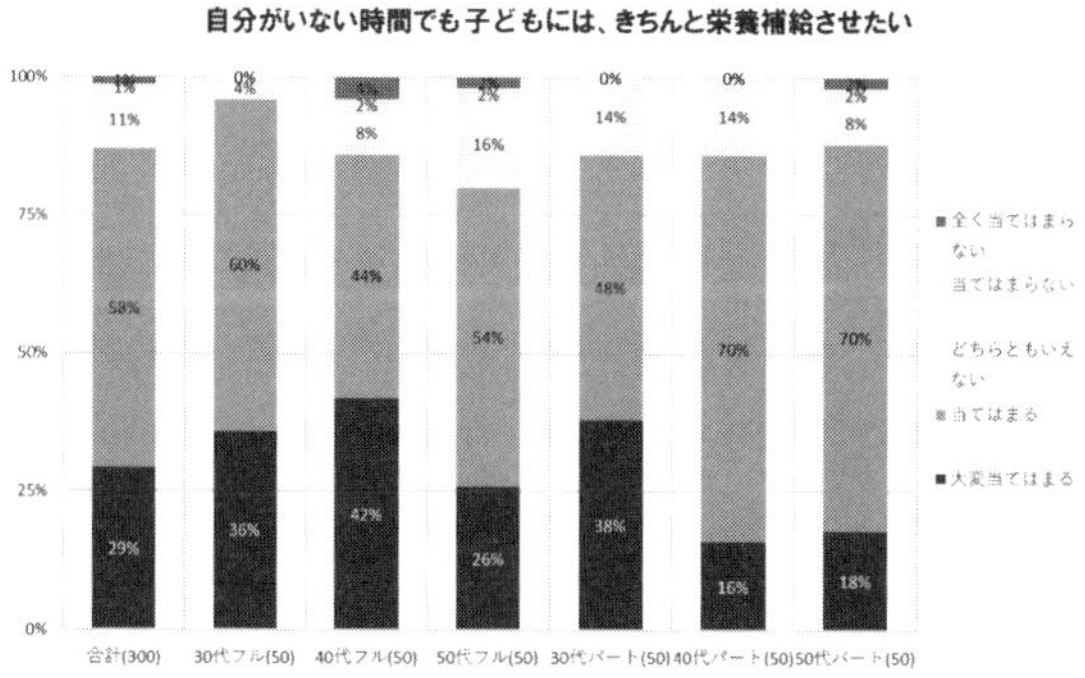

40代有職主婦（フルタイム）は、栄養素に対する情報ニーズも高い

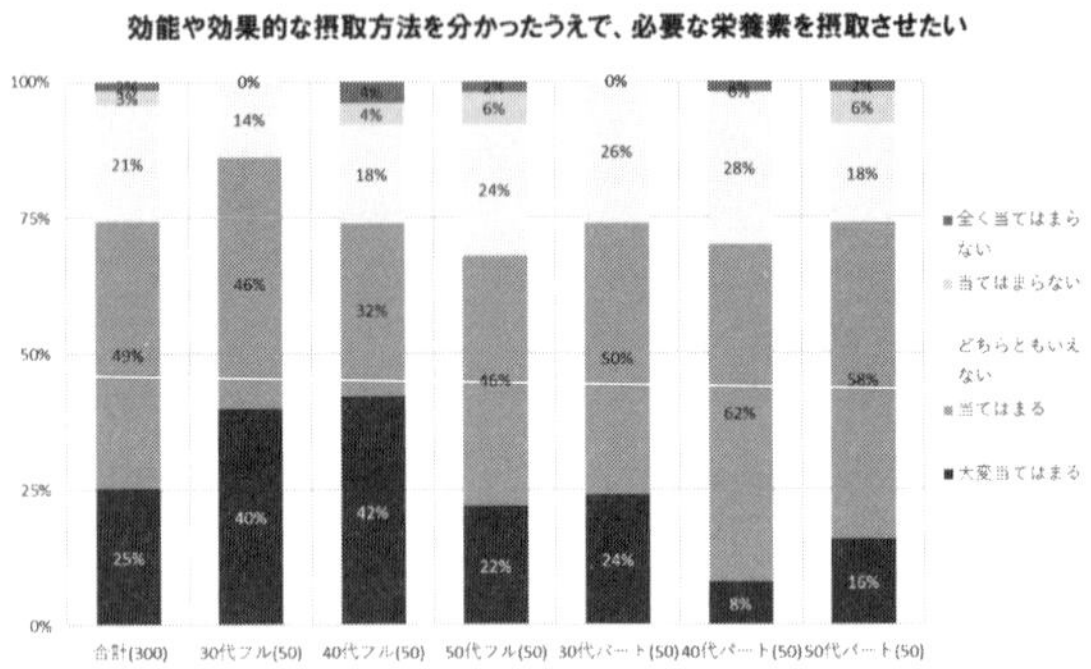

ビタミンゼリーのコンセプト受容性が高い

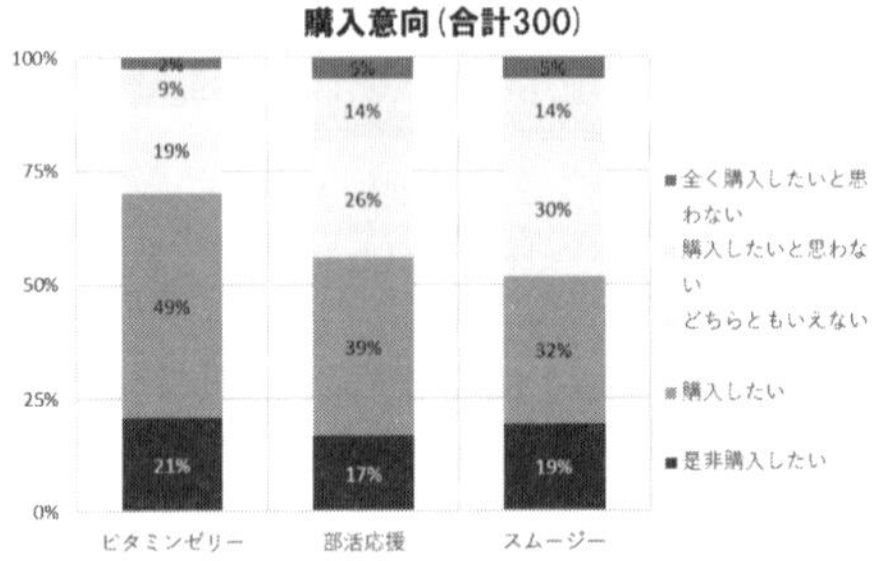

40代有職主婦（フルタイム）ではビタミンゼリーの受容性が顕著に高い

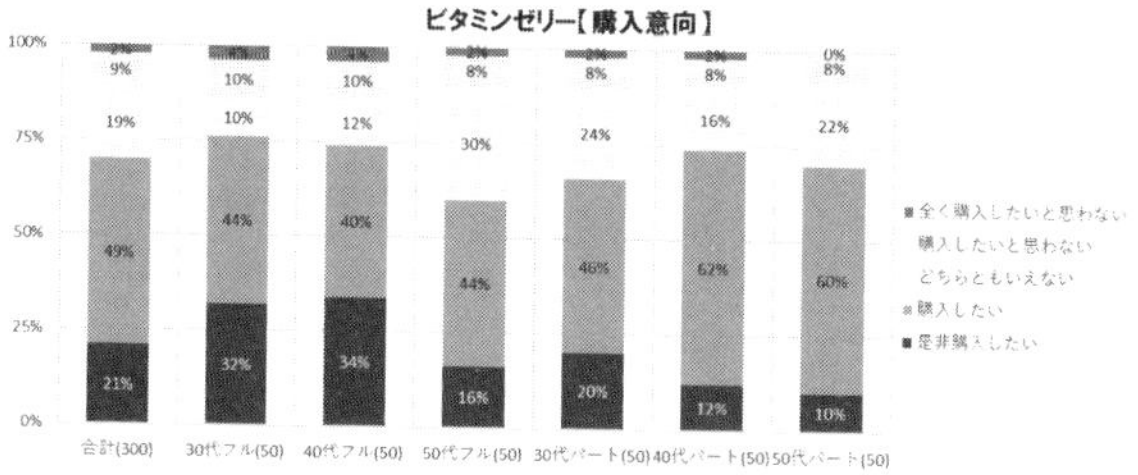

売上予測

	共稼ぎ世帯	購入意向率	潜在顧客	広告到達率	トライアル顧客数	トライアル販売個数	トライアル販売総数	定期購買率	定期購買者数	定期購買個数	定期販売個数	定期販売総数	初年度販売個数
30代世帯	2,081,936	26%	541,303	10%	54,130	30	1,623,910	10%	5,413	180	974,346	2,598,256	4,222,167
40代世帯	3,691,356	23%	849,012	10%	84,901	30	2,547,036	10%	8,490	180	1,528,222	4,075,257	6,622,293
50代世帯	2,519,663	13%	327,556	10%	32,756	30	982,669	10%	3,276	180	589,601	1,572,270	2,554,938
合計	8,292,955	21%	1,713,877	10%	171,388	30	5,141,632	10%	17,139	180	3,084,979	8,226,612	13,368,244

※ 共稼ぎ世帯：労働力調査、国勢調査より算出
※ 購入意向率：アンケート調査のトップボックスより
※ トライアル販売個数：最低発注単位３０個
※ 定期購買個数：１年継続３３０個（360-30）＋２か月３０個（60-30）の平均値

ご提案

1. 新事業開発の了承と継続
   - 新規事業開発プロジェクト取組みをご了承をいただき、有職主婦の増加というビジネスチャンス獲得を公式に発表

2. 商品開発の開始
   - コンセプトを満たす技術開発開始のご決断

3. 部門横断ＰＪの設置
   - 商品開発部、広告部、営業部を巻き込んだ部門横断プロジェクトの設置

緑川のアドバイス通り、アイスブレイクも織り交ぜた序論は大成功。本論でも社長、相談役からの活発な意見を得られた。企画書最終ページの結論の説明に入ったところで相談役からの「待った」がかかった。

「これまで大人しく聞いていたが、もう少しビジネスモデル面での工夫が必要だ。お前の話はビジネスモデルというよりも、ビジネススクールの卒論に過ぎない。考えが浅い。そんなことでみなとやを変えられると思っているのか」

社長の陽子も続けた。

「ビジネスモデルがね〜。ＭＢＡホルダーの私から見ちゃうとお粗末この上ないわね。い

まどきネット通販が新事業っていう時代でもないし。まぁ古い体質のみなとやからしてみれば斬新かもしれないけど、世間的には20年遅れているわよね。もちろん先行者メリットなんてないしね」

「有職主婦は良いが、収益源が主婦からだけのビジネスなら物販の域を出ていない。これまでと何が違うんだ」

相談役の機嫌があまり良さそうではないことは分かるが、回答が見当たらない遼平に陽子が助け舟を出した。

「例えば、有職主婦の〝家計〟からだけではなくて、勤務先からっていう手はないかってことよ」

「なるほど！　健保組合とか労働組合とか、そういう部類ですね」

「それも間違っちゃいないけど、いまは働き方改革でしょ。社員の生活の質を上げてこその生産性向上じゃない」

「本当に本気で考えているのか？　マーケティング課長が寂しい限りだ」

遼平は、これまで順調にディスカッションできていると感じた自分を恥じた。相談役ばかりか社長まで、手厳しい。

すっかり肩を落とした遼平に陽子が言った。

「確かに粗いけど、まあ、論理的ではあると思うわ。有職主婦のニーズを掴んだ企画だと思うし、検証もされている。そうね、健保組合経由でWebセミナー、子育てする女性の支援活動の一環としてプロモーション展開しても良い。一括購入でディスカウントも良いわ」

「いずれにしてもこのまま新事業企画とはいかんな。新しいプロジェクトではそのあたりをしっかりと検討して成果の上がる企画を立ててほしい」

「…えっ、良いんですか？　相談役」

「だから、これで良いとは言っていない。これからの検討次第だということだ。筋はさほど悪くないが、粗い。粗すぎる。もっと真剣に考えろ！」

「ははーっ、ありがとうございます」

「相談役の言う通り、ビジネスモデルとしては30点だけど、テーマ設置、コンセプトは良いと思う。この線で継続して進めてみてください。来月の経営会議でプロジェクト設置を発表します。プロジェクトメンバーを束ねて今度は私と相談役をうならせる企画を立ててちょうだい」

「ありがとうございます。誠心誠意取り組み、必ず成果の上がる事業企画を立てていきたいと思います」

どうなることかと思ったが、大きな宿題付きで何とかプロジェクト継続、新事業検討の継続にこぎつけた。初めての課長、初めてのマーケティング、初めての事業企画…これまでの緑川と部下二人との取り組みを思い出し、涙ぐむ遼平だった。

プロフェッサー緑川幹夫の教え　その7

▼発信者と受け手の意識は異なることを認識する

✧何の話かテーマを明確にする

✧結論を先に述べる

✧受け手に何をしてほしいのかを明確にする

▼3つの要点をまとめておけば発信者と受け手の意識ギャップを解消できる

①テーマ：何の話をするのか？　ビジネスではニーズや課題になる

②提案：課題解決のための方策　受け手に何をしてもらいたいのか

③効果：実施した場合の効果　受け手の一番の興味関心事

▼プレゼンを成功させるには、ストーリー展開を考えておくことが必要

①序論：本論を要約する　興味や関心の誘発

②本論：具体的なイメージにより理解を促す　主張の裏付けを提示し説得力を高める

③結論：議論のまとめ　意思決定を促す

▼一度に全て了解を取れると思うな

✧組織は様々な観点から協議することに意義がある

✧一度のプレゼンでめげずに粘り強く

第 8 章
まとめ

図表102 本編で扱った全体の流れ

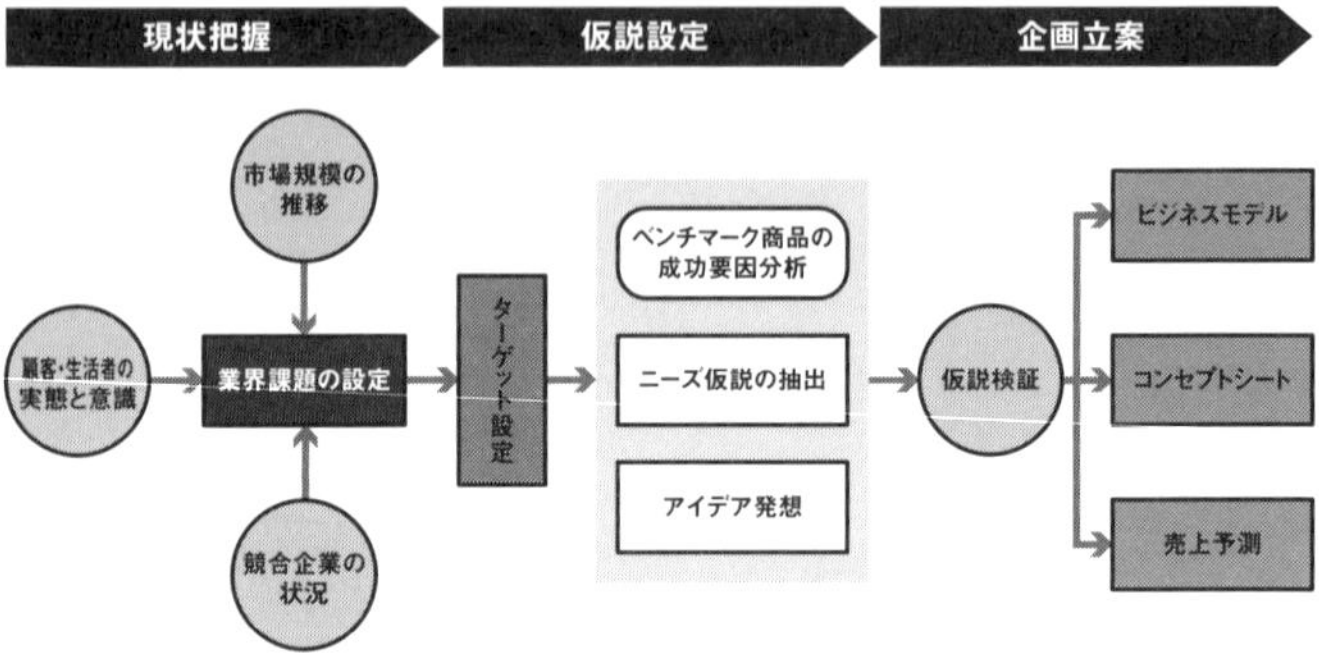

この章では、1章～7章の本編を補足する分析方法やフレームワークの解説をまとめて提示していきます。ナビゲータは緑川と葵が務めます。

その前に、まずは本編で扱った全体の流れを改めて整理します。今回は新事業企画が遼平のミッションでしたので、現状を把握し、仮説を設定し、企画を立案するという大きな流れでストーリーが展開されました。

本章では、各プロセスで必要な知識・スキルを解説していますので、読者の皆さんの業務に沿って活用してください。

1　情報収集のポイント～初期仮説を立てて、効率的に行おう～

図表103　**情報収集を行う際の留意点**

目的の明確化	何のために情報を収集するのか、目的を明確にする。基礎知識収集なのか、企画作成のための課題探索なのか。
対象の明確化	商品カテゴリー、業界、顧客属性など情報収集対象を決定しておく。情報収集する内に対象は広がっていく。
課題の明確化	目的遂行のための課題を整理する。例えば新規事業を企画する場合に需要予測が必須など。
初期仮説の設定	これまでの経験から顧客に関する知識を棚卸して、頭の中にある知識・情報を整理する。文字にすることで仮説を明確にする。

情報収集を始める前に

まずは私、緑川が情報収集のポイントについて解説する。これまで多くの統計データを見てきたが、インターネットを容易に活用できる状況にある今、情報を収集する手間は大幅に削減された。情報を収集するのが大変なのではなく、多くのデータが集まりすぎて困ってしまうのだ。効率的に情報収集するには上の図の視点に留意することが求められる。

情報収集を単なる作業として捉え、何

も考えずに進めていくと大変なことになる。インターネットで検索される情報は膨大だから、確認するだけでも一苦労というわけだ。目的や対象、（情報収集する上での）課題を明確にした上で、初期仮説を設定するのが賢明だ。

初期仮説の検証のためのデータ収集

仮説については、第1章で解説したが、情報収集する上でも仮説思考は役に立つということだ。闇雲に手あたり次第、情報収集するのではなく、仮説を最初に立てて、その仮説を検証するためのデータを収集するというアプローチが有効なんだ。

例えば、ここ数年、若者が自動車を購入しなくなったと言われている。何故なのか、初期仮説を立ててみよう。ここでは、若者とは20代男女としたいと思う。自動車については新車、中古車どちらも含め、二輪車は除外して考える、という前提で考えてみよう。

若者が自動車を購入しなくなったのは…

【初期仮説】
①給与水準が低下したから
②消費欲がなくなったから
③自動車以外のコトに関心が移ったから

の３つを挙げてみる。これは情報を収集した結果として導いた結論ではなく、私の頭の中にある印象をもとにしたものであり、思考の入り口、まさに初期の仮説である。この初期仮説を検証することで精度を高めていく。検証作業として「情報」を活用していくんだ。

では、早速やってみよう。

①の「給与水準が低下」というのは、若者の給与が減少しているということである。フリーターや派遣社員というキーワードが定着して何年も経つが、平たく言ってしまうと「カネがないから自動車を購入できない」ということである。さあ、ネットから情報収集してみよう。

総務省が実施する「全国消費実態調査」によると、30歳未満単身勤労者の可処分所得は、

図表104　30歳未満単身勤労者の月当たり可処分所得

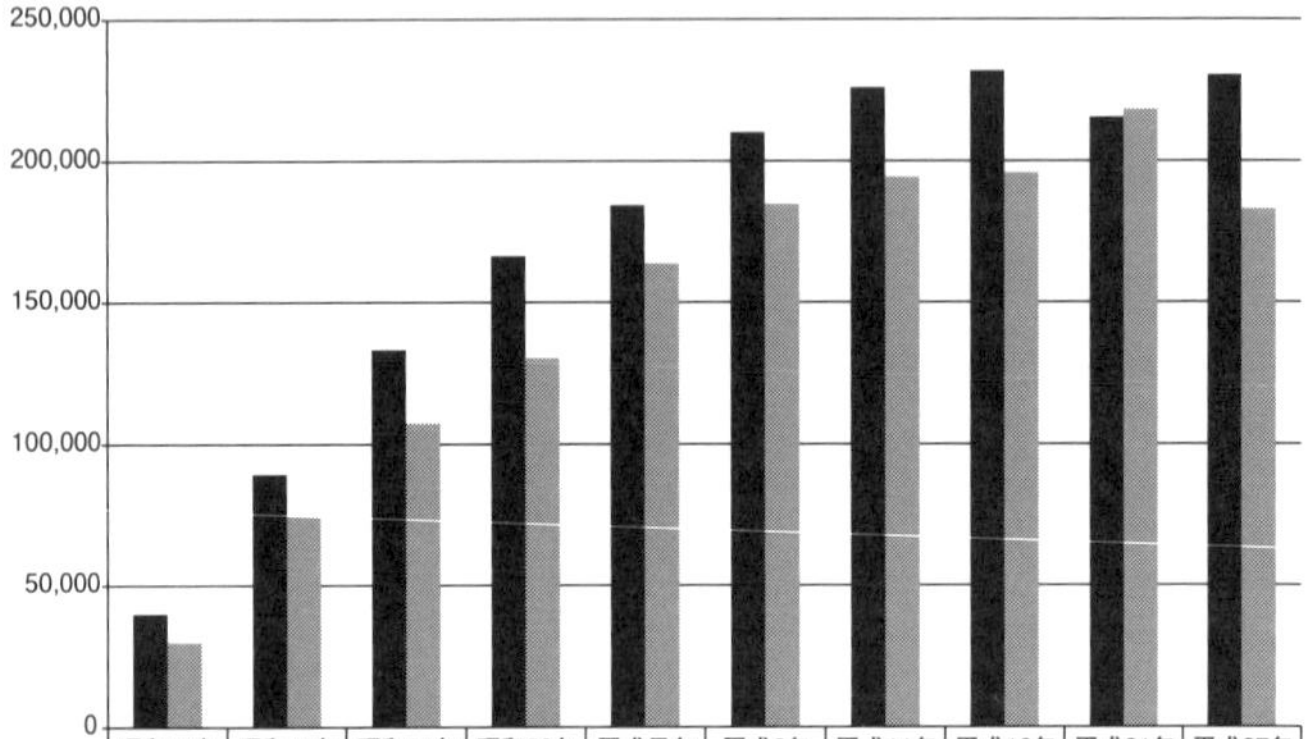

	昭和44年	昭和49年	昭和54年	昭和59年	平成元年	平成6年	平成11年	平成16年	平成21年	平成27年
■ 男性	40,049	89,370	133,244	166,264	184,423	210,199	225,959	231,851	215,515	230,433
■ 女性	29,936	74,582	107,402	130,318	163,618	184,833	194,343	195,902	218,156	183,193

（円）

全国消費実態調査　全国家計収支に関する結果（単身世帯）

平成27年で男性23万円、女性18万円とされている。男性はリーマンショック前の平成16年の水準にほぼ回復していることが分かる。バブル時代の平成元年と比較しても4万円以上増加している。女性も前回調査からは大きく減少（3万4千円）しているものの、平成元年よりも2万円近く増加している。こうしてみると、物価変動による補正はしていないものの、バブル時代の若者よりも「お金がない」とは言い切れない。オープンデータを収集した結果、①の仮説を採用することに無理があるということが分かった。

次に②の「消費欲がなくなった」は、

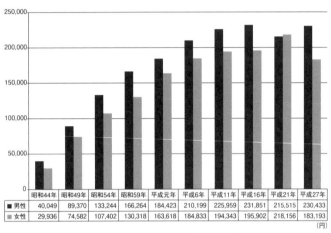

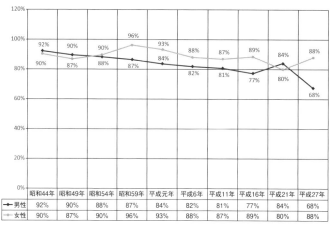

図表105 30歳末満単身勤労者の平均消費性向

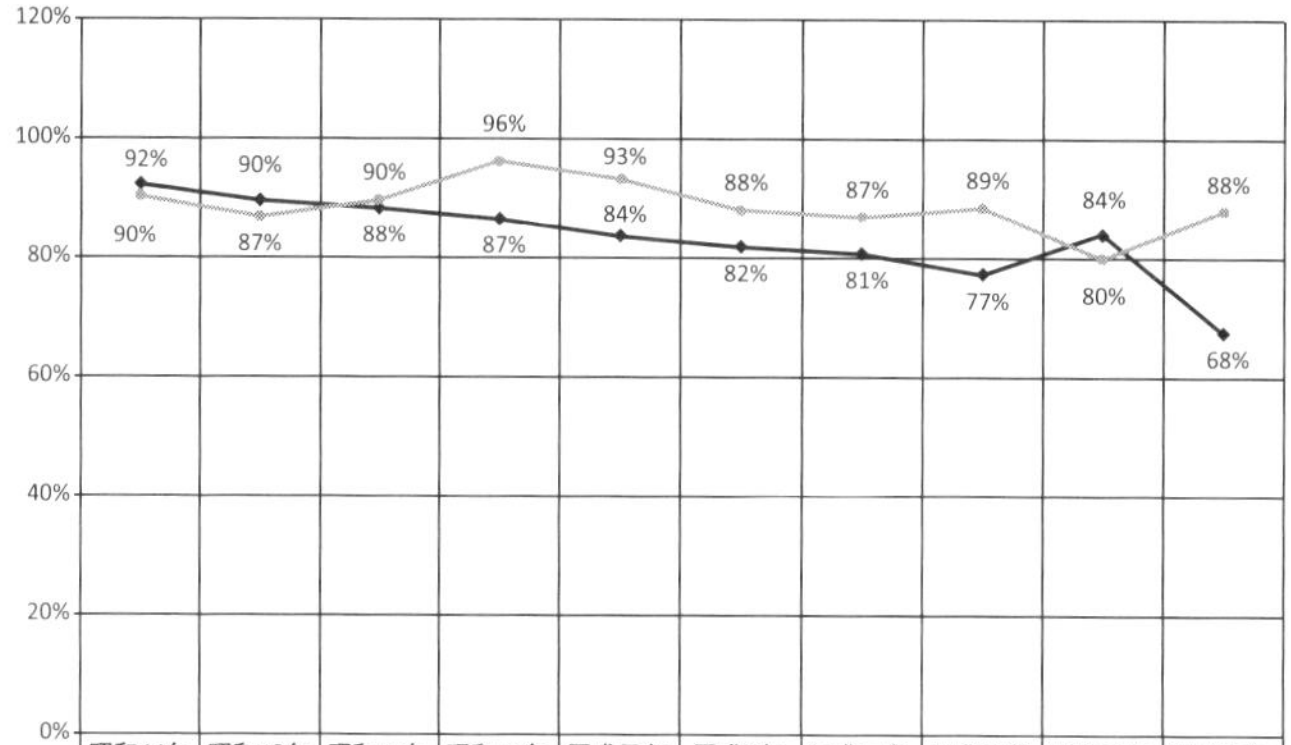

	昭和44年	昭和49年	昭和54年	昭和59年	平成元年	平成6年	平成11年	平成16年	平成21年	平成27年
男性	92%	90%	88%	87%	84%	82%	81%	77%	84%	68%
女性	90%	87%	90%	96%	93%	88%	87%	89%	80%	88%

全国消費実態調査より

「消費＝悪いこと」と捉える風潮が進展しているということである。日本経済は「失われた20年」と言われるように、低迷した経済環境が20年以上続いている。現在の20代は人生そのものがスッポリと納まってしまう。そうした時代に育った世代は「お金をつかうこと」に慎重になる。給与水準はさほど変わっていないが、支出を減らしているため自動車を購入することを躊躇している姿が目に浮かぶ。自動車は、購入時のイニシャルコストだけでなく、整備や駐車場などのランニングコストもかかる。こうしたコストを負担することが自動車を所有することの障壁となっているということである。さあ、こちらもネットから情報収集してみよう。

全国消費実態調査の消費性向をみると、男女ともに平成元年と比較すると減少していることが分かる。特に男性は年々減少し続け、7割を切る水準となっている。消費性向は月々の収入金額から消費に回った金額の割合を算出している。このデータをみると男性は消費意識が減退していると言える。つまり、②の仮説は、ほぼその通りと考えることができる。「消費意欲」が低減したために自動車を購入することがなくなったということだ。

では、③の「自動車以外のことに関心が移った」はどうだろうか。これは、自動車よりも余暇を楽しむ手段が増えたことによって、自動車を購入する人が減少したと考える。バブル世代の人間は、就職して給与をもらうと、すぐにローンを組んで車を購入したものである。周囲の同僚や友人も自動車を所有している者が多かった。20数年前では社会人になったらマイカーを持つのは、半ば常識とされていたように記憶する。マイカーで休日にドライブというのは、「趣味欄」に記載する定番であった。逆に言うと選択肢が少なかったのも事実である。スキーや海水浴などにも出かけたが、それもマイカーがあることで、より充実させることができたのだ。一方で現在の若者は、ほとんどの人がスマホを所有しSN

図表106　20代男女の現在お金をかけているもの

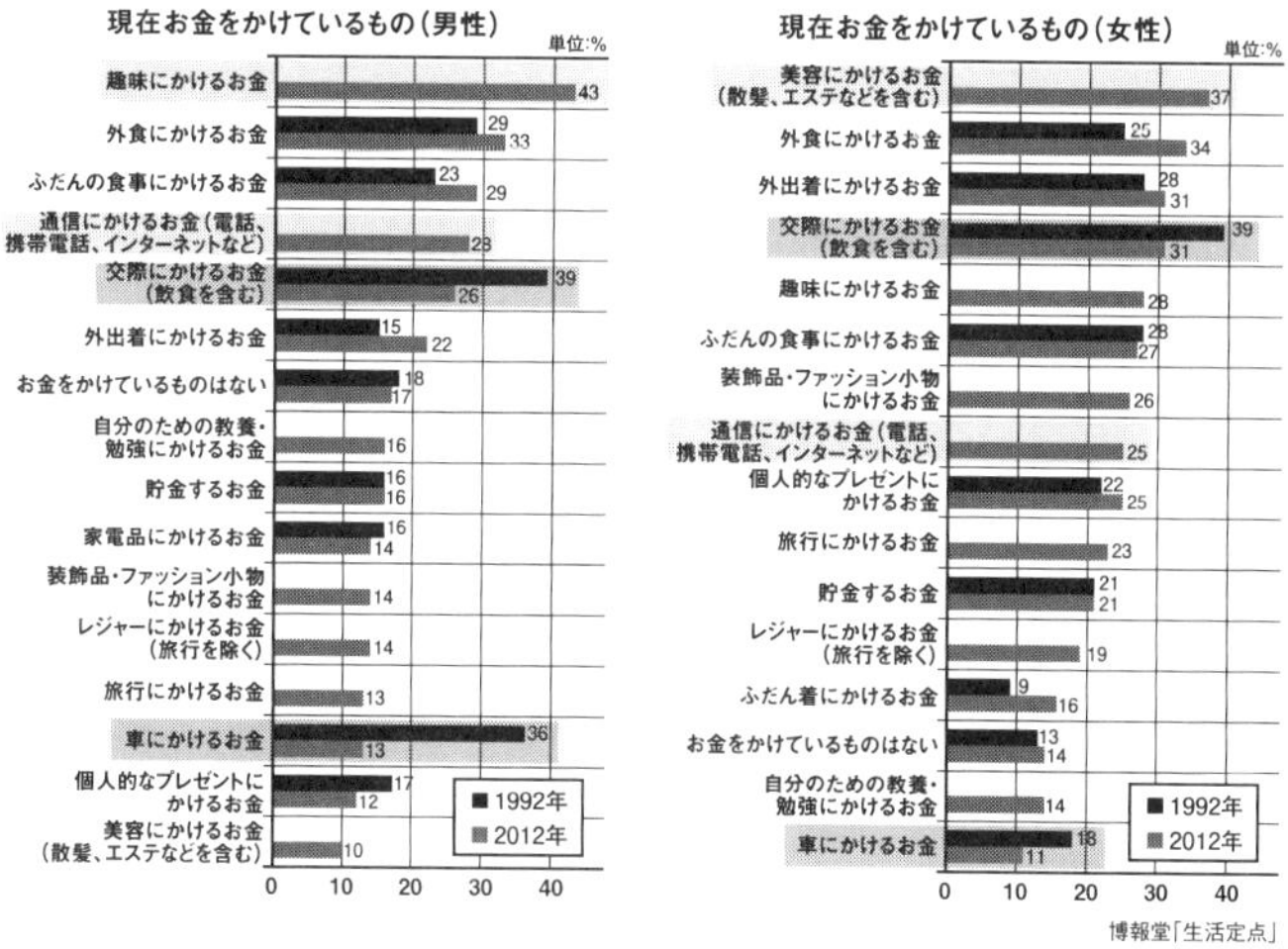

博報堂「生活定点」

Sに興じている。リア充（現実世界でのプライベートの充実）という言葉が流行るということは、それだけ「リア充」が珍しいこと、自慢できることを意味していると考えられる。スキーなどのアウトドアよりも、SNSやゲームなどインドアの趣味が多いことが想定される。さてさて、それではこちらもネットから情報収集してみよう。

博報堂生活総合研究所が実施する消費者調査「生活定点」は、1992年から隔年で調査を行っている。同条件で設定した調査地域、調査対象者に対し、同じ質問を繰り返し投げ掛け、その回答の変化を定点観測している時系列調査である。

図表107 スマートフォンの利用率

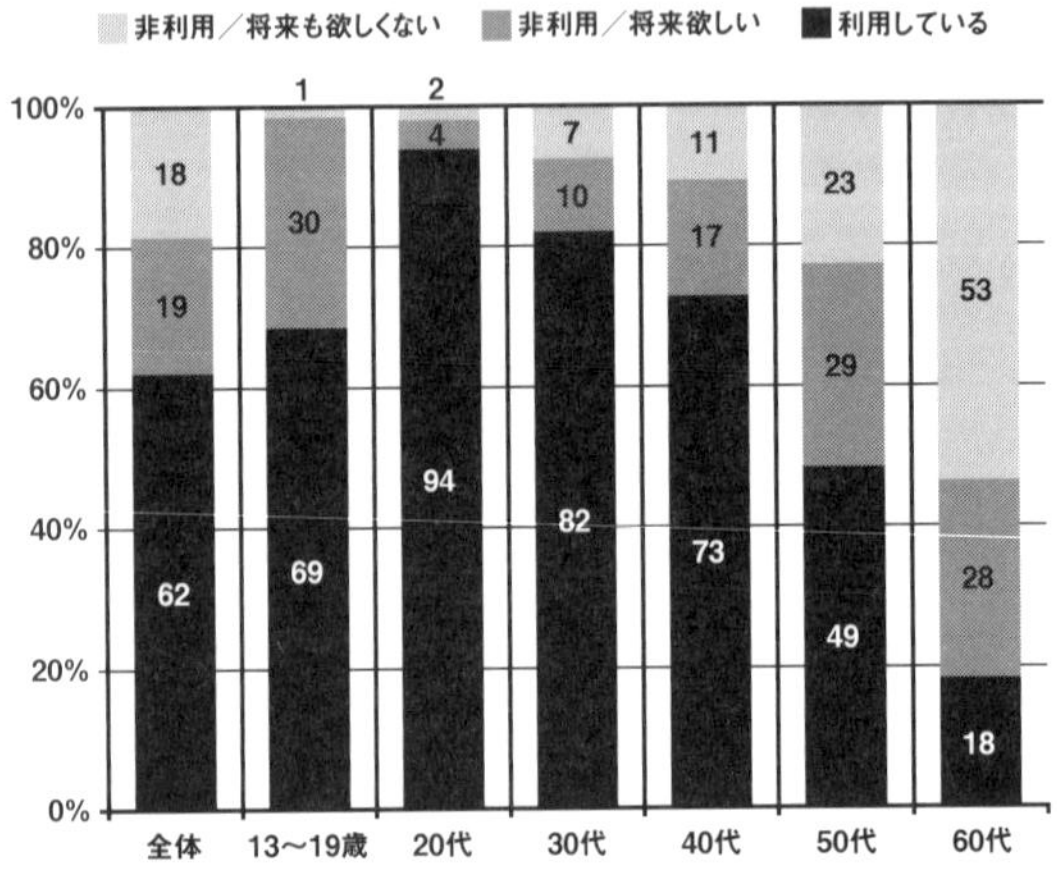

「平成26年情報通信メディアの利用時間と情報行動に関する調査」より

この生活定点調査の中から20代男女の「現在お金をかけているもの」を加工したのが図表106である。

20年前と比較すると「車にかけるお金」が男女とも激減し、代わりに趣味や美容、そして通信にかけるお金に変化していることが分かる。やはり20年前と比較すると、楽しむことが多様化していると言える。スマホ所有率は増加し、通信にかけるお金は増加しており、SNS利用率も20代男女は他の世代と比較して群を抜いて高い。また、宅ファイル便プレミアム会員調査によると、ゲームにかける1日あたりの時間で、20代以下では、

図表108 年齢階層別ソーシャルメディアの利用状況

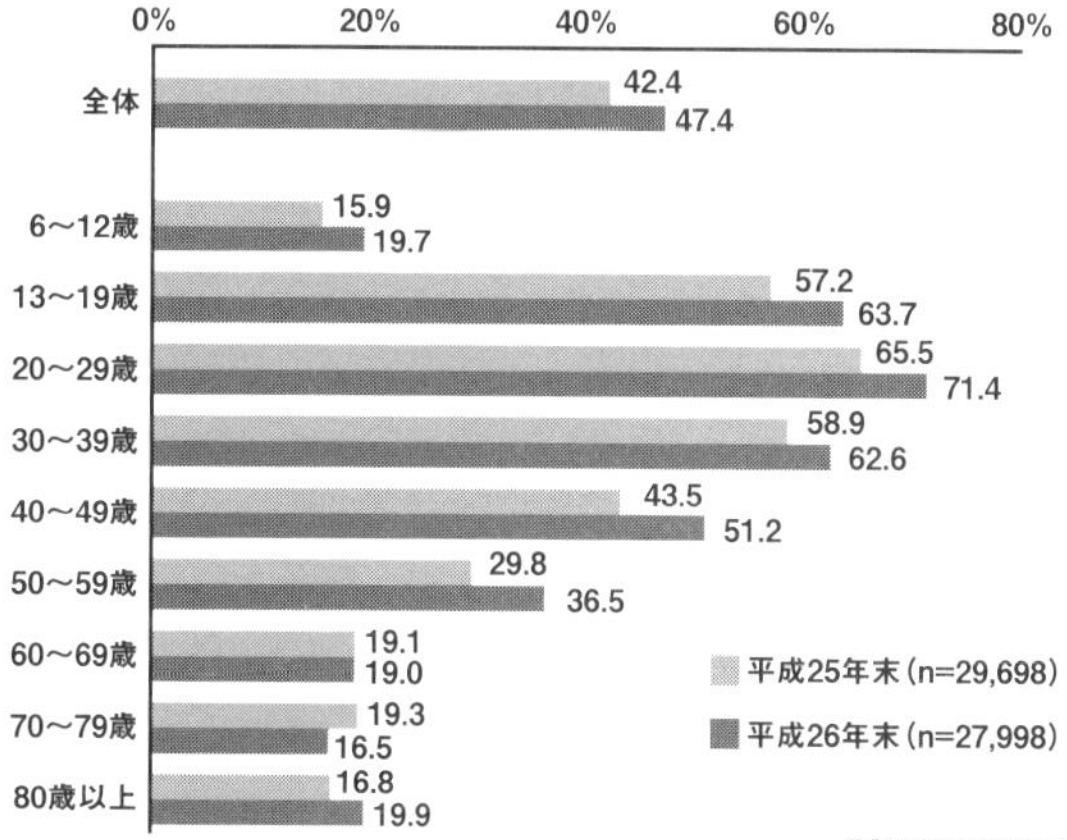

平成26年通信利用動向調査より

図表109 年代別ゲームにかける1日あたりの時間

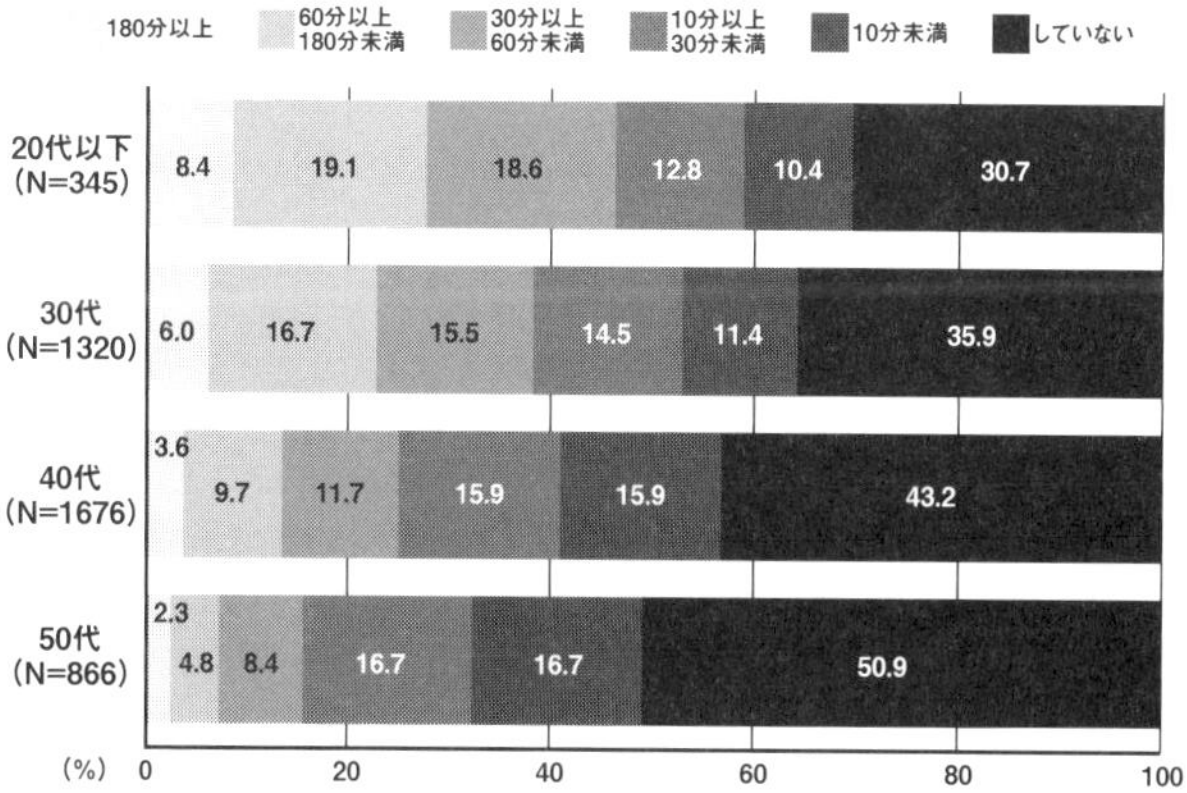

宅ファイル便プレミアム会員調査（2012年9月）

30分以上の人が46％もおり、他の世代を圧倒していることが分かる。つまり、③の仮説もほぼ正しいと言える。

以上の通り、仮説を検証するという位置づけで情報収集したことにより、初期仮説をブラッシュアップすることができた。ブラッシュアップした仮説は以下の通り。

長引く日本経済の低迷によって、若者の消費意欲は減退し、高額の自動車を購入する意欲は低減していった。スマホやSNSなどによるバーチャルのコミュニケーションによって仲間と車で出かけるというシチュエーションは減少し、ゲームなどに費やす時間が増えたことによって、自動車への関心が薄れていったことも大きな要因と考えられる。

情報を得ずに設定した初期仮説から、情報収集することによってより実態に近い（データの裏付けのある説得力の高い）仮説を設定することができたのだ。

図表110　価値あるデータを見つけるポイント

データの鮮度	1年以内の鮮度の高い情報であるか？ 3年前までが許容範囲。
サンプルの偏り	確率標本であるかどうか。 調査方法によるバイアスに注意する。
サンプルサイズ	100以下は要注意。
適切な訊き方であるか	回答を誘導していないか。 答えやすい訊き方か。
回収率が低すぎないか	60%以上を基準とする。

価値あるデータの見極め方

データが重要ということは分かりつつも、ネットで検索する情報は玉石混交である。価値あるデータを見つけるポイントは5点。

「データの鮮度」はいわずもがなだと思う。どんなに深い考察をしても10年前のデータをもとにしたのでは古すぎるということになる。時代は既に変わってしまっているのだ。できれば1年以内の統計データ、最長でも3年以内のデータを活用すべきだ。

「サンプルの偏り」とは、特定の調査協力者に偏って回収された調査結果かどう

図表111 適切な訊き方かを判断するポイント

簡潔な文章であるか	考えないと理解できないような複雑な文章の設問では、正確な結果は得られない。
対象者が理解出来る言葉遣いをしているか	専門用語、業界用語、流行語は人によっては分かりにくい。 年少者対象の自記入調査は「ふりがな」をふってあるか。
ダブルバーレルとなっていないか	ひとつの質問に2つの判断基準が入っている設問の結果は、怪しい。 「弊社の商品の品質と品揃えにはどの程度満足していますか」
誘導的な質問となっていないか	表現や言葉遣いが回答に影響を与えないようにする。 都合の良い回答を意図的に導く質問であるか。 「安くて良い品を売っているA店を利用したいと思いますか」
繰越効果がないか	繰越効果(キャリーオーバー効果)とは前の質問文や選択肢が次の設問に影響を与えたり、前の選択肢の回答が次の設問に影響を与えるもの。

かということだ。例えば20代男性をターゲットにした商品を企画しようと大学生100人にとったアンケートでは偏りがあるということだ。20代男性と一言でいってもも大学生だけでなく社会人もいる。新成人と社会人5年目では生活スタイルや考え方もまるで違うだろう。それを大学生だけで済ませてしまうというのはかなり強引な話だ。こうした調査サンプルの偏りのない統計データであるかどうか確認することが必要だ。

「サンプルサイズ」とは何人の調査結果を取りまとめたかということだ。統計調査に誤差はつきものだ。いくつ以上のサンプルサイズであれば大丈夫であるということは統計的に基準があるわけではない。経験則と誤差の許容範囲からマーケティングではサンプルサイズ１００がひとつの目安になっている。

「適切な訊き方であるか」は図表１１１を参照してほしい。このような訊き方をしたアンケート結果は怪しいと判断するべきだ。

最後の「回収率」とは依頼した調査対象の何割が実際に回答してくれたかという比率になる。せっかく偏りのないように調査依頼をかけたのに、回収率が低ければそれだけ偏りが存在することになるということだ。回収率は60％以上をひとつの目安とすべきだ。

図表112 最低限押さえておきたい3つの分析手法

注目点	内　容
①変化の度合いを見る（トレンド分析）	長期間の時系列データを収集し、どのように変化しているのかの「流れ」を把握する。その中から特徴的な変化を見出す
②分割して相違点を見出す（比較分析）	全体をいくつかの要素に分割し、要素を比較して、相違点を見出す
③影響を与える要因を探す（相関分析）	全体の増減に影響を与える要因を探す 要素の相違点をもたらす要因を探す

2 分析方法のポイント～基本分析【トレンド分析・比較分析・相関分析】～

最低限押さえておきたい3つの分析手法

このパートは私、葵と緑川さんとで担当します。本編では課長や緑川さんが分析方法について説明していましたが、最後にマーケターとして最低限必要な分析方法を3つ整理してみたいと思います。

いろいろな分析手法がありますが、Factデータを読み込み、仮説を設定するにはトレンド分析、比較分析、相関分析の3つが有効です。

図表113　トレンド分析の流れ

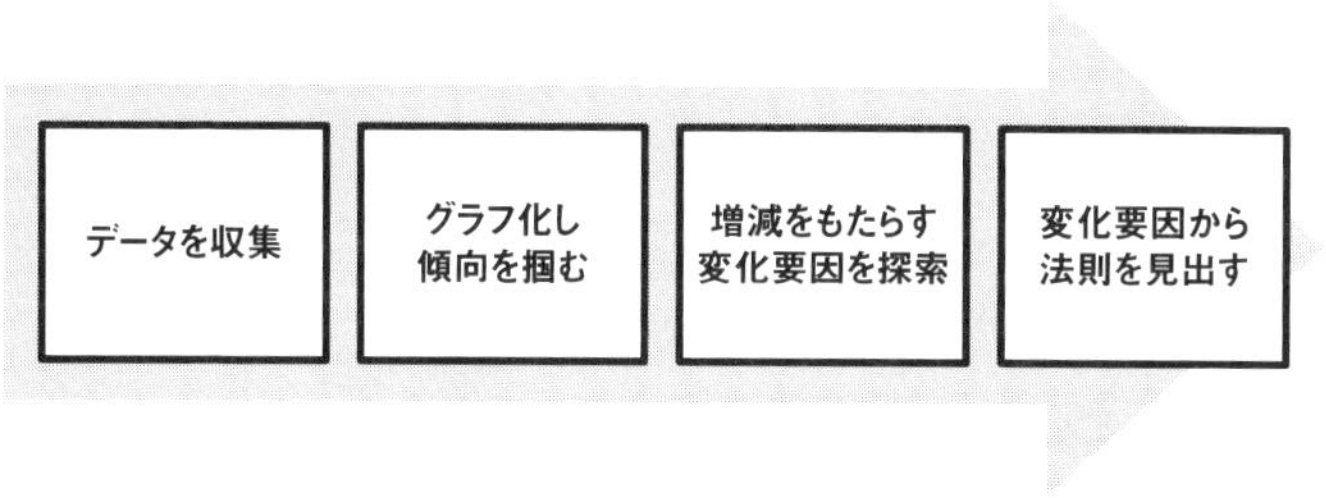
データを収集
グラフ化し
傾向を掴む
増減をもたらす
変化要因を探索
変化要因から
法則を見出す

①将来を予測するトレンド分析

まずは、トレンド分析から説明していきます。トレンド分析とは、市場規模など過去にさかのぼってデータを収集し、その傾向から将来を予測する材料を見つける分析方法です。

例えば、観光業界が2017年のゴールデンウィークにおける顧客（＝旅行者）動向を知りたいと考えていたときに、JTBが発表しているゴールデンウィークの旅行人数の推移を示したデータを収集したとします。時系列にデータを並べグラフを作成すると、右肩上がりに旅行者人数が増加していることが分かります

図表114 ゴールデンウィークの旅行人数総数

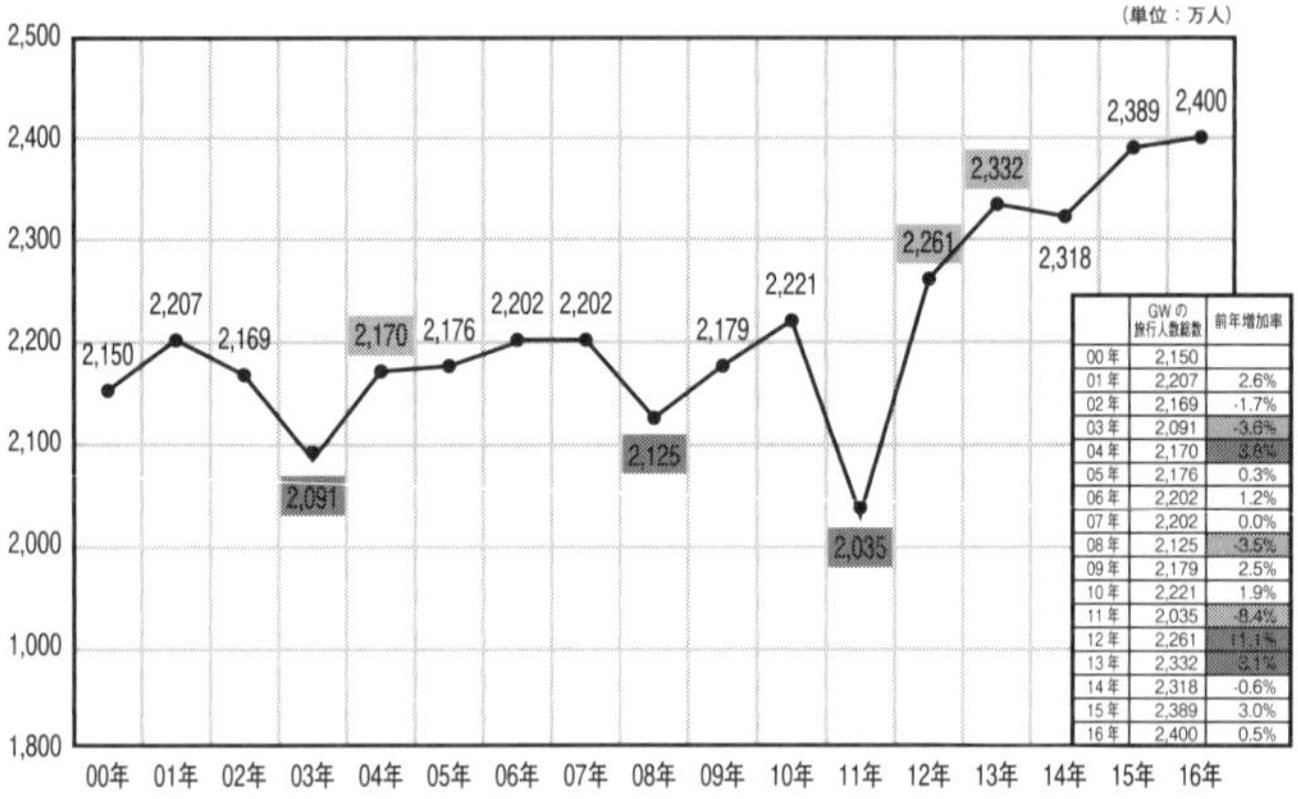

	GWの旅行人数総数	前年増加率
00年	2,150	
01年	2,207	2.6%
02年	2,169	-1.7%
03年	2,091	-3.6%
04年	2,170	3.6%
05年	2,176	0.3%
06年	2,202	1.2%
07年	2,202	0.0%
08年	2,125	-3.5%
09年	2,179	2.5%
10年	2,221	1.9%
11年	2,035	-8.4%
12年	2,261	11.1%
13年	2,332	3.1%
14年	2,318	-0.6%
15年	2,389	3.0%
16年	2,400	0.5%

JTB グループサイト（http://www.jtbcorp.jp/.jp/）を参考に作成

ね。今後も増加傾向が続くと予測をすることができます。

さらに旅行者人数のデコボコに着目します。前年よりも減少している年もあれば、増加している年もあります。各年の増減率を計算することにより、顕著に増加している年、減少している年を抽出します。ここでは前年増加率の高い年として２００４年、２０１２年、２０１３年、減少率の高い年として２００３年、２００８年、２０１１年を選びます。これら増減の顕著な年に共通する要素がないかどうか探索していくことが次のステップとなります。

図表115-1 旅行人数の増減率が高い年・低い年のゴールデンウィークの日の並び

前年より増加		前年より減少	
2013年	前半3日、後半4連休	2011年	飛び石、3日、後半3日
2012年	前半3日、後半4連休	2008年	飛び石、後半4日
2004年	前半1日、後半5連休	2003年	飛び石、後半3日

仮説として「何が影響を与えているのか」を設定します。まず浮かぶのは、日程です。ゴールデンウィークも年によって日の並び（カレンダー）が異なりますよね。旅行に行きやすい、行こうと思うカレンダーとそうでないカレンダーがあることは感覚的に理解することができます。そこで増加率の高い年と減少率の高い年のカレンダーを比較します。

すると、前年より増加率の高い年は、減少率の高い年と比較して連続の休みが続いており、旅行には適したカレンダーと言えます。減少率の高い年は〝飛び石〟という表現が入っているように、休んでは仕事、また休んでは仕事というように

図表115-2 旅行人数の増減率が高い年・低い年の消費者態度指数

前年より増加		前年より減少	
2013年5月	45.2	2011年5月	34.2
2012年5月	40.2	2008年5月	33.0
2004年5月	47.3	2003年6月	36.0

内閣府経済社会総合研究所「消費動向調査」の結果を参考に作成

※2003 年は四半期調査

なかなか旅行には行きづらいカレンダーとなっています。

先ほどの「何が影響を与えているのか」という仮説設定のために、もう1点考えたいこと。それは、経済状況です。旅行に行こうと思うには、経済的な余裕というか、将来の見通しが明るい方がそう感じやすい気がします。不景気でボーナスが下がってしまうのではないかとか、昇給しないのではないかと感じているときは、先に備えて貯金に勤しむ人が多いのではないかと思います。そこで何か景気に対して将来予測している指標がないか探索します。内閣府では「消費者態度指数」という統計データを毎月集計して

図表116　2017年のカレンダーの並びと消費者態度指数

2017年4月		5月						
29日	30日	1日	2日	3日	4日	5日	6日	7日
土	日	月	火	水	木	金	土	日

2016年11月	41.1	↘
2016年12月	43.0	↗
2017年 1月	43.1	↗
2017年 2月	43.2	↗
2017年 3月	43.9	↗

内閣府経済社会総合研究所「消費動向調査」の結果を参考に作成

います。これは「暮らし向き」「収入の増え方」「雇用環境」「耐久消費財の買い時判断」の今後半年間の見通しを5段階評価したものを指標化しているものです。カレンダーと同じように増加率の高い年と減少率の高い年を比較すると、明らかに違いが見えます。増加率の高い年は40ポイント台ですが、減少率の高い年は30ポイント台となっています。カレンダーと並んで消費者の先行きの景況感も影響していると言えるでしょう。

さて、ここまでそろったら、いよいよ２０１７年の予測です。２０１７年のカレンダーと消費者態度指数を調べてみます。カレンダーは増加率の高い年に似た日並びに見えます。消費者態度指数も40ポイント台で推移しており、前月よりも増加傾向にあります。これらから、２０１７年のゴールデンウィークは前年よりも増加するだろうという予測を立てることができます。

このように、トレンド分析は過去から現在までのデータを使って、現状を把握し将来を予測することができるのです。将来のことは誰にも分かりませんが、過去のデータを紐解き、その要因を考察することで有効な知見を得ることができます。

② 全体を分解することで実態を掴む比較分析

次の比較分析は６章で出てきたが、一度説明したことも含めて再度おさらいしていきたい。今度は私、緑川が説明していくぞ。

６章の分析課題のところで課長が提示していたが、あれは比較分析の進め方なんだ。比較分析とは全体では分からないことを、分解してそれぞれの比較をすることで、より詳しく実態を掴もうという分析になる。機械が壊れたときに、どこが壊れているのか中身を分解して故障個所を探すことと同じだ。そうすることで何故壊れてしまったのかを知ること

図表72　**比較分析の手順**

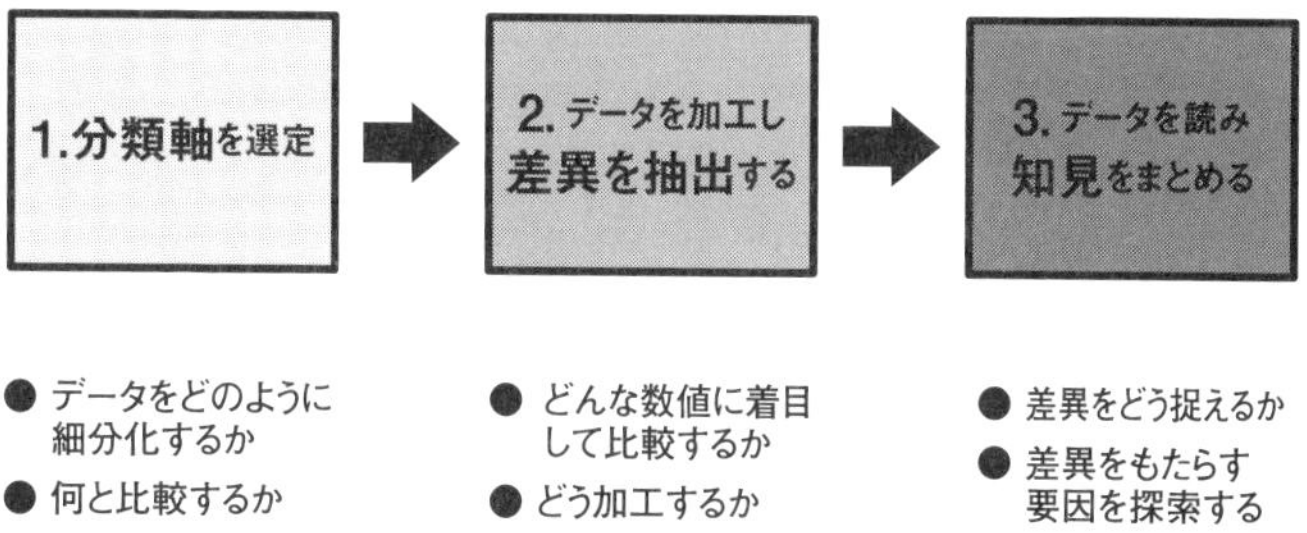
1.分類軸を選定
2.データを加工し
差異を抽出する
3.データを読み
知見をまとめる
● データをどのように細分化するか
● 何と比較するか
● どんな数値に着目して比較するか
● どう加工するか
● 差異をどう捉えるか
● 差異をもたらす要因を探索する

ができる。

　データ分析も同じで、例えば自社の満足度調査を実施したとする。全体では「大変満足」という回答が20％であったとする。そのままでは「まあ当社も頑張っている」くらいの感想レベルの考察しか生まれないが、分解してみると視野が広がる。回答者を製造業と非製造業に分解して満足度を再計算してみたところ、製造業は「大変満足」という回答が60％、非製造業は「大変満足」という回答が5％だった。この場合当社は製造業から高い満足をいただいていることが分かり、製造業に対してどのような対応をしてい

図表117 分類軸の選定

分類	比較例	詳細
デモグラフィック	性別・年代・職業・所得など 企業規模・業種・エリアなど	● ハードファクトに基づいた、精度の高いデータが得られる ● デモグラフィックだけでは特徴を見出しづらい。例えば20代男性には多用な趣向を持ったグループが存在する
時間比較	月別比較（1～12月） 月内比較（月初・月中・月末） 曜日比較・時間比較	● いつ行動しているのか？（購入しているのか） ● 購入と使用のギャップなど細分化することで更なる知見が得られる
経年比較	前年に実施した統計資料との比較	● 昨年実施調査データの時系列比較 ● CS データは行った施策との因果関係を見出すことができ、効果検証に役立つ
行動データ	消費量別 購買頻度別	● 対象顧客の消費や購買といった行動レベルで比較する（ヘビーユーザー・ミドル・ライト・ノン） ● 2次データからは困難。リサーチを実施する必要がある
意識データ	認知、理解度別 ライフスタイルや特定商品カテゴリーに対する関与	● ロハスや地域重視型など、意識でセグメントする ● 行動データと比較すると個人の主観によることが多いのでよりソフトなファクトの比較となる
他社比較	競合他社との実績、商品評価、イメージ評価など	● メーカー別の生産量、販売実績などは、業界団体の統計資料から見出すことができる ● 具体的な商品評価はリサーチを実施する必要がある

るのか非製造業と比較することで、全体の満足度を向上させるヒントを見つけることができる。

比較分析は、まず分類軸を選定することから始める。

この中で基本となるのはデモグラフィックだ。人口統計学的な分類基準であり、多くのオープンデータもデモグラフィックのデータに細分化しているよな。だから、集めた2次データをデモグラフィックで比較分析し仮説を立てる。立てた仮説をアンケートデータなどで検証する際に、デモグラフィック以外のデータをアンケートで聴取して分析を進めていくというアプローチになる。

少し難しいかな？　本編で、課長が何度か「アンケート調査は聞いたことしか分からない」と言っていたと思うが、アンケート調査が終わっていざ分析を進めていくと、「こんな切り口があるんじゃないか？」とか「この集団とこの集団を比較すると有効な違いが見えるかもしれない」といったことが頭に浮かぶことがある。でもそんなの後の祭りだ。アンケート調査を実施する前に気づいていなければ、実査後にデータが生まれてくるはずはない。２次データでデモグラフィックの比較分析を行い、どうやら使用頻度が差異を生み出す鍵となっているというように仮説を立てる。使用頻度をアンケート調査で分析することで仮説を検証する、という流れで深い考察をすることができるということだ。

比較分析で次に大事なのが、どのようにデータを加工するかということだ。統計を分析していくといろいろな指標を導くことができるが、簡単かつ成果を出しやすいのは３つと考えている。

構成比と増減率はこれまでも何度か出てきているが、代表値は初めてだ。平均値だけで

図表118 **統計分析から導くと良い3つの指標**

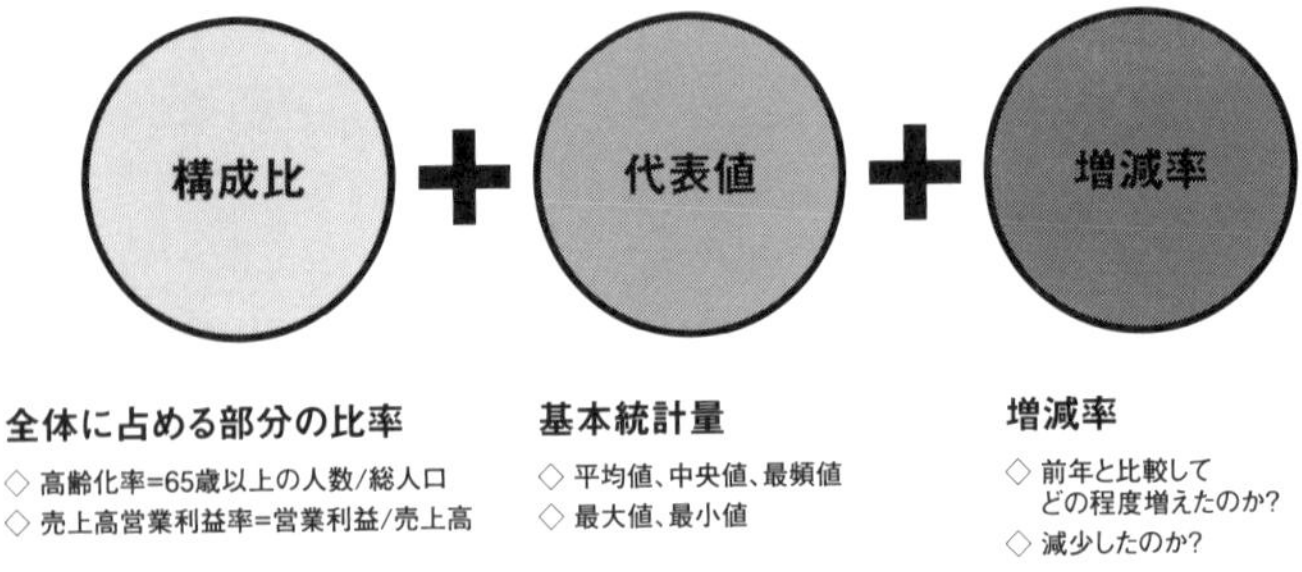
構成比
代表値
増減率
全体に占める部分の比率
◇ 高齢化率=65歳以上の人数/総人口
◇ 売上高営業利益率=営業利益/売上高
基本統計量
◇ 平均値、中央値、最頻値
◇ 最大値、最小値
増減率
◇ 前年と比較して
どの程度増えたのか?
◇ 減少したのか?

なく、中央値や最頻値を算出することで適切に集団間の比較を行うことができる。代表値は図表１１９を参考にしてくれ。右側の列に記載されているのはExcelの関数だからExcelを使う場合に活用すると良いぞ。

③２つのデータの相関度合を確認する相関分析

最後は私、葵が担当いたします。相関分析の意義をおさらいしてみましょう。

２変数（データ）の関係で片方が増えれば、もう一方が増える（もしくは減る）というような直線的な関係がある場合に相関関係があると言います。相関係

図表119 代表値の種類

平均値	● データを足し合わせ、データ数で割ったもの	AVERAGE
中央値	● データを上から下まで並び替えた時に中央に位置する数値	MEDIAN
最頻値	● データの中で最も多く存在する数値	MODE
最大値	● 最も大きな値	MAX
最小値	● 最も小さな値	MIN

数"r"を計算することで2つのデータの相関度合を確認することができます。相関係数は、-1≦r≦1の範囲をとります。目安として次の数値を基準として考察します。

rの数値（絶対値）
- ● 強い相関……………1.0≧r≧0.7
- ● やや強い相関………0.7＞r≧0.4
- ● 弱い相関……………0.4＞r≧0.2
- ● ほとんど相関がない…0.2＞r≧0

大体0.7以上ある2つのデータを「相関あり」とするのが一般的です。数値は絶対値でみますので、0.7とか-0.7以上という

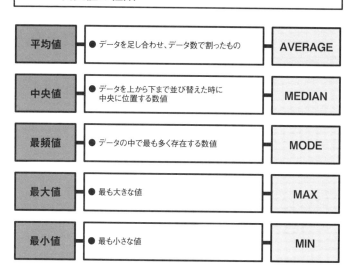

図表120-1 旅行者と消費者態度指数の相関分析（2000年~2016年）

	B	C	D
2		GWの旅行人数総数	消費者態度指数
3	00年	2150.4	42.9
4	01年	2206.5	39.1
5	2年	2169.3	38.1
6	3年	2090.7	36
7	4年	2169.8	47.3
8	5年	2175.5	47.3
9	6年	2201.6	48.9
10	7年	2202.3	46.3
11	8年	2125.4	33
12	9年	2178.6	34.9
13	10年	2220.9	42
14	11年	2035	34.2
15	12年	2260.8	40.2
16	13年	2331.7	45.2
17	14年	2318.3	39
18	15年	2389	41.4
19	16年	2400	41
20		相関係数	0.312109417

=CORREL(C3:C19, D3:D19,)

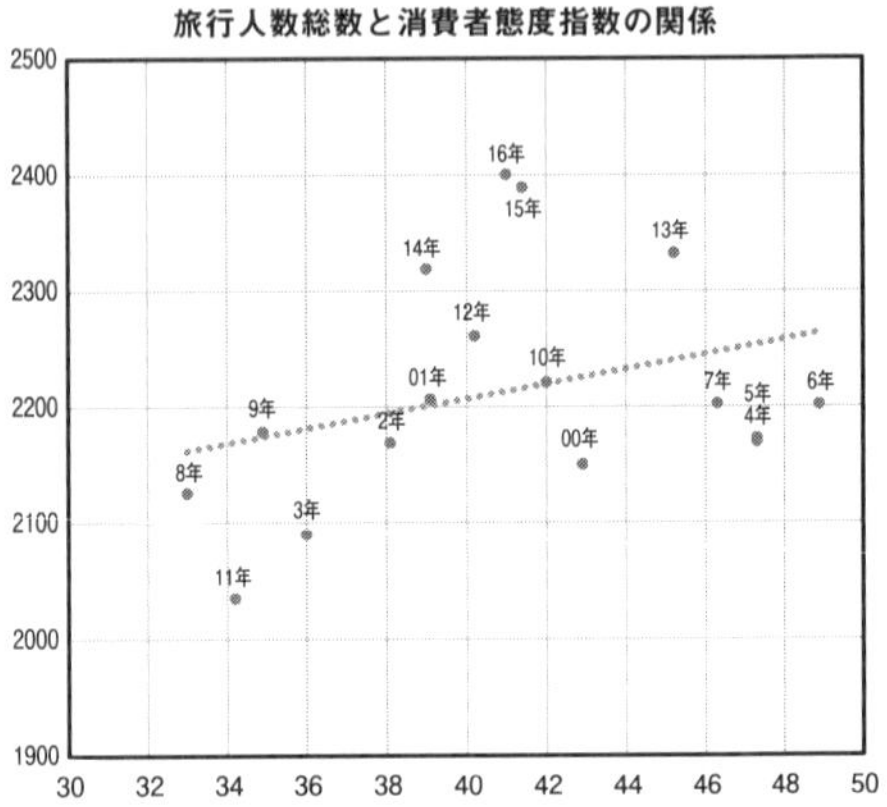

JTBグループサイト(http://www.jtbcorp.jp/.jp/)と内閣府経済社会総合研究所「消費動向調査」の結果を参考に作成

ことです。ただ、相関係数は数式によってもたらされるもので、異常値も含めて計算されます。ですから必ず相関係数と合わせて、散布図を作成することが必要です。相関係数はExcelで簡単に算出することができます。関数はCORRELです。

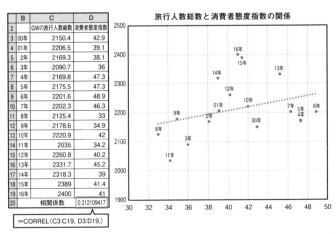

例えばゴールデンウィークのところで出てきた、旅行者数と消費者態度指数の相関分析をしてみましょう。

相関係数を算出したいデータの列を2つ指定するだけです。Excelで使用する関数は

＝CORREL（C3：C19, D3：D19,）

となります。

相関係数は0.3ですから「弱い相関」に含まれます。それほど高い相関ではありません。私の仮説は間違っていたのでしょうか？　散布図を描いてもあまり関連があるとは言えません。そこで、期間をばらして粘ってみると、リーマンショック以前とリーマンショック後では異なる動きをしていることが分かります。２００７年までと２００８年までのデータを分けて相関係数を算出すると関連していることが分かります。散布図をとると明らかに関連がありますね。

このようにExcelだけに頼るのではなく、自分の頭でしっかり考えて、仮説を検証することが大事なんです。

図表120-2 旅行者と消費者態度指数の相関分析(2008年以降と2007年までを分けてみた場合)

	GWの旅行人数総数	消費者態度指数
00年	2150.4	42.9
01年	2206.5	39.1
2年	2169.3	38.1
3年	2090.7	36
4年	2169.8	47.3
5年	2175.5	47.3
6年	2201.6	48.9
7年	2202.3	46.3
8年	2125.4	33
9年	2178.6	34.9
10年	2220.9	42
11年	2035	34.2
12年	2260.8	40.2
13年	2331.7	45.2
14年	2318.3	39
15年	2389	41.4
16年	2400	41
	2008年以降	0.778071907
	2007年まで	0.559020644

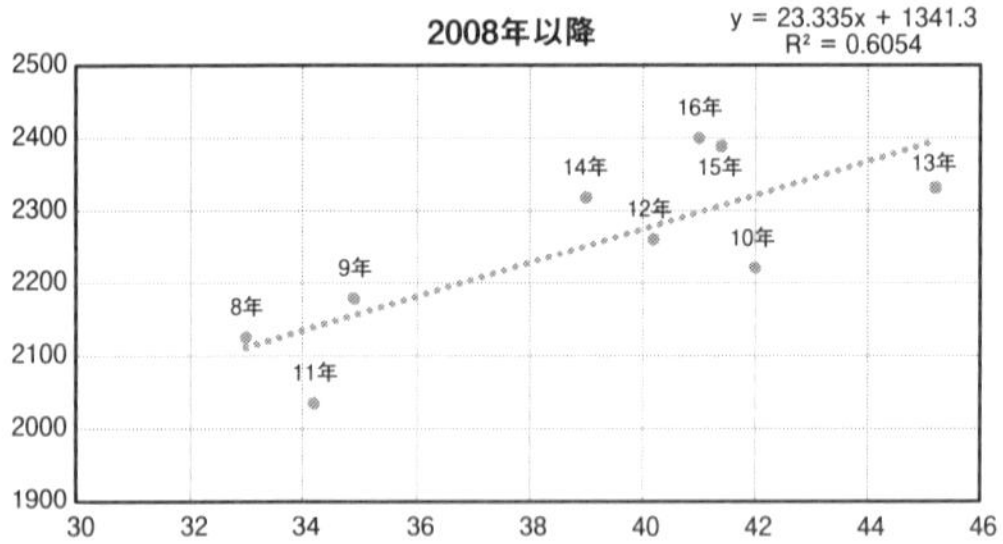

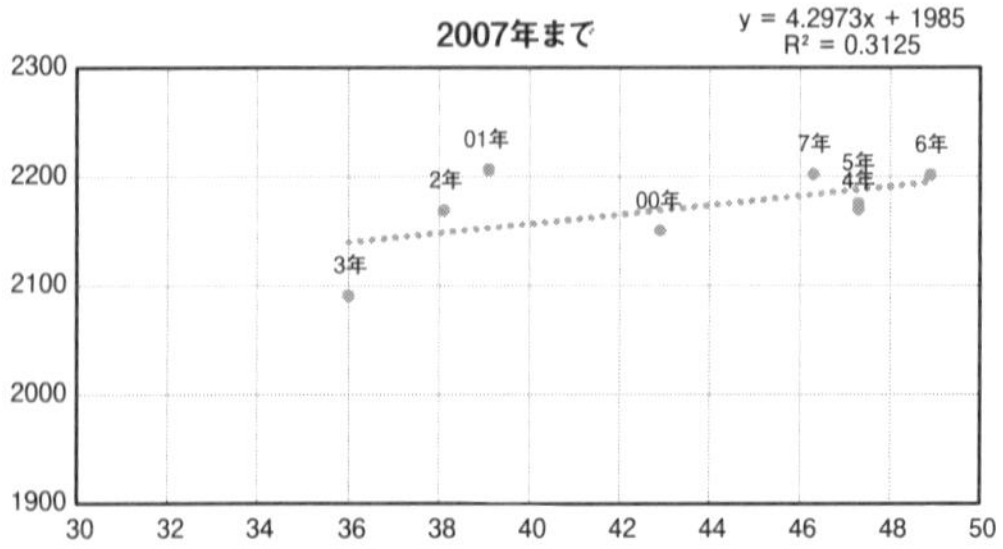

JTBグループサイト(http://www.jtbcorp.jp/.jp/)と内閣府経済社会総合研究所「消費動向調査」の結果を参考に作成

3　考察のポイント～データから何を見出すか～

事実から価値ある知見を発見する――FactとFinding

ここは私、緑川が担当しよう。データ分析はデータを収集し、加工して終わりではないことは、ここまで読んでいただいた皆さんはお分かりのことと思う。トレンド分析や比較分析、相関分析などによって抽出された指標を細分化した集団ごとに算出して、何が違いなのか、なぜそのような違いがあるのかを考察していく。本編で出てきたFactに対するFindingだ。

Findingは辞書で引くと、「発見物・所見（医療）・事実認定（裁判）」と出てくる。データ分析では、「Factから何が言えるのか解釈を加えたもの」と定義付けられる。

FactとFindingの関係を整理すると、いくつかのFactから集約して「要は何が言えるのか」を考える「集約解釈のFinding」、Factが何故もたらされたのか要因を探る「要因背景のFinding」、Factが続くと今後どのようになっていくか予測をしていく「予測のFinding」の3つの切り口となる。

図表121 Fact と Finding の関係

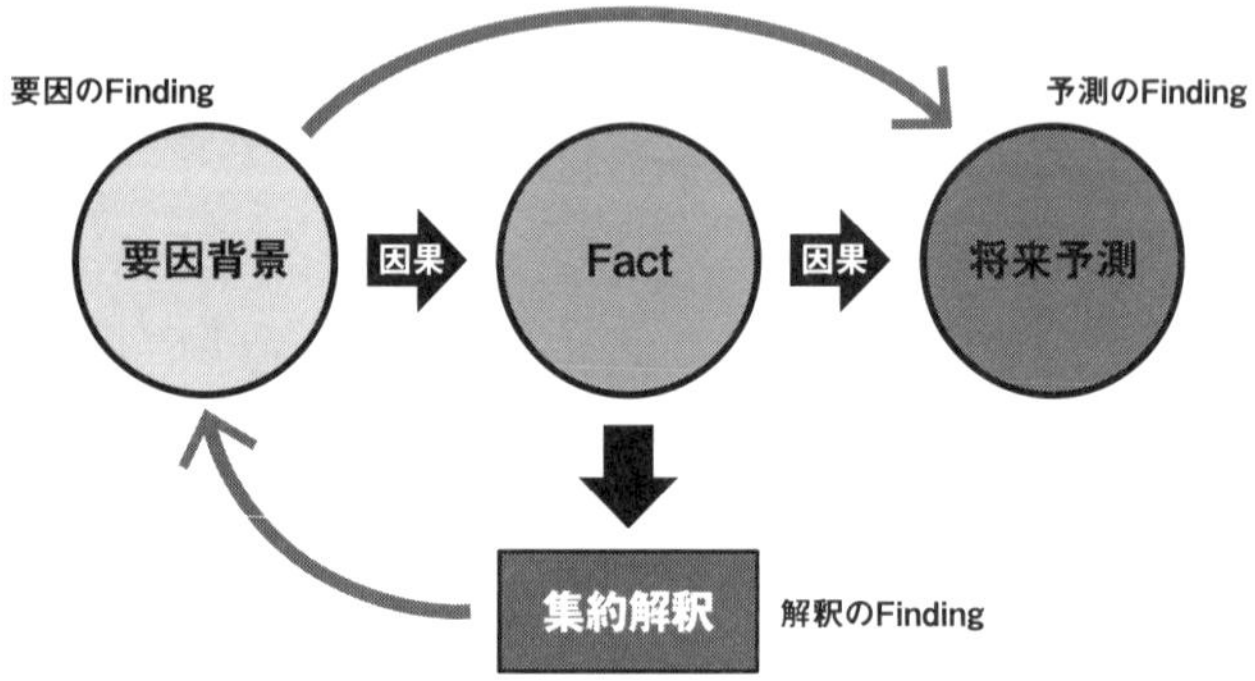

メッセージ化	○○の現状をまとめると、〜といえる … 解釈のFinding 要因は、〜と考えられる … 要因のFinding だから将来は、〜となるだろう … 予測のFinding

Findingしたものは、どのFactから考察したものなのかが分かるように、Fact-Finding表にまとめておく。1つのFactからFindingする方法と、いくつかのFactを組み合わせてFindingする方法、2つのアプローチがあるんだ。

例えば、家計調査のデータでFact-Findingすると以下の通りとなる。

世帯主年代別にパック旅行費やゴルフプレー料金をみると60代世帯から急激に増加することが分かる。これがFactとなり、このFactから何が言えるのか考えていく。「集約解釈のFinding」ではパック旅行とゴルフの共通項を探索していく。屋内というより、アウトドアでの

図表122 世帯主年代別のパック旅行費とゴルフプレー料金

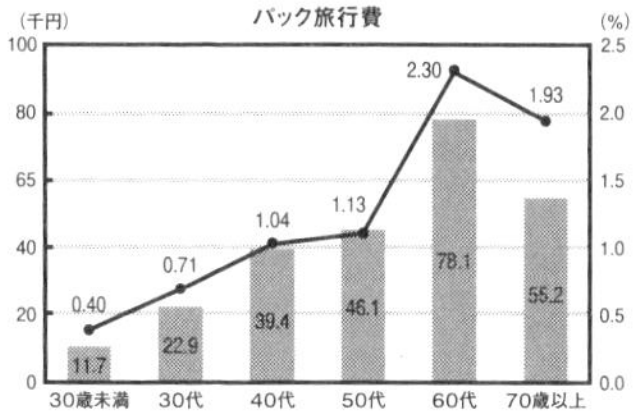

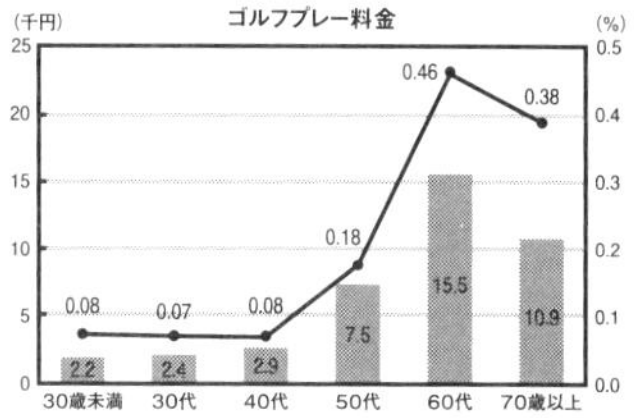

総務省「家計調査年報」より

図表123 Fact-Finding 表

Fact	Finding
60代パック旅行費が他年代より高い（約78千円） 60代ゴルフプレーが他年代より高い（約16千円）	● 60代はアウトドアを中心に活動的である ● 退職後、時間と体を持て余していると考えられる

図表124 世帯主年代別の健康保持用摂取品出費と乳酸菌飲料出費

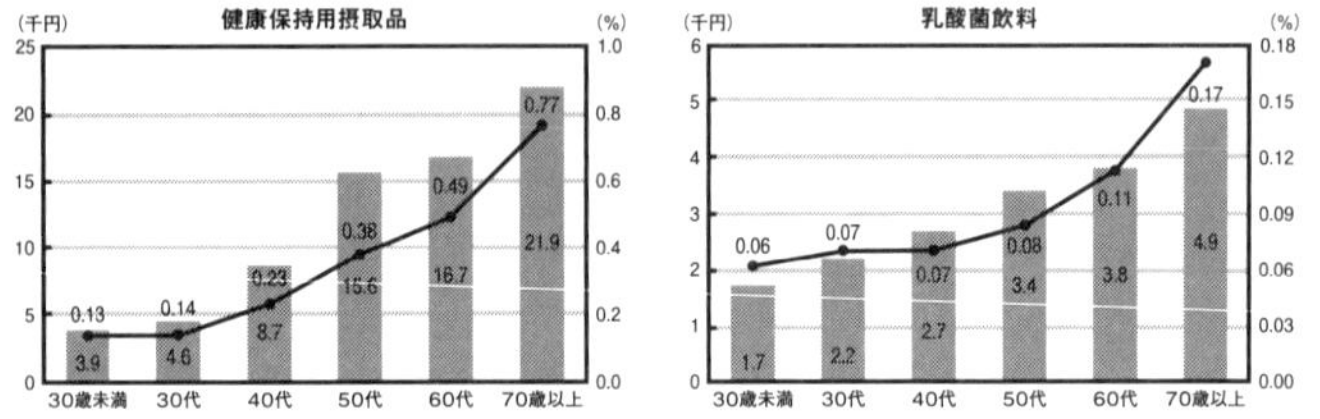

総務省「家計調査年報」より

活動と言える。さらに、なぜアウトドア活動が増えるのか「要因背景のFinding」を考察していく。60代はライフイベントとして大きなものとして「定年退職」がある。最近の60代は若いので、退職後に時間と体を持て余している。そうした状況を埋める手段として「パック旅行」や「ゴルフ」が考えられる。このようにFindingしていくんだ。

また、「予測のFinding」を行うにあたり、健康保持用摂取品（サプリメント）と乳酸菌飲料のデータを見てみると、どちらも70代歳以上の世帯で増加している。おそらく健康実現のための出費と考えられる。70代になると60代よりも肉体

図表125 Fact-Finding 表からメッセージをまとめる

Fact	Finding
60代パック旅行費が他年代より高い（約78千円） 60代ゴルフプレーが他年代より高い（約16千円）	● 60代はアウトドアを中心に活動的である ● 退職後、時間と体を持て余していると考えられる
70代健康保険用摂取品（サプリメント）が他年代よりも高い（22千円） 70代乳酸菌飲料が他年代よりも高い（5千円）	● 70代は健康実現のための出費が多い ● 肉体的な衰えが顕著になることが要因として考えられる ● 健康意識、特に予防意識が高まる

⬇

60代は、退職後の時間を持て余し、アウトドアでアクティブな活動をしている。
70代になると、肉体的な衰えから予防意識が高まり、健康維持のための消費が増える。
高齢化の進展によって、コト消費や予防のための消費が増加していくと予想される。

的な衰えが顕著になることが要因として考えられる。こうした状況の中で予防意識が高まることが予想される。

これをまとめると上の図のようになる。記入する際の留意点は、Fact欄にできるだけ数字を記載しておくことだ。数字によってFact度合を確認することができる。人によって感じ方は異なるので、感覚的な意識を排除することができるんだ。最後にFindingをまとめて、これらのデータから読み取れる総合的なメッセージをまとめる。

データを収集しても、そのままでは知見は得られない。このようなFactデータから意味を見出すFindingが重要なプ

図表126　基本分析とFact-Finding

	Fact	Finding
トレンド分析	過去から現在においてどのような状況にあるのか傾向を把握する	これまでの傾向を読み取り、今後の変化を予測していくトレンドデータを増減させる要因を、過去の傾向から見出す
	(例)ビールの売上は1992年をピークとして減少し続け、現在も減少傾向が続いている	(例)今後もビールの売上は減少傾向が続く
	(例)低価格商品の参入によって需要が維持している	(例)ビールは、価格訴求によってかろうじて売り上げ水準を維持しているカテゴリーである
比較分析	全体をいくつかに分類し、分類したセグメント毎の差異を抽出する	セグメント毎の差異から全体傾向に及ぼす影響を明確にする
	(例)男女別ではビールの飲用量の差が大きく、近年女性の飲用量の減少が著しい	(例)女性は飲酒習慣のある人が少なく、飲酒に対する抵抗感(ボトルネック)をなくす取組が必要である
相関分析	目的とする変数に影響を及ぼす変数を探索し、変数間の関係性を見出す	相関関係が因果関係であるかを検証し、市場の状況を把握する
	(例)ビールの売上数量と酒類の銘柄数には相関関係がみられる(逆相関)	(例)アルコール度数の低い飲みやすい酒類が増加しているので、結果として女性のビール選択率が減少している

ロセスと言える。Factは事実、Findingは発見という意味なので、「事実から価値ある知見を発見する」がFact-Findingの意義となる。Factを見て、「何故そうなっているのか?」「その背景には何があるのか?」「この傾向が進展するとどういう状況になるのか?」と3つの切り口で自問自答することで、Findingの目が養われる。

これまでに説明した3つの基本分析で、それぞれどのようなFactに着目し、どのようなFindingをするのかまとめたのが図表126だ。分析と合わせてFindingの参考としてほしい。

4　企画のポイント～課題設定からコンセプト作りまで～

事業企画の流れをおさらい

さて、ここでは少し視点を広げて、本編で行った事業企画までの流れを改めて整理します。本編の企画部分のダイジェストと捉えてください。私、葵が説明しますので、緑川さんにあとで確認してもらいましょう。

全体の流れとしては、自社の属する業界が抱える課題を抽出し、その中で自社が何を為すべきかを検討するマーケティング課題に展開します。そしてマーケテ

図表127　事業企画までの一連の流れ

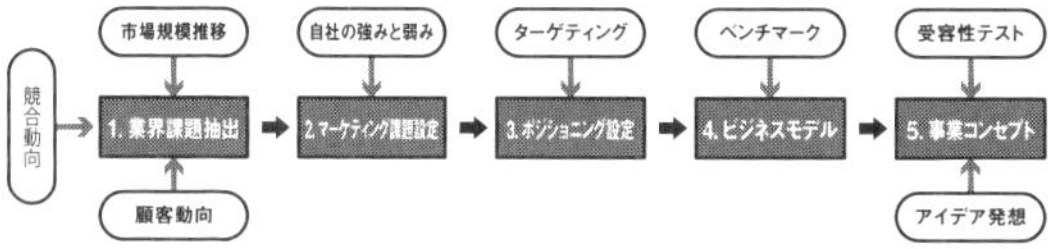

ィング課題を解決するためのポジショニングを設定します。既存ビジネスとは一線を画すビジネスモデルを構築し、コンセプトを作成していくという流れです。では、細かく解説していきたいと思います。

【1．業界課題抽出】

2次データを活用して自社が属する業界の課題を抽出していきます。2次データは、市場規模の推移と顧客動向、競合動向の分析の3方向から定量データを収集していきます。

市場規模の推移は10年～15年の時系列データから分析を進めていきます。全体の傾向を掴んだら細分化されたカテゴリー別にデータを収集し、増加しているカテゴリーや減少しているカテゴリーを分析していきます。

顧客動向は購入経験や使用（食用）頻度等の行動データと、そのカテゴリーに対する考え方などの意識データの両面を収集していきます。

競合動向とは競合企業の分析となります。大企業であれば有価証券報告書や決算報告書説明資料などをホームページで入手することができます。競合企業がどのような考えで事業展開し、その結果がどう実績（決算）に結びついているのかを分析していきます。

以上の3方向から、業界全体として何を為すべきか課題を設定していきます。

【2．マーケティング課題設定】

業界課題は競合企業も自社も取り組むべき課題ですが、マーケティング課題は業界課題に対して自社がどのように取り組むのかを加味したものです。自社の強みと弱みを抽出し、自社の強みで業界の課題をどうビジネスチャンスに変換していくのか、弱みで市場の変化に対応できなくなる危機をどう回避したらよいのかを検討していきます。本編ではマーケティング課題に焦点を当てていませんでしたが、実務では必須のアプローチと考えます。図表128－1のようなフレームワークを活用すると検討しやすくなります。

【3．ポジショニング設定】

マーケティング課題を解決するために（チャンスを取り込むために）どのような競合優位性を確立したら良いか検討していくのが、ポジショニング設定です。マーケティング課題を考察し、どの顧客に対して経営資源を投入したら良いかを検討していきます。そのためにまずは、マーケティング活動のターゲットを設定します。ターゲットの特性（属性）

図表128-1 マーケティング課題抽出のための表

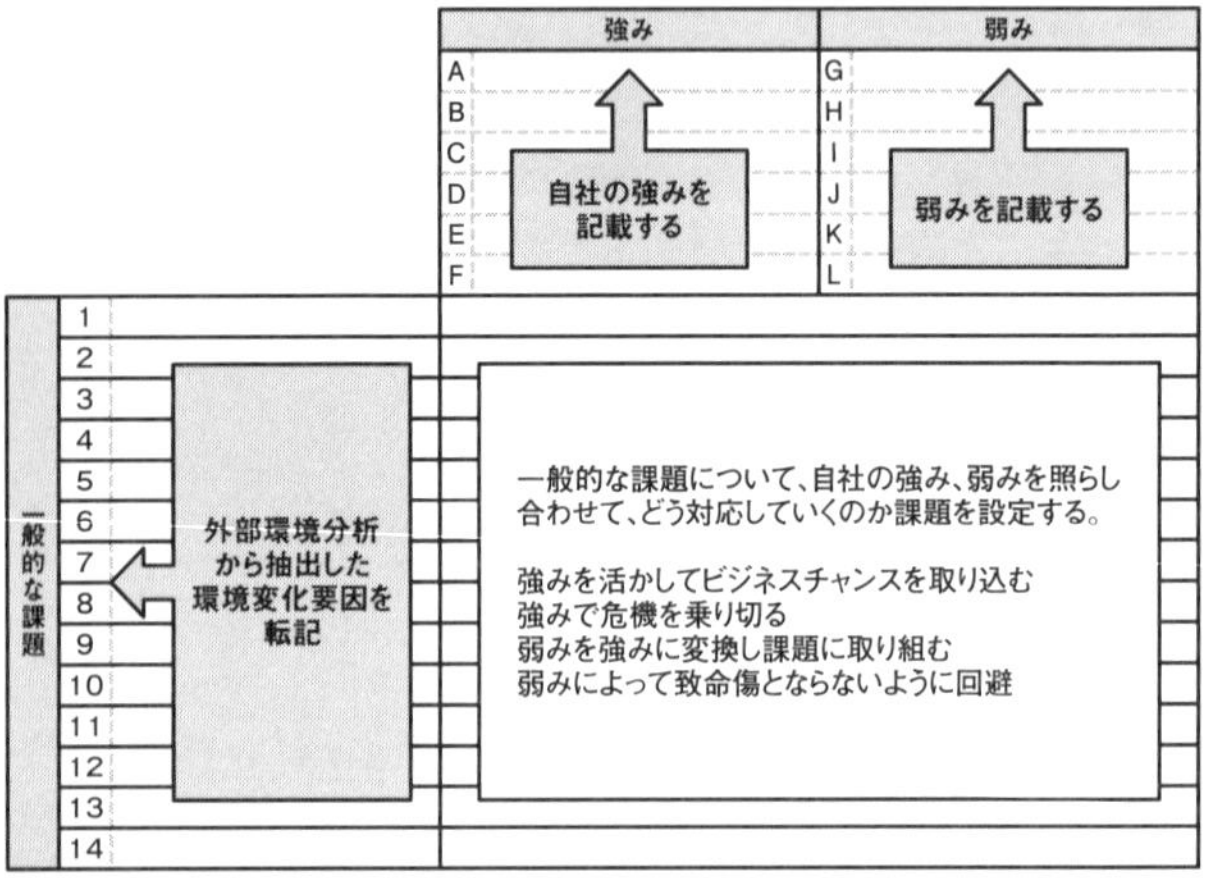

図表128-2 マーケティング課題抽出のための表(ビールメーカーの例)

強み		弱み	
A	プレミアム商品開発・技術力を有する	G	トップを狙えるブランドが少ない
B	ビール好きからの支持が強い	H	トップメーカーと比較して経営資源が弱い
C	旨みのある(コク)ビール	I	ブランド別シェアが低い
D	お洒落なエリアを地盤	J	価値訴求が弱い
E	直営店を持つ	K	国内酒類事業への高依存体質
F	新商品の企画力	L	国内食品飲料のブランド力が弱い

		一般的な課題		
一般的な課題	1	飲酒機会の創造	×E	①直営店でのビール初心者の取り込み
	2	安くて良いものを購入したいニーズへの対応	×I	②既存ブランドにとらわれない新たなビールカテゴリーの創出
	3	プレミアムビールのブランド力向上(差別化)	×A	③スーパープレミアムビールの企画開発
	4	若者需要の取り込み	×D	④地の利を活かしたブランド開発
	5	ビール魅力の再訴求	×B	⑤レジェンドブランドの再活性化
	6	機能性ビールの差別化	×H	⑥食品メーカーとのアライアンスによる新ジャンル創出
	7	海外への事業展開加速	×K	⑦海外企業との提携による海外事業展開加速
	8	新たなニーズの掘り起こし	×F	⑧既存概念にとらわれない価格、健康以外のニーズ抽出
	9	新たな価値訴求軸(プレミアム)の探索	×A	⑨プレミアムを細分化した新機軸の創出
	10	低価格以外の価値訴求	×F	⑧既存概念にとらわれない価格、健康以外のニーズ抽出
	11	ビールによる食品スーパー売場課題解決提案	×I	⑪ターゲットを絞った販促施策の企画立案
	12	飲酒のきっかけとなるトレンドの創造	×E	⑫若者の群衆行動を誘うイベントの連動企画
	13	ライトユーザー、ノンユーザーの取り込み	×L	⑬食品との共同企画によるライトユーザー向け飲酒シーンの創造
	14	若者文化に適した新たな業態の開発	×D	⑭音楽イベントとの連動企画

とニーズを抽出し、競合企業よりも優位にニーズを取り込むための方策がポジショニングと言えます。ターゲットとした顧客に対して、どう思われたいか（認識されたいか）という観点でメッセージを検討していくことが必要です。

【4．ビジネスモデル】

ターゲットへのマーケティング活動を展開していくために参考とする情報を収集します。既に成功している商品やサービスの事例をもとに何が成功の要素であるのか本質を抽出していきます。その本質をもとにどのように事業を展開していくか具体的な収益モデルも含めて落とし込む作業がビジネスモデルとなります。ベンチマークは成功事例だけでなく失敗事例も反面教師として大いに活用できます。物事の本質を見極め新事業に活かしていくというアプローチになります。

【5．事業コンセプト】

顧客の抱えるニーズや課題に対して自社商品、サービスでどのように解決していくのかをアイデア発想していきます。そして新商品や新たな事業が、ターゲットに対して受容されるかアンケート調査を実施して定量的に検証します。調査の結果を踏まえて、ターゲットに対して、どのような特徴の商品やサービスを提供するのかコンセプトにまとめることで明確化していきます。コンセプトは、ターゲットのニーズと商品・サービスによるベネフィットも合わせて検討していきます。

緑川さん、いかがでしょうか？

葵さん、なかなか分かってきたね。流れとしては良いと思う。進めていくと新たな考えが浮かんだり、アイデアを発想するうちに当初の課題とずれてきてしまうことがある。だから、各プロセスを単独の業務と捉えるのではなく、常に全体の流れを確認しながら考察、検討していくことがポイントとなるんだ。

あと実際には、フィードバックしたり後戻りしたりして、一度決めたプロセスも後工程で修正加筆することはよくあることだということも頭に入れておくと良いと思う。

5 外部機関とのやりとりのポイント～「自力」ではなく「ディレクション」する～

求められる「ディレクション」のスキル

最後は私、緑川が、メーカーやサービス会社としてのプロデュース業務のポイントについてまとめる。業務が専門化してくると、全て自社で実施することは困難である。調査会社や広告会社、デザイン会社、コンサルティング会社などに対するディレクションが重要なスキルとなってくる。

外部機関をマネジメントする際に最も重要なのは、コミュニケーションである。もちろん人的な関係性が良好であることに越したことはないが、それ以上に、自社の課題や自身の考えを相手（外部機関）と共有し、適切に意思疎通を図ることが重要なのだ。そのために必要な要素を以下5点にまとめた。

1. 自社の考えを整理する
2. 保有データを活用して仮説を設定する

3．相手に対する期待レベルを整理する
4．評価基準を整理する
5．アウトプットを活用するための知識とスキルを保有する

【1．自社の考えを整理する】

自社が当該事項においてどのような考えなのかを明確にしておくことだ。例えば、調査企画書やプロモーションコンセプトなどにまとめて、外部機関と共有することでこちらの意図を適切に相手に伝えることができる。阿吽の呼吸という言葉は日本人の美学のように聞こえるが、ビジネスではボタンの掛け違いがトラブルの最も大きな要因であり、成果の価値を損なうリスクとなる。本編にもあったように、あらためて定型のフォーマットに記入することで自身の考えに不足している事柄や、詰め切れていない事項を発見することもできる。

【2．保有データを活用して仮説を設定する】

仮説設定の重要性については本編を通して何度も触れてきた。ただ、自社で保有するデ

図表129 Fact一覧の例

No	Fact	概要（定量的なエビデンス）	資料	分類
1	平成24年の事業所数は平成21年比6%減少の580万事業所	平成21年は620万事業所 → 平成24年は580万事業所	平成24年経済センサス	ハード
2	従業員規模300人以上では平成21年比2%の増加	平成21年は11,908事業所 → 12,187事業所 従業員規模300人未満の事業所は全て減少傾向にある。	平成24年経済センサス	ハード
3	東京の事業所数は平成21年比7%減少の71万事業所	全国都道府県では1位:東京71万事業所（全国の12%） 2位:大阪45万事業所（全国の8%） 3位:愛知33万事業所（全国の6%）	平成24年経済センサス	ハード
4	業種別の事業所では、平成21年比増加しているのは「医療福祉」のみ	平成21年34万事業所 → 平成24年35万事業所 規模が大きいのは、1位:卸売・小売業 156万事業所 2位:宿泊、飲食サービス 71万事業所　3位:建設業 53万事業所	平成24年経済センサス	ハード
5	東京23区大規模ビルの平均空室率は改善傾向にあり7.8%	2012年10月:7.8% → 2013年1月:7.6% 大規模ビルはワンフロアの貸室面積が200坪以上のビル	株式会社オフィスビル総合研究所	ハード
6	新規賃貸予定「有り」1ポイント増加の23%で4年連続2割超	「新規賃貸意向あり」2010年:23% → 2011年:22% → 2010年:23%	2012年東京23区オフィスニーズに関する調査	ハード
7	新規賃貸予定「有り」業種別では、「製造業」の伸び率が高い	金融・保険:26%→20% 非製造業:24%→24% 製造業:15%→19%	2012年東京23区オフィスニーズに関する調査	ハード
8	オフィス面積の拡大縮小割合は「拡大」が54%と前年比増加	縮大:2011年50% → 2012年54% 縮小:2011年22% → 2012年17%	2012年東京23区オフィスニーズに関する調査	ハード
9	都心3区の人気が高い（千代田・中央・港）	新規賃貸予定「有り」の中で都心3区は77%が希望している	2012年東京23区オフィスニーズに関する調査	ハード
10	新規賃貸理由1位は「耐震性の優れたビルに移りたい」増加傾向	2010年:15%　2011年:35%　2012年:40%	2012年東京23区オフィスニーズに関する調査	ハード

ータを組織として共有している企業は少ない。過去に実施したマーケティングリサーチや当該市場のオープンデータを一覧できる形にしておくことは組織力を高める上でも重要なことだ。Fact一覧としてまとめておくことを勧める。

Fact一覧について補足しておこう。データを収集したら、資料をそのままファイリングするのではなく、Indexとして一覧表を作成しておくと良い。データは用紙サイズもまちまちだし、デジタルデータのものもあれば紙のものもある。枚数も異なる。データの精度が高いか低いかも、そのままの状態では比較するのが困難だ。だから、上の図のように、端的にFactを記し、具体的な数値、出展資料を明確にしておくと、他のメンバーとFactを共有することができる。後々資料を検索する上でも便利だ。

分類欄はFactがハードなモノなのか、ソフトなモノなのかを記入しておく。データを収集した段階で、Factの精度として記録しておくと一目で確認でき、他の用途でも活用しやすくなる。

参考として、あるオフィス家具メーカーで仮説設定を実施した際のFact一覧表を載せておこう。収集時間は述べ2日間、全ての情報をインターネットの検索と国会図書館から得ている。

【3．相手に対する期待レベルを整理する】

デザイン会社に対してクリエイティブを依頼する際には、アウトプットの出来について整理しておくことが肝要である。調査結果はそのデータの信憑性は調査実務の適切さという観点で評価することは可能だが、クリエイティブなアウトプットは定性的な判断になりがちだ。人によってデザインの好みが異なるものについては、顧客に対する受容性テストが有効だ。トップボックスで40%以上の評価を期待するなど、明確化することで外部機関もターゲットについて研究することになり、結果として価値のあるアウトプットが期待できる。

【4．評価基準を整理する】

コンセプトテストの集計やターゲット別のクロス集計などの実作業は調査会社などの外部機関に任せても良い。一定のルールに則れば、誰がやっても結果は変わらない。それよりも最終アウトプットをどう読むか、評価するかが重要なことである。

本編にもあったように、受容性テストは魅力度、新規性、購入意向の3つの方向性で検討するのがセオリーだが、それぞれどれくらいの結果であれば次のステップへ進めるのか、評価基準を設けておくことが大事だ。トップボックスで30％以上なければコンセプトの見直しをする。加重平均ポイントが2点以上あればOKなどだ。これらは統計的な判断基準というよりも自社内で設ける基準といえる。過去のヒット商品のコンセプト段階の受容性テストの結果を分析し、自ら基準値を設定するのが良いだろう。

【5. アウトプットを活用するための知識とスキルを保有する】

これはまさに本編でずっとやってきたことだ。Excelを活用して相関分析やピボットテーブルができるようになれば良いが、できなくてもマーケターとして十分やっていける。調査会社や社内リサーチャーが算出した相関係数を使って現状を把握し、将来の仮説を立てることができれば良いのだ。そして他の変数の関連の強さを可能性として示唆できればなお良い。これらはクリエイティブで考えれば分かりやすい。誰しもCMを作ることができるわけではない。また、パッケージデザインを描くことができるのは専門家だ。ただ、自身の持つコンセプトやイメージとクリエイティブが合致しているのか判断できれば良いのだ。データ分析についても同様で、提示された数字を見てどのような状況かイメージしたり、仮説を立てることができれば良い。課長のように二人の部下に指示を与え、ともに方向性を考え、意思決定できれば十分ということだ。

最後まで読んでくれてありがとう。私、緑川と葵さんによる講座はこれで終了だ。

マーケティングは生き物とはよく言ったものだ。自社を巡る環境変化に大きく影響を受けるし、競合企業の出方ひとつで自社の価値も変わってくる。変化を適切に把握することがとても重要ということだ。

データ分析によって、その変化を客観的に捉えることが可能になる。本章で提示した分析方法から何が得られるのかを理解して、マーケティング実務に活かしていってくれ。

おわりに

最後までお読みいただき、ありがとうございます。仁科遼平の企画物語、いかがでしたでしょうか？　私はこれまでデータ分析やマーケティングに関する書籍を数冊執筆してきましたが、ストーリー仕立てのものは初めてです。データ分析を活かした新事業・新商品企画に関する理論やフレームワークを、恩師緑川から、遼平から、葵から、それぞれの言葉を通して解説してきました。

理論を説明するだけでなくストーリーも考えながら執筆することの難しさを感じました。小説家の方々を改めて尊敬してしまいます。遼平の性格や言葉遣いが時には好青年風に、時には嫌な上司風、また可愛い後輩風に変化をつけて描いたつもりですが、一部整合性がとれていない箇所があるかもしれません。ストーリーテラー初心者としてご容赦ください。

さて本書では、2次データの分析から商品コンセプト、ビジネスモデルの構築、仮説検証のためのマーケティングリサーチとマーケティング部や経営企画部の主要な企画業務で必要な要素について解説をいたしました。

最後に私が最も大事だと思うのは、発想を豊かにしなければ人々の心を打つ企画を立てることができないということです。発想というとデータ分析の対局にあるキーワードと思われがちですが、分析作業は左脳をフル活用して論理展開するだけではなく、右脳を駆使して要因や背景を探索したり、将来予測したりと「両極の脳を使って考える」ことが必要なのです。

もともとデータは数字の羅列ですから無味乾燥なものです。そこから指標を算出し、加工しグラフ化することによって見えてくるものがあります。そうしたプロセスを通して何が言えるか「考える」こと、それが最も重要ということです。同じデータやグラフを見ても感性の違いによって違った考察になります。どんなことが言えるのか真剣に考えること、そして考えた仮説をまたデータで検証すること。こうした一連の流れこそが事実に即した、それでいて今までありそうでなかった商品やサービスの企画開発に繋がる近道であると信じています。

本書で解説しましたことを少しでも活用していただけますと嬉しく存じます。

最後になりますが、皆さまのご活躍を陰ながら祈念させていただきます。

蛭川速

【参考文献】

井上達彦『模倣の経営学』日経ビジネス人文庫　２０１５年

今枝昌弘『ビジネスモデルの教科書』東洋経済新報社　２０１４年

蛭川速『マーケティングに役立つ統計の読み方』日本能率協会マネジメントセンター　２０１３年

波頭亮『思考・論理・分析「正しく考え、正しく分かること」の理論と実践』産業能率大学出版部　２００４年

河瀬誠『戦略思考コンプリートブック』日本実業出版社　２００３年

安宅和人『イシューからはじめよ』英治出版　２０１０年

トヨタ自動車株式会社．〝ジャスト・イン・タイムについて〟．
http://www.toyota.co.jp/jpn/company/vision/production_system/just.html.（参照 2017-11-7）．

著者：蛭川 速（ひるかわ・はやと）
中小企業診断士
株式会社フォーカスマーケティング 代表取締役

1969年生まれ、中央大学商学部卒業。地方銀行、マーケティング会社を経て2012年より現職。マーケティング部門、企画部門への商品企画や販促企画を中心としたコンサルティング案件に携わる。マーケティング支援経験20年をもとに実務で活かせるマーケティング戦略を提唱。「マーケティングは仮説設定が全て」を信条として、定量データから仮説を設定するプロセスを構築。世の中に氾濫する多くの情報の中からマーケティングに役立つ価値ある情報を見極め、背景、要因を読み解き、施策展開する手法を考案。企業実務での支援活動に活かしている。宣伝会議「データ分析力養成講座」講師。

著書に「マーケティングに役立つ統計の読み方」日本能率協会マネジメントセンター、「使えないとアウト！30代はマーケティングで稼ぎなさい」明日香出版社などがある。

社内外に眠るデータをどう生かすか

データに意味を見出す着眼点

発行日　2018年2月20日　初版

著　者　蛭川 速

発行者　東 英弥

発行所　株式会社宣伝会議

〒107-8550　東京都港区南青山3-11-13

tel.03-3475-3010（代表）

http://www.sendenkaigi.com/

装丁・DTP　ISSHIKI

イラスト　たつみ なつこ

印刷・製本　株式会社暁印刷

ISBN 978-4-88335-408-5　C2063